Orange
橘子洲

U0125343

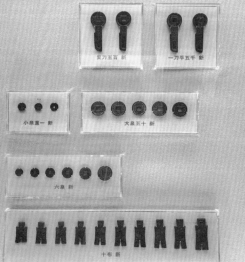

新莽铜钱

战国立马钮青铜头盔
作者摄于闵行博物馆特展"漠北锋鸣"

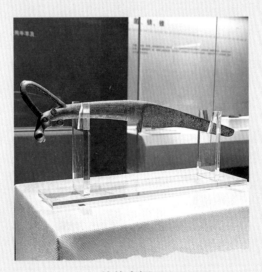

羊首青铜刀
作者摄于闵行博物馆特展"漠北锋鸣"

虎豕咬斗纹金饰牌

作者摄于闵行博物馆特展 "漠北锋鸣"

战国金怪兽

赵培摄于陕西历史博物馆

鹰顶金冠

赵培摄于内蒙古博物院

大夏石马

赵培摄于西安碑林博物馆

王昭君雕像

赵培摄于呼和浩特市昭君博物院

立虎形金饰牌

作者摄于闵行博物馆特展"漠北锋鸣"

胡傅酒樽

作者摄于山西博物院

胡傅温酒樽
作者摄于山西博物院

鸭形熏炉
作者摄于山西博物院

北燕铜鎏金木芯马镫

作者摄于辽宁省博物馆特展"龙城春秋——三燕文化考古展"

汉匈奴呼卢訾尸逐印

作者摄于上海博物馆

HISTORY OF THE
XIONGNU EMPIRE

匈奴帝国史

左文宁 著

甘肃人民出版社

甘肃·兰州

图书在版编目（CIP）数据

匈奴帝国史 / 左文宁著. -- 兰州：甘肃人民出版
社，2023.12
ISBN 978-7-226-05926-5

Ⅰ．①匈… Ⅱ．①左… Ⅲ．①匈奴－民族历史－研究
Ⅳ．①K289

中国版本图书馆CIP数据核字（2022）第236461号

责任编辑：王建华
助理编辑：程　卓
封面设计：小贾设计

匈奴帝国史
左文宁　著

甘肃人民出版社出版发行
（730030　兰州市读者大道568号）
环球东方(北京)印务有限公司
开本 880毫米×1230毫米　1 / 32　印张 10.5　插页 9　字数 220千
2023年12月第1版　　2023年12月第1次印刷
印数：1～8000
ISBN 978-7-226-05926-5　　　定价：68.00元

目录

C O N T E N T S

CONTENTS

代序

　　曾有人说，匈奴、鲜卑是中古时代草原上的双子星。

　　对此，我深以为然。

　　三千年前，以骏马、弯刀为器，匈奴一再南下，或为衅边，或为抢掠物资。中原帝国不堪其扰。由于生活、生产方式，乃至思想观念的不同，雄踞于草原的匈奴民族，一直崇尚勇武、崇拜武力。为了满足生活所需，他们往往采用抢掠的手段，而非和平的方式。

　　故此，在世人的眼中，他们似乎甩不开"野蛮"的标签。但这不是他们的全部。

　　正如封面上所展现的"雄鹰俯瞰狼羊咬斗"场景的匈奴鹰顶金冠饰一样，图案虽然充溢着野蛮的气息，但它却又是那么熠熠生辉，引人流连。

　　换个角度看，这只鹰顶金冠饰不也象征着这个民族精悍英武的气质吗？而这种气质，恰与中原政权的儒秀内敛，形成对比与互补之势，一同构成了中华民族的深广内涵。

实际上，只要摒弃成见，愿意走近匈奴民族，我们便能得到很多新知与认识。

由于对匈奴缺乏足够的了解，打从冒顿单于开始，中原帝国一直处于守势。汉高皇帝刘邦所遭遇的"白登之围"，带给西汉政权极大的心理阴影。和亲，也成了维系汉匈关系的无奈之举。

双方经历了多年的碰撞与交流，西汉王朝不断摸索前进，终于在汉武帝时期，卫青、霍去病找到了克敌制胜的钥匙。汉朝的战略也从御守转为进攻，双方开始了长时间的拉锯战。

可以这样说，匈奴的存在，已经深深影响到了整个两汉，匈奴已然成为汉朝历史的一部分，反过来说，汉朝的历史，又何尝不是匈奴历史的一部分？

当东汉这个庞大的国家机器倒下后，匈奴也在鲜卑人的排挤下奄奄一息，似乎再难东山再起。

三国崛起，纷纷攘攘，魏晋风云，纸醉金迷。

在所有人都认为匈奴人已经沉沦时，他们却能趁着西晋八王之乱的时机，再次爆发出惊人的能量。不再受限于草原的匈奴人，展开了一场场逐鹿中原之旅，他们一度建立了两个国家——汉赵（前赵）、胡夏。客观地说，这样的伟绩，已经超越了草原上的匈奴前辈！

所谓"塞翁失马焉知非福"，历史无数次地证明了这一句话。

尽管，刘渊、赫连勃勃所建之国，国祚极短，没有能够问鼎中原。尽管，他们无法与傲视群雄、立足长达一个半世纪的北魏相比。

可是，在那个金戈铁马，风云争霸的时代，哪个英雄又甘于蛰伏不出，博取那盖世之功呢？人生短短数十年，他们实现过自己的梦想，绽放过耀人的光芒，又有何憾？

昙花一现，刹那芳华，一个人尚且想要留下足痕，一个民族自当也在那历史长河中，翻波腾浪、一往无前。今我来思，千古同慨。

是为序。

灵犀（文史作者、编剧）

壬寅年三月十六

第一卷

匈奴建国

本卷主要人物：

头曼、冒顿、刘邦、吕后、韩信、汉文帝

历史事件提要：

匈奴的起源与发展、冒顿弑父、西汉建国、白登之围

第一章
匈奴起源

🐉 夏后氏之苗裔也

说起匈奴，很多人对这个部族的第一印象无外乎是秦汉时期凶悍的草原游牧民族。不错，在公元前3世纪到公元前1世纪近三百多年里，匈奴人是中原王朝最主要的对手。

他们有自己的语言（但是没有文字），有自己的民俗，有自己的文化与艺术，他们是一支骑在马背上的民族。他们在很多方面上都与中原的炎黄子孙、华夏民族迥然有异。

但是令人惊奇的是，被鲁迅先生称为"史家之绝唱，无韵之离骚"的《史记》里面，太史公司马迁认为匈奴人是夏禹的后裔。对！就是那个传说中，夏朝的开国君主，妇孺皆知的"大禹治水"的那个禹！

要知道，司马迁是生活在西汉汉景帝和汉武帝时期的人，那时正是中原与匈奴冲突和对抗最为激烈的时期，《史记》认为匈奴人是华夏的一部分，这在后世几乎是不敢想象的。

简单举几个例子：南北朝时期，战争频繁，南朝史书（《宋书》《南齐书》）骂北朝是"索虏""魏虏"，北朝史书（《魏书》）针锋相对，骂南朝为"岛夷"。并且双方互爆黑料，尤其是"宫掖事秘，莫能辨也"（《宋书·后妃传》）的八卦秘事，双方都毫不客气地把对方丢人的事情记录在案，而己方所发生的这种事情却含糊其词。

明朝中期，发生了"土木堡之变"，御驾亲征的明英宗朱祁镇被北方的游牧民族瓦剌活捉，从此明朝士大夫对瓦剌的仇恨度无以复加，"华夷之辩"也上升到前所未有的高度。

史学大师吕思勉先生，生活在一个军阀割据、民不聊生的时代。受此影响，他的一些观点有待商榷，比如认为岳飞是军阀、陈霸先是民族英雄等等。

人们的思想观念受到了所生活的时代的影响，是一件很正常的事情，尤其是受到了外部其他民族的竞争影响。

但是司马迁并不仇视匈奴，更没有黑化或者谩骂匈奴（具体原因后文还会分析）。《史记·匈奴列传》写道："匈奴，其先祖夏后氏之苗裔也，曰淳维。唐虞以上有山戎、猃狁、荤粥，居于北蛮，随畜牧而转移。"相传，淳维是夏朝末君桀王的儿子，司马迁也没有写到淳维去北方的原因。东汉末年的史学家张晏认为，夏朝末年，桀王荒淫，商汤消灭夏朝，桀王的儿子淳维是因为避难，才到了北方的草原生活。

但是这里有个问题。从淳维到秦始皇年间的头曼单于，这段时间内匈奴的首领的世系完全是空白的。司马迁自己也感慨道："自淳维以至头曼千有余岁，时大时小，别散分离，尚矣，其世传不可得而次云。"确实，年代过于久远，已不可考。

那为何匈奴不见于先秦的史书记载呢？

后世以司马贞、王国维代表的史家认为，所谓的山戎、猃狁、荤粥、獯鬻都是先秦时期匈奴人的别称。虽然这种观点得到了许多人的认同，不过仍然有一些反对的声音。匈奴人的起源问题，至今未有定论。

先秦时期的西戎、犬戎、猃狁、荤粥等民族，就算不一定是匈奴的祖先，但也完全可以画上一个约等于号。这些民族经历长时间的冲突与融合，一步步地走向统一，变成令人闻风丧胆的族群。

尽管存在争议，但对于匈奴起源的大体时间——"自淳维以至头曼千有余岁"，史学界的看法较为一致，分歧不大。

由此，马利清等学者提出了"原匈奴"的概念。所谓的"原匈奴"，是指在"匈奴"这个名字还未出现时，生活在草原上的匈奴人的祖先。先秦时期的北方，有许多个互不统属的民族，匈奴文化的起源也是多元的。

这也不难理解，一个强大的游牧民族，不可能一朝一夕凭空产生。这就好比匈奴后面的鲜卑族，也是历经几百年的历练，才成功取代匈奴成为草原霸主。而匈奴这个有着三千多年历史的民族，更是经过了漫长的孕育，才成长成足以与秦汉帝国相抗衡的草原雄鹰。

🐾 先秦时期的匈奴部族

先秦时期，生活在草原上的游牧民族，并没有形成一个统一的部落联盟。他们的势力较为分散，力量并不强大。不过他们也绝非可任人拿捏的软柿子。

周朝初期，周文王、周武王先后两次出征，迫使当时的西戎向周朝进贡。到了周穆王执政时，西戎其中的一支叫犬戎的部族，并没有按时进贡，这招致了周穆王的不满。周穆王以此为借口征伐犬戎，但仅仅得到"四白狼四白鹿"的战利品，伤害性不大，侮辱性极强。犬戎崇拜白狼，他们以白狼为精神图腾。周军的做法，彻底激怒了犬戎。从此之后，边远的民族再也不来朝见周天子。而周朝与边境民族的矛盾，也逐渐加深。

到了周懿王时，国家内忧外患，频频遭到猃狁（犬戎的别称）的攻击。《诗经·小雅·采薇》里说道："靡室靡家，猃狁之故。不遑启居，猃狁之故。"因为不停地打仗，才有了我们所熟知的"昔我往矣，杨柳依依。今我来思，雨雪霏霏"的悲慨。（《采薇》所写的背景是否为周懿王时期，学界也存在不同的说法。）周懿王两次对外族用兵，并没有达到预期的效果。尤其是北伐犬戎的失败，使他清楚地看到了西周军力的衰弱。

到了周宣王时，情况有了一定的好转。周军连续击败外族，"宣王中兴"使人们一度又看到了希望，然而周宣王晚年穷兵黩武，屡战屡败，国内形势又开始恶化。宣王死后，他的儿子周幽王即位。

众所周知，周幽王贪图享乐，不理政务。他任用虢石父为上卿，自己当起了甩手掌柜。这个虢石父是个典型的奸佞之臣，在内善于阿谀奉承，拍幽王的马屁；在外则贪污受贿，屡屡加重对百姓的剥削。一时之间，民怨沸腾，巨大的统治危机开始浮现。

周幽王宠爱褒姒，为博美人一笑，幽王做出了两千多年来，后世君主无人敢于模仿的行为艺术——烽火戏诸侯。这一"戏"，褒姒笑了，周天子的信誉也降到了最低点。

幽王似乎并无所觉。褒姒为他生下儿子后，他又继续"作妖"——废黜了自己的王后申后与太子宜臼。这种行为立马招致了国丈申侯的强烈愤懑。

眼看自己的女儿与外孙受到欺负，申侯一不做二不休，联合缯国与犬戎，气势汹汹地发兵攻入西周的都城镐京，杀死幽王，西周灭亡。

幽王死后，申侯与诸侯们一同拥立宜臼继位，是为周平王，史称东周。

周平王迁都洛邑，再也没有了以往的威严，各个诸侯们也对周天子阳奉阴违，各自为政，甚至觊觎王权的事层出不穷。孔子所说的"礼崩乐坏"时代终于到来。

进入春秋战国时期，北方的山戎（也是匈奴的祖先之一）不甘寂寞，频频入侵东方的齐国和燕国。北方的戎翟甚至一度攻入都城，驱逐了周襄王。好在晋文公适时地打出"尊王攘夷"的旗号，打败了戎翟，重新迎回了周襄王。

春秋初期，晋国与秦国最为强大。他们对邻近的戎族有一定的震慑力。晋国驱逐戎翟，而西戎的八个主要部族也向秦国臣服。此时的游牧民族已经初见规模，从东北至西北，分布着多达一百多个"戎""胡"族群。

不过他们仍然处于最原始的部落形态——彼此独立，没有形成集权与联盟组织。在草原内部竞争和与南边中原竞争的双重压力下，只有为数不多的部落能够生存下去。

三家分晋（晋国分为赵、魏、韩，春秋战国之间的分水岭）之后，最北边的赵国承担起防守游牧部落的重任。我们熟知的"赵武灵王胡服骑射"的故事，就发生在这一背景下。为了摆脱困境，赵武灵王让百姓穿起短袖的胡服，学习骑马射箭，对抗游牧民族。

当时，中原诸国之间的战争大多是以车战为主，而机动性较强的骑兵并不多见。所以"胡服骑射"的改革，无异于给赵国注入了一剂强心针，使之一跃成为当时的军事强国。赵武灵王越战越勇，也借机消灭了心腹之患中山国，并驱逐林胡、楼烦等部落，向北开辟了云中、雁门、代郡，修筑了赵长城。

与此同时，秦国吞并了义渠的所有土地。相信看过电视剧《芈月传》的朋友，也能了解一些来龙去脉。

本来秦国与义渠打得热火朝天，不死不休。哪知，秦国在宣太后主政期间，宣太后与义渠王发生关系，生下两个孩子，两国的关系也随之缓和。

政治婚姻，从来没有什么儿女情长可言。宣太后和义渠王的"爱情故事"，很可能从一开始就是个骗局。你以为生了两个孩子，就能真正困住一个女中枭雄吗？

不！在与义渠王交往三十多年的一次宴会上，宣太后趁其不备杀死了义渠王，并夺取了义渠的土地。失去主心骨的义渠残部，只能向北逃窜，徒叹奈何。

位于现今京津冀地区的燕国也没有闲着。燕昭王招贤纳士，任用秦开北伐东胡，拓地一千多里，把辽东收入囊中，并设立上谷郡、渔阳郡、辽西郡、辽东郡，构筑燕长城。与此同时，东胡人不得不开始向西向北迁徙。

在赵、秦、燕三国的打击下，北方部族的大批胡人只能离开故土，向北方寻找一片栖息之地。

此时，匈奴人刚刚崛起，南来的部族不失时机地归附匈奴，由此北方草原的部族由零散逐渐有了向心力，他们的力量也越来越强大。

李牧击退匈奴

初生牛犊不怕虎。自信满满的匈奴人再次杀了回来。

之前被秦燕赵欺负？呵！以前怎么挨的揍，这次就要你们全部偿还。

首当其冲的是赵国。

匈奴多次入侵赵国北方边境，赵国收缩防线，坚守营垒，不肯出战。

制定这种防守策略的人，叫李牧。

被后世称为"战国四大名将"之一的李牧，非常善于防守。他十分重视对匈奴人的侦察，特别规定"看到烽火台起烟时，所有人必须回防，不许擅自交战，违者斩首"。

就这样，几年下来，匈奴人没有掠夺到任何战利品。

呸，没劲！有本事像个爷们一样战个痛快啊，李牧真是个尿包。

匈奴人骂骂咧咧地回去了。

不光匈奴人这么认为，就连赵国内部也有同样的观点。首先，前线的士兵憋了好几年没打仗了，浑身难受，他们认为李牧胆小畏敌。其次，消息传到了国都邯郸，赵王也开始摇头。虽说李牧没有造成什么损失，但长此以往，不仅干耗粮食，还长了他人志气，也不是个办法啊！

本着没占到便宜就是吃亏的想法，赵王派人责备李牧，督促他速速出战。没想到李牧依然故我。赵王一怒之下，就把李牧替换掉了。

真是皆大欢喜的结果。

终于可以痛痛快快大战一场了！

双方本着"公平竞争，谁害怕谁就是孙子"的原则，展开了一场殊死决战。本以为是场酣畅淋漓的战斗，没成想出现了一边倒的情况：赵军的战斗力明显不如匈奴，没多久，就被打得丢盔弃甲，"被人踩在地上摩擦"。

遭遇"开门黑"，赵军自然不会甘心。等到匈奴第二次来，他们仍然正面应敌，不做战略调整，得到的结果还是一样。所谓"一鼓作气，再而衰，三而竭"，赵军屡败屡战，士气越来越低，自然会屡战屡败，伤亡也越来越大，恶性循环，周而复始……

不到两年光景，北方边境的老百姓屡遭劫掠，苦不堪言，根本没法放牧，更不用说耕种。赵王只能再次请李牧出山。李牧也是个有脾气的人，称病不见。

赵王没辙了，只能强行命令李牧统领边境兵马进行防守，李牧这才提出一个要求：要我去抵御匈奴人，可以，但我还会用我之前的老办法。否则，我不接受命令。

赵王也顾不了那么多了，点头许诺。

这下轮到匈奴人不痛快了。李牧保持一贯作风，不打正面，就这样又耗了好几年。匈奴抢不到东西，只能吐槽李牧胆怯畏战。

而李牧呢，他知道匈奴人长期为患一方，简单的小胜不足以使他们畏惧。故而李牧一边对士兵施恩，经常赏赐他们；一边向士兵们灌输一雪前耻的思想。久而久之，战士们都愿意为李牧卖命杀敌。

李牧见时机到了，便暗中挑选出一千三百辆战车，一万三千匹战马，五万冲锋的精兵，以及十万名善于射箭的弓手进行训练，以备一战。

呵，你们不是喜欢找我玩吗，那咱就玩个大的。

怎么玩呢？李牧先把大批牛羊赶到山上吃草。

当牛羊布满山野之时，匈奴人顿时两眼放光，心说："这可正是我们要的东西啊！"

匈奴的小股先头部队，不由分说冲了上去。李牧佯装败退，还丢下了几千人不管。

这情形，可把匈奴人乐坏了："哈哈哈！我就知道这个李牧怕我们怕得要死，果然，真的是不堪一击啊！"

匈奴单于听说后，不做他想，立刻带领大部队前来收割战利品。孰料，他们在不知不觉中进入了李牧提前布好的埋伏圈。随着李牧发动进攻的号令，赵军正面的弓手乱箭齐发，左右两个侧翼同时包抄匈奴。

匈奴大败，阵亡十多万人。一同跟随匈奴而来的襜褴被消灭，实力稍强的东胡被击败，林胡则就地投降，匈奴单于落荒而逃。此后十多年，匈奴人不敢侵犯赵国边境。

真是一劳永逸。

奴隶社会的推手——头曼单于

单于是匈奴的最高首领，最高统治者。被李牧击败的那位匈奴单于，史书并没有留下他的名字。而第一位被明确记载的匈奴单于，叫作头曼。

于是有人提出一个疑问：李牧击败的那个单于，有没有可能就是头曼呢？

关于头曼的生卒年，《史记》《汉书》均没有记载。只能确定他生活于战国末年以及秦并六国以后，大致上和秦始皇是同一时代的人。而裴骃在《史记集解》里，引用徐广的说法，认为头曼死于公元前209年，仅仅比秦始皇多活了一年。

《史记·匈奴列传》记载："头曼不胜秦，北徙。十余年而蒙恬死，诸侯畔秦，中国扰乱……于是匈奴得宽。"蒙恬和秦始皇是同一年死的，即秦始皇三十七年（公元前210年），秦始皇统一六国的时间是二十六年（公元前221年），也就是说，头曼至少是在秦始皇统一前就成了单于的。李牧死于公元前228年，也是同一时代的人，他与头曼交战，在理论上是完全有可能的事情。

且说，惨败后的匈奴人开始反思，他们见识到了中原国家诡异的军事战术，精良的武器，高超的指挥，不敢再小觑他们。

反思之后，他们还认识到，此时草原形势已经逐渐明朗，弱小的部落或被消灭，或被整合，已经没有那么多独立的小部众了。匈奴东边是东胡，西边是月氏，南方则是战国七雄。他要做的就是继续恢复实力，再趁机吞并三个方向的对手。

头曼单于最大的贡献是把分散的部落整合起来，建立起国家机构，使匈奴逐渐从原始社会转型成奴隶社会。一个国家，若没有唯一的最高行政指挥，它只能走向四分五裂。

史书没有记载头曼的具体事迹，不过我们也不难看出，他是个有一定人格魅力的人物，否则也不会被那么多人拥戴，成为单于。

人在家中坐，锅从天上来

就在头曼不断整合力量时，一册"天书"从天而降，砸得头曼脑袋瓜疼。

他怎么也想不到，中原王朝竟然会主动向他进攻。

秦始皇统一六国后，并没有放松下来。他自号"始皇帝"，开启了两千多年的帝制时代，并颁布了一系列的制度：除谥法、全国推行郡县制（分天下为三十六郡）、书同文、车同轨、统一货币、统一度量衡……

这还不够，秦始皇身体力行，进行全国范围的巡游，以此来警示震慑六国的流亡分子。当然，对他个人而言还有一件很重要的事情：尽快找到长生不老药。

他派一个叫卢生的方士去海上寻觅。卢生没有带来长生不老药，却拿回来了一册"仙书"。秦始皇不看则已，一看惊出一身冷汗，好家伙，上面赫然写着"亡秦者胡也"。

哦豁，这还了得！看到"仙书"的谶语，秦始皇立马警觉起来，他第一反应就是这个"胡"，代表的是匈奴！

因为在统一六国后，匈奴已然成为秦朝最大的敌人，秦始皇下意识地认为"亡秦者胡也"指的是匈奴人，也是极其自然的事情。甚至有可能，秦始皇早就想对匈奴发起战争，这个谶语的出现，加速了秦北伐匈奴的进程。

关于秦始皇攻打匈奴的时间，《史记》的记载前后矛盾。《秦始皇本纪》明确记载是秦始皇三十二年（公元前215年）出征匈奴。前文说过，蒙恬死于公元前210年，也就是说，按照《本纪》的记载，蒙恬在外对抗匈奴总共只有五年。

然而《蒙恬列传》称，蒙恬"暴师于外十余年"，显然出征时间要早于公元前215年。《匈奴列传》记载头曼被蒙恬击败后向北迁徙，"十余年而蒙恬死"，正好与"暴师于外十余年"吻合。如果说头曼死于公元前209年，那么《蒙恬列传》和《匈奴列传》更能说得通，也就是在秦始皇统一六国的那一年（公元前221年），蒙恬就出征匈奴了。也有可能，蒙恬出征匈奴不止一次，《秦始皇本纪》没有记录第一次。

蒙恬带领三十万军队，连战连捷，一路北上，占领了鄂尔多斯地区、河套地区以及河南地等地区。

这里的"河南地"，并不是现在的河南省，也不是中古时期"黄河以南"的区域，它是指位于阴山以南、河套平原西方的一片土地。所谓"黄河九曲，唯有一套"。这里黄河比较平缓，易于灌溉，无论是农耕还是放牧都非常适宜。也正因如此，河南地成为农耕文明和游牧文明争夺的焦点。

当年，蒙恬把匈奴人彻底驱除至阴山以北后，匈奴头曼单于被迫向北退却七百余里。随后秦始皇在河南地设置了九原郡，共三十四县。在秦始皇三十六年（公元前211年）北迁三万户充实九原郡，开发河南地。

一个问题也随之而来：如何抵御匈奴人的反扑？

秦始皇让蒙恬率领大军长时间驻扎于此，并下令把以前的秦长城、赵长城、燕长城相连接，西起临洮（今甘肃岷县）、东至鸭绿江（今辽宁省的东部和南部及吉林省的东南部地区），构筑万里长城，用于保护北部边疆的安宁。

修建万里长城，就算放在当今社会也算是一项很大的工程，更不用说是发生在两千多年前的秦朝，仅仅五年竣工似乎有些困难。

　　再回到"秦始皇攻打匈奴时间"的问题上，这个细节似能印证《蒙恬列传》的记载更为靠谱。

第二章
阴山鸣镝，冒顿夺权

借刀杀人，弄巧成拙

关于蒙恬与匈奴之间的战争，《史记》《汉书》只记录了结果，并没有给出具体过程，我们只知道头曼单于败了。好在西汉人贾谊，在《过秦论》写的句子可资参考。

"乃使蒙恬北筑长城而守藩篱，却匈奴七百余里；胡人不敢南下而牧马，士不敢弯弓而报怨。"从表面上看，头曼败得很惨，一路小跑，逃窜七百多里，甚至都不敢回头射箭。不过从后面的事情来看，当年的挫败对匈奴的有生力量的损失不算大。

这可能也是史书没有记载蒙恬歼敌具体数量的原因之一，此战更像是秦军将匈奴驱逐。至于说《过秦论》中的描述，更像是文学性的描述——以便于论证"秦之过在于暴政"的观点。

更换栖息地的匈奴人，生存变得艰难起来。漠北恶劣的放牧环境远非阴山附近所能比，加上强敌环伺，头曼也只能在此将就着生活。为了争取更多的生存空间，他不惜把自己的太子冒顿送到月氏那里做人质。

你看，为了大家，为了匈奴所有人，头曼竟然连自己的宝贝儿子的生死都顾不上了，够意思吧？够有领袖风范吧？实则不然。这一切，都是头曼自己的私心在作祟。

那段时间头曼宠爱阏氏，打算废除冒顿，立小儿子为继承人。可他既没有借口直接废黜冒顿，又担心简单粗暴的硬来会激起众人的不满。思量之后，头曼决定借刀杀人。

他先是把冒顿送到月氏那里做人质，拿出诚意，建立外交关系，希望双方能够友好往来。再是趁月氏不备进行偷袭。照头曼的计划，他这"背信弃义"的行为，必然能激起月氏的愤怒，月氏人自会把怒气撒在质子冒顿身上。

不得不说，头曼的计划很完美，具体的执行上也做得天衣无缝。但问题是，他要对付的人——冒顿，可不是一般的人。

冒顿，读音为"墨读"，日本学者白鸟库吉认为，冒顿有着"勇猛"的音译。在他的带领下，匈奴走向了巅峰。

冒顿清楚地知道他父亲的想法，他无时无刻不保持着警惕。在月氏人想要杀他之前，他偷了一匹马，跑了回去。

不知道头曼是怎么想的，可能是他认为这个儿子"表现不错"，是个可塑之才。头曼又突然放弃杀他的想法，还给了他一万人马。

头曼的做法无济于事，冒顿的心中已经埋下了仇恨的种子。他开始训练自己的军队，下定决心，要用非常之手段，让自己的人唯他马首是瞻。换句话说，他要建立绝对的权威，指哪打哪，不给手下任何思考的机会。

草原上的民族，生活离不开马，而最常用的武器就是弓箭。冒顿便从马和弓箭方面下手。

他制作了一种鸣镝（即响箭），每当弓箭射出去时，就会发出声响。其后，冒顿规定：只要他射出鸣镝时，其他人必须一起射向鸣镝所射的目标。如果有人没射箭，立刻斩首。

平心而论，这个发明不算太难，但很管用。就像是，学生们上体育课时，体育老师总衔着一枚口哨一样。口哨一响，命令便出，哪个学生没认真，不是一目了然的事吗？

最开始，冒顿的军队纪律性稍微有些差。打猎时，有人在冒顿射出鸣镝后，没有及时"跟风"。冒顿眼都没眨一下，杀死没有射箭的人。

大家立刻打起了十二分精神：乖乖！原来老大不是在开玩笑！

狩猎结束后，冒顿拉来了自己的几匹好马。这又搞得大家一头雾水：咦？难道老大要把自己的马赏赐给谁？

正当大家正在猜测冒顿的想法时，这人竟然把响箭射向了自己的马。

一箭射出，有人跟着射箭了，但也有人因为迟疑，没敢射箭，毕竟那是自己上级的马啊，马可是匈奴人最亲密的伙伴，万一把马射死，冒顿迁怒于己，那可不是"试试就逝世"？

这一次，冒顿仍然对没有射箭的人痛下杀手。

不久后，冒顿把自己的妻子绑了起来，向她张开了弓箭……

大家面面相觑，心乱如麻：难道真的要……

开弓不回头。一霎时，冒顿把箭射向了妻子——他的枕边人。在他的手下中，有的人跟着射出了箭；有的人还是因为迟疑或者害怕，没能及时射出。

冒顿的行为，绝非正常人所能理解。

果然，没射箭的人，再一次被冒顿杀死了。

事情发展到这个地步，所有人都搞清楚了一件事：别跟冒顿讲什么逻辑，冒顿就是逻辑。响箭所到之处，自己跟着射箭就行，不要去考虑目标是谁，哪怕是冒顿的家人。

对，即使是他的家人，也别考虑那么多，反正又不是自己的家人。

那如果是他的亲生……

别问，问就是杀头，射完箭再说。

工具人，自己就只是个工具人。

鸣镝弑父，取而代之

冒顿这次又牵来了头曼单于的好马，然后开弓射箭。

没有人再作迟疑，大家以最快的速度，齐刷刷地向马射箭。

好！好！好！

冒顿击掌大笑。他要的就是这个效果。

他不需要他的手下有什么想法，他只要他们能够无脑地执行自己的命令就够了。

冒顿为人，除了凶狠以外，最大的特点就是让人猜不透。他的想法没有人能够洞悉，无论是他的手下，还是他的对手。

冒顿对他手下的表现非常满意，他知道，时机已经成熟，这些人已经完全受他驱使了。

一天，头曼单于打猎，冒顿也跟随着父亲一起出行。趁头曼没有防备，冒顿把箭射向了头曼，冒顿的手下有如条件反射般，把箭射向了自己的单于，头曼顿时被射成了刺猬。

见到自己的父亲死后，冒顿一不做二不休，立刻"尽诛其后母与弟及大臣不听从者"。

《史记·匈奴列传》这句话是一个定语后置句。正常的翻译，应该是冒顿杀尽了他的后母、弟弟以及不服从他的大臣。很多书籍也都是这么翻译的。

但是，参照《史记·刘敬传》中"冒顿杀父代立，妻群母"一句，对这个翻译，似可再斟酌一二。因为这个句子的翻译是很明确的：冒顿杀死父亲后，做了单于，又以自己的后妈们为妻（意动用法）。

如果说，《刘敬传》的记载没有问题的话，那在《匈奴列传》中，司马迁的本意可能是冒顿只杀了不服从自己的后母、弟弟、大臣，至于听话的那些人嘛，一切都可以商量。

当然，这也是一种猜测。由于《史记》前后矛盾的记载不在少数，必须详加考论。

在中原人的文化中，冒顿娶后妈的事情，可以说是令人发指的乱伦行为，这是对亡父的大不敬。但是匈奴并不在意，匈奴人有一种名为"收继婚"的习俗，所以我们不必将冒顿的行为，视为对父亲的侮辱——尽管他是那么憎恶他的父亲。

也不只是匈奴，以后的鲜卑、乌桓等民族，都有这种习俗。不仅仅是父死娶母（非亲生母亲），兄长死了，嫂子也要嫁给弟弟或者父亲。

这些被中原人称作"烝母""烝嫂"的行为，在游牧民族的思想观念里，得到了广泛的认同。

譬如说，西汉解忧公主远嫁乌孙后，先后两次改嫁给第一任丈夫的堂弟与第一任丈夫和别的女人所生的儿子。有道是"入乡随俗"，对于这位为汉帝国外交事业，做出伟大贡献的女性，我们应报以崇敬的目光。

再比如说，北魏开国皇帝拓跋珪（鲜卑族）的母亲，在丈夫死后，嫁给了自己的公公拓跋什翼犍，并生下了三个儿子（周一良、李凭等学者考证）。随着鲜卑人汉化进程的加速，文明程度的推进，这些原本在当时很正常的事情，再回头看时，就显得有些"辣眼睛"了。其中有个很重要的原因是文化的差异：在鲜卑语环境中，可以很自然地说出这种事，不会感到有任何的不妥。但是一旦翻译成汉语，就不得不面对华夏文化价值的评判。

直至北齐年间，魏收在撰写《魏书》时，也对此讳莫如深，不敢直书其事。

没有了反对者，冒顿自立为单于，统领匈奴。

冒顿的弑父行为，给后世带来了非常坏的影响。以至于大家都把"冒顿"当作了弑父的代名词。十六国时期，后赵太子石邃，对自己的父亲石虎极为不满，便曾对手下说："官家难称，吾欲行冒顿之事，卿从我乎？"所谓的"冒顿之事"是什么，大家都懂。只是，石虎是个狠角色，没人敢支持石邃弑父的想法。

骄兵之计，智取东胡

不仅是后世，就是在当时，也有人看不惯冒顿的恶行。

匈奴的邻居东胡，在得到消息之后，火速派使者过来，向冒顿索要头曼的千里马。

呵，别人家大丧，你不吊唁也就罢了，还要来抢人家的遗产？

欺人太甚！

匈奴人都摇了摇头，认为千里马是匈奴的宝马，是单于的象征，不能给他们。

冒顿则不以为意，他说："给，该给就给，不要因为一匹马，就损害了与邻国的关系。"

好家伙！竟然真的给了？

东胡的首领本意是要来试探冒顿的为人，看到冒顿给得痛快，都不向自己讲条件，便认定他是个懦弱之辈。没过多久，他又来找冒顿的麻烦了。

这次要的是冒顿的爱妻阏氏。

"阏氏"读作"烟知"，单于的妻子就叫阏氏。因为单于同时会有多个阏氏，所以阏氏相当于皇后的说法，并不可靠。我们无法判断这个阏氏本来就是冒顿的女人，还是之前他父亲的女人，但无论她是什么来历，现在在名义上，她就是冒顿的女人。

冒顿马上拿这事问大家："怎么办呢？"

大家义愤填膺，纷纷表示反对，这也太欺负人了吧？

"东胡无道，乃求阏氏，请击之！"话说得很直接，东胡得寸进尺，不打不行！

冒顿摇了摇头，说："没必要因为吝惜一个女子，而得罪邻国。"

好吧，就这样，阏氏被打包送到了东胡王的身边。其实，这不奇怪，冒顿对女人的态度从来就不怎么友好，仅仅看他利用那位倒霉的妻子树立威信之事，便不难明白。

我们必须搞清楚的是，冒顿只是不在意女人，而不是不在意他的尊严，他就没把这二者画等号。再者，这种反常的"顺服"，似乎更应该值得警惕，这可是一个处心积虑，干掉老爹的人物啊！

可惜的是，骄傲自大的东胡王，没觉察出一丝异样，他不仅不对冒顿加以防范，还对这个潜在的敌人愈加轻视，认为他是一个外强中干，可以长期欺负的尿包。

没过多久，他第三次派使者过来。

这次要的是土地，不过并不是匈奴的土地。在匈奴与东胡之间，有一块方圆千里的无人区。双方都在这片无人区的边上设立岗哨。东胡王这次想占领这片无人区。

鉴于之前两次冒顿的态度，东胡王想当然地认为，"冒顿哪有不从的道理呢？"

实话说，这个要求合理吗？当然不合理，这会压缩匈奴人的活动空间，会给双方造成不必要的摩擦。但是呢，相对于前面两次的无理要求，东胡占领无人区，理论上，不会在面子上让冒顿难堪。但，这也仅停留在理论上。

冒顿再次让大家讨论。果然，有些人的态度就没有前面两次坚决了。他们认为，反正那片无人区也不是匈奴的地盘，无所谓给与不给。

没成想，冒顿却勃然大怒，冲着"软骨头"们吼道："土地，是国家的根本，为什么要给！"他立刻杀了主张给东胡土地的人，并集结部队，下令后退者斩首。

深知冒顿的为人，匈奴人不敢不听指挥。于是，匈奴骑兵全速向东奔赴。

这，就是冒顿，他的手下永远看不懂他。

两次！对方连续两次，提出了一般人都会断然拒绝的侮辱性的要求，在手下纷纷反对时，他却答应；在对方的要求并不太过分时，他却出人意料地拒绝。

同样看不懂冒顿的，还有东胡人。

东胡王一向轻视冒顿，这次冒顿气势汹汹地杀来，东胡王根本没有防备，他做梦也想不到，冒顿会搞一个突然袭击！

这次袭击是致命性的。

毫无戒防之心的东胡，完全没有还手之力，东胡王也被匈奴人杀死。匈奴获得了大量的土地、人口、牲畜。这些被奴役的东胡人，沦为了匈奴人的一分子。只有少数东胡人，寻机向北撤退。

东胡就此短暂地退出了历史的舞台。直到东汉时期，退居鲜卑山的鲜卑人与退居乌桓山的乌桓人，才逐渐走入了人们的视野。他们的祖先，都是曾经被冒顿杀退的东胡人。

挟大胜之余威，冒顿马不停蹄地进攻西边的月氏，将其驱逐。接下来，他又南渡黄河，吞并了楼烦、白羊的土地。这两个部落，原本栖息于河南地一带，过着悠然自得的生活，从未想过，有一天竟成了冒顿走向巅峰的垫脚石。

前文说过，蒙恬带领秦军收复了河南地，并驻扎军队经营，为何楼烦、白羊这两个部落能够到河南地放牧？

因为此时的中原，已经完全变了天。强盛一时的大秦帝国，轰然倒塌了。

第三章
秦汉交替，冒顿得志

天下苦秦久矣

秦始皇统一六国，结束纷争，开创大一统时代，从长远的角度看来，本是一张丰功伟绩的成绩单。但令人失望的是，秦始皇非但没将精力放在恢复生产、休养生息上面，还好大喜功、滥用民力。如《史记》所言，"天下苦秦久矣"，暴政令天下百姓苦不堪言，渐生反抗之心。

打从一开始，秦朝的对外战争便没有停下来过。

除了北伐匈奴以外，秦始皇在公元前218年派大军南征百越，经营岭南（今广东、广西、越南中北部地区）。《淮南子·人间训》记载："乃使尉屠睢发卒五十万，为五军……三年不解甲驰弩，使临禄无以转饷。"使几十万士兵长年在塞外与岭南驻防。诚然，这些战争有它的合理性与必要性，确实起到了维护和平，安定国家的作用，我们今天若对此一味指责，会有失公允，但更不可否认的是，这些战争给当时的百姓带来了沉重的负担。

打仗是一方面，另一方面秦朝的大工程连续不断，也带给了百姓无妄之灾。公允地说，修长城、建驰道、挖灵渠、开运河等工程，总体上是有益于国家的，不过由于这些"基建工程"太过频密，对寻常百姓过于苛酷，没几个人能承受得起。

今时不同往日，社会发展日新月异，技术水平也飞速提升。就拿我国来说，要想把基建工程修得又好又快，都不是什么难事。

然而在古代社会里，长年的劳役完全可以摧毁一个寻常家庭。"孟姜女哭倒长城"的故事，无论是否发生在秦始皇统治时期（有学者考证是齐长城），它所反映的中心思想都是取得共识的——劳役带给人们沉重的苦难。

至于修皇陵、建阿房宫、封禅泰山、求长生不老药等工程，则纯粹是劳民伤财之举。骊山陵、阿房宫，动用七十万劳动力。史载，"丁男被甲，丁女运输，苦不聊生，自颈于道树，死者相望"，在这种惨况里，潜藏着严重的社会危机。

秦二世即位后，其行为更是残暴。连设计制造皇陵内机关埋伏的工匠，都被关在了墓道里，没有一个能活着出来。至于那些没有为秦始皇生孩子的妃子，则全部殉葬。

不爱惜百姓性命，且先不多说，单说秦朝的赋税，就令人无从忍受。秦始皇搞这么多战争与大工程，钱从哪来？自然是压榨老百姓呗。与六国相比，尽管秦朝的赋税没有明显加重，但也从未减轻一分。

更要命的是，秦朝的刑罚却是实打实比六国重。

秦国经过商鞅变法，推行法家治国，中央集权得到高度集中，刑罚变得异常严苛。商鞅本人也因此得罪了太多人，遭到了打击报复。当时名目众多的刑罚严酷到什么程度呢？比如：五人共偷一钱以上，就要斩断左趾，偷桑叶价值不到一钱，就要服徭役三十天……一人有罪，家属、邻居也要被连带问责。汉承秦制，继续使用着秦朝的肉刑（在脸上刺字、割鼻子、割脚等酷刑），直到汉文帝才将其废除，改成了打屁股。

如果说，与六国相同的赋税勉强令人接受，那么常年的徭役与严酷的法律相叠加，则是民怨沸腾的主要原因。秦始皇统一六国之后，没有想去改变什么，或者说他拒绝倾听民声，于是乎，六国百姓对这个曾灭掉他们家国的男人离心离德，秦帝国的命运也处于风雨飘摇之中。

秦失其鹿，天下共逐之

公元前210年，秦始皇进行第五次东巡。他一路向东南进发，在会稽渡浙江之时，有人在远处发出了挑衅的声音："彼可取而代也。"他叫项籍，也就是我们常说的项羽。

在回北方的路上，秦始皇病逝于邢台沙丘。胡亥与赵高、李斯合谋，矫诏杀死公子扶苏，囚禁蒙恬，将其逼死。于是胡亥登基称帝，即秦二世。

秦二世元年（公元前209年）秋，蕲县大泽乡大雨瓢泼，陈涉、吴广带领着戍卒揭竿而起，攻克陈县，号称大楚。消息如同插了翅膀一般飞了出去，全国各地饱受秦政之苦的人们纷纷响应陈涉，"斩木为兵，揭竿为旗，天下云集响应，赢粮而景从"，不过是数月间的事。轰轰烈烈的全国性农民起义就此爆发。

起初秦二世并不相信有人起义，直到义军逼近咸阳，秦二世方才如梦初醒，大赦天下，令章邯带领着刚被赦免的囚犯进行反扑，很快就将义军消灭。

陈涉、吴广没有白白牺牲，全国各地的反秦浪潮愈发不可遏制。赵、燕、齐、魏等地都有人举起恢复六国的旗帜，自立为王。

秦失其鹿，天下共逐之，于是高材疾足者先得焉。当越来越多的豪杰参与了逐鹿天下的队伍，秦朝的丧钟就此敲响。

秦二世不明白为何会有人造他的反。右丞相冯去疾、左丞相李斯、将军冯劫向秦二世进谏，认为过多的劳役，沉重的赋税是各地造反的主要原因，希望能减轻劳役与赋税。刚愎自用的秦二世不仅听不进话，还把他们投入大牢。随后，冯去疾、冯劫自杀，李斯遭到折磨，也被杀害。

天下反秦的浪潮越来越大，以项羽、刘邦为首的势力相继崛起。

在著名的巨鹿之战中，项羽破釜沉舟，士兵无不以一当十，大败王离，作壁上观的各路诸侯无不胆战心惊。在得到项羽召见他们的消息后，诸侯们进入军营的辕门就开始跪在地上爬行，没人敢仰视项羽（膝行而前，莫敢仰视）。项羽一战而为诸侯军的领袖。随后，项羽又迫使章邯投降，秦朝主力军队顷刻烟消云散。

屋漏偏逢连夜雨，秦朝前线崩溃，后方内部又发生分裂。

公元前207年，秦二世被赵高逼迫自杀，在位三年，年仅二十四岁。

赵高旋后又立子婴为秦王（因为秦朝此时的控制力减弱，故赵高去帝号，改称王）。按赵高的计划，本意是让子婴当他的傀儡，可这一次，惯于心术的赵高失算了。

不久，子婴假托生病，在斋戒之时，设计杀死赵高。不得不说，子婴有着一定的胆识和魄力。然而大厦倾倒，非人力可挽。除掉了赵高，也无法扭转局势。

仔细算来，子婴只当了四十六天的秦王，刘邦带兵入关，迫使子婴投降。又过了一个多月，项羽带着其他诸侯，陆陆续续来到咸阳，杀死子婴，屠戮咸阳，烧毁秦朝宫室，与诸侯瓜分财宝。

秦王朝从此成为历史的尘埃。

🐉 重回漠南搞事业

"奋六世之余烈"的秦始皇曾是个了不起的人物，当年他横扫关东，统一天下，威震四海，何人能及？谁都想不到，他死后仅仅三年，这座苦心构造的帝国大厦便彻底崩塌了。

这种令人震惊的崩溃速度，不禁令人感叹："其兴也勃，其亡也忽。"

细察历史，我们还想追问，当时，秦朝在北面驻扎着几十万军队，用以抵御匈奴；在南方，也有几十万军队驻扎于岭南。这些军队为什么没在危急关头，来拱卫帝国的腹心——关中平原呢？

先说岭南，驻守岭南的最高总指挥南海尉任嚣，此时一病不起，他把一个令他非常欣赏的年轻人叫到身边，嘱咐他说："秦朝无道，天下苦之。现在中原大乱，谁也预料不到将来会发生什么。岭南远离中原，北有大山为屏，南有大海为障，我们手握大军，又有中国人辅助，完全可以凭此优势，立国称王……"（秦为无道，天下苦之，项羽、刘季、陈胜、吴广等州郡各共兴军聚众，虎争天下，中国扰乱，未知所安，豪杰畔秦相立……且番禺负山险，阻南海，东西数千里，颇有中国人相辅，此亦一州之主也，可以立国。《史记·南越列传》）

这位年轻人，叫作赵佗。赵佗没有辜负任嚣的嘱托，终于成为那个时代的风云人物。他在秦朝岭南三郡（南海郡、桂林郡、象郡）的基础上，建立了南越国。

南越国的国祚不短，这其中，赵佗就活了一百多岁，先后经历了秦始皇、秦二世、项羽、汉高祖、汉惠帝、吕后、汉文帝、汉景帝诸多重要人物的时代。最后，他在汉武帝年间去世。南越国的命运，开始有了转折。（详见后文）

本以为自己手里还捏着一张王牌，可令秦朝统治者始料未及的是，岭南的军队不仅没有救援，反倒是自己独立了，秦朝完全指望不上他们。

另一头，在北方戍边的秦军之中，应有一部分赶回增援。

早在秦二世即位之初，就害死了北方戍边的将军蒙恬，兵权移交到了王离手中。巨鹿之战中，王离确实带领了一支部队与项羽发生战斗。这支部队很可能就是一部分从北方戍边返回的部队。数量多少，史无明载，可能在十万到二十万之间。剩下的戍边士兵则趁乱逃跑，不愿再为秦朝卖命。

冒顿笑了，他不费吹灰之力，就"收复"河南地，之前蒙恬占领的地区，也再次尽落匈奴之手。如此一来，匈奴人又重新回到了阴山以北的漠南地区，从今往后，燕、代地区，经常受到匈奴人的侵扰。

几百年后，鲜卑领袖拓跋郁律看到西晋灭亡后，不禁感慨道："今中原无主，天其资我乎？"若以此理揆之，此时的冒顿，估计会有相同的想法。

秦末大乱，楚汉相争，大家都铆着一股劲，斗得你死我活的。又有谁有那闲心，去关注草原上的匈奴人？正如无人去理会岭南的赵佗一样。

真是天降机缘！千盼万等，匈奴人终于迎来了最好的发展机遇！

数年之间，匈奴人不仅征服了北方的浑庾、屈射、丁零、鬲昆、薪犁等诸多部落，同时还征服了匈奴贵族、大臣们原本蠢蠢欲动的雄心。

一时之间，冒顿单于风光无二，大家都认可了他的能力，无人不对他心悦诚服。匈奴一度发展到了"控弦之士三十余万"规模。

第四章
汉匈初次交手

汉初国情

秦朝灭亡后，刘邦与项羽展开了"楚汉之争"，最终刘邦在垓下之战击败项羽。就在那四面楚歌之时，项羽自刎乌江，"最后的赢家"刘邦则于公元前202年二月，正式称帝，建立西汉。

在接下来的三百年里，匈奴的敌人始终姓刘。

西汉初年，国力并不强大，严峻的社会问题，不时挑战着领导者的心脏。他们数算着那些内忧外患，一刻都不敢懈怠。

第一，秦末的暴政以及楚汉数年的战争，对经济造成了巨大的破坏，人口的锐减也使得国家经济无法在短时间内恢复。在那个贫穷、饥馑、萧条不堪的社会里，甚至出现了人吃人的现象（"汉兴，接秦之敝，诸侯并起，民失作业而大饥馑。凡米石五千，人相食，死者过半"）。在饱受秦政之苦后，百姓亟需休养生息。

第二，中央与异姓王之间的矛盾日益加深。刘邦在与项羽的斗争中，前前后后一共封了八个异姓王（只有卢绾是建国后封的，是个例外），他们对西汉的建国有着卓越的贡献。随着刘邦称帝后皇权的加强，中央与地方异姓王逐渐产生了龃龉。故而刘邦晚年没干别的，一直都在着手解决异姓王的问题，甚至还立下了"非刘氏而王，天下共击之"的白马之盟，并大封刘氏子弟为王，分封郡国，以此来预防后世再次出现此类问题。与此同时，汉朝又继承了秦朝的郡县制，让郡县制与分封制同时存在，这便构成了后世史家所称的"郡国并行制"。

刘邦死后，吕后本想破例大封诸吕为王，却遭到了重重阻力。吕产、吕禄等人也在吕后离世之后被消灭殆尽。显而易见的是，吕后死后，"非刘不王"的盟约起到了至关重要的作用，成为臣子们反吕的依据。

第三，匈奴在冒顿的带领下强势崛起。随着秦朝的崩塌，北方边境的防线不战自溃，匈奴又重新回到漠南一带，与云中郡、代郡等地接壤，劫掠边境。

第四，赵佗已经在岭南三郡站稳了脚跟，他建立南越国，自号南越武王，与长沙王吴芮的封地接壤。赵佗手握几十万兵力，虽然没有主动攻击汉朝，但他毕竟是秦朝武将出身，绝非软弱之人，况且南越国划岭而治，北部边界山岭重重，有着天然的屏障。汉朝对南越国也不了解，想要短时间内平定赵佗，根本不现实。

在这几种内忧外患之中，刘邦最担心的还是异姓王的问题。这不，称帝还不到半年，燕王臧荼就反了。此人原先是项羽的旧将，可能是因为刘邦一直在追杀项羽原先的手下，使得这个"贰臣"心怀不安，不得不造反起事，把握先机。

不过后发者也未必制于人。得知臧荼造反的消息后，刘邦亲自出征，两个月就平定了这场战乱。随后，刘邦改立卢绾为燕王。卢绾与刘邦是同乡不说，两人更是同一天出生，是从小一起长大的好弟兄，情谊非同一般！

在这之前，地位特殊的卢绾，便得到过不少超出寻常的赏赐。

其实，刘邦早就有立卢绾为王的打算，只苦于他的功劳不大，不具备封王的资格，刘邦才没有贸然行动。如今平定了臧荼，可不正好给卢绾腾位置吗？可老问题还是摆在那儿，卢绾实在不够格，刘邦不好意思开那个口。除非……

有人代他开口。

这事儿不难办。刘邦很快下诏，让群臣推荐一个功劳大的人为燕王。能跟着刘邦打天下，打到坐天下程度的人，有几个不是人精呢？就算刘邦不明示，谁还看不出来他的用意？于是，群臣们一致推荐卢绾，卢绾也就顺理成章地被立为燕王。

值得注意的是，卢绾正是所立的最后一个异姓王。

解决完臧荼后，刘邦把视线转移到两个韩信身上（当时有两个叫韩信的人被封王，一个是楚王韩信，一个是韩王韩信）。

🐉 御驾亲征，乘胜进军

仅仅一个月后，有人上书楚王韩信准备造反。

这个韩信，就是我们所熟知的"明修栈道，暗度陈仓""韩信用兵，多多益善"的韩信。为此，刘邦夺去了韩信大部分的兵权，暂时赦免了他，将他降为淮阴侯。

另一个韩信，史书通常称之为"韩王信"（为了行文方便，本书也采用"韩王信"的称呼，以此来与淮阴侯韩信进行区分）。韩王信是战国时期韩国王室的后裔，早年就追随刘邦，平定韩国故地，被封为韩王，在韩地有着很高的声望。

刘邦对这个韩王信也同样不放心。因为匈奴频繁骚扰，刘邦就派韩王信到北方抵御匈奴，让他驻扎于晋阳（今山西省太原市），韩王信十分爽快地应承了抵御匈奴之事，只不过，他认为去马邑驻扎会更好。刘邦并未多想，顺势答应了他。

韩王信的做法，颇有值得思量之处。

摊开地图，可以看见，马邑在今天的山西省朔县附近，比太原更靠北。而且马邑还在长城之外，不太适合驻防。那么，韩王信为何要主动要求去马邑呢？

很可能，在当时，韩王信已经料到了刘邦容不下他，他给自己选择了一条"进可攻退可守"的路子——若刘邦善待他，相安无事便可；若刘邦想要对他不利，他便可以凭借驻守马邑的优势，即刻投靠匈奴。

到了秋天，匈奴发兵把马邑团团围住。韩王信多次派人向匈奴提出和解，汉朝也派兵北上，支援韩王信。韩王信私自派人去和匈奴和谈的举动引起了刘邦的不满：当初是你要去马邑抵御匈奴的，结果布防不利，抵御不了匈奴，还被匈奴轻松突破到马邑，现在又和匈奴通使，是不是想要造反？

于是刘邦派人责备韩王信，韩王信害怕天子之威，干脆投降了匈奴。

表面上看，是刘邦逼反了韩王信，实际上我们完全没有看到韩王信抵抗匈奴的具体行动。因此我认为，韩王信打从一开始，就做好了投降的准备。

投降之后，韩王信和匈奴军合为一股力，他们继续南下进攻晋阳。

见此情形，刘邦决定亲征北上。

"御驾亲征"是我们在影视作品中时常听到的一个词。这种认识其实是一个误区。翻开历代正史，我们可以看到，莫说是皇帝，就连太子也精贵非常，很少会亲自出征。

此时距离楚汉之争的结束还不到两年时间，刘邦手下仍有大批的猛将，为何他要御驾亲征，自涉险境？

原因很简单，刘邦善于猜忌，他不放心任何人。譬如说，淮阴侯韩信、梁王彭越等人功高盖主，刘邦绝不能让他们再立军功。几年下来，臣属们都摸清楚了刘邦的心思，几乎不敢造次。就拿曾经深受信任的萧何来说吧，到了晚年，为求自保，他竟无奈地做出自污名节之事。

眼下刘邦亲征韩王信，既是想剿灭叛军，好好出一口恶气；也是想"杀鸡儆猴"，给那些蠢蠢欲动的异姓王，来一个"好榜样"！

汉军与韩王信的军队在铜鞮（今山西省长治市沁县）相遇。

韩王信完全不是对手，很快就败逃匈奴。

汉军乘胜进军。匈奴派左贤王、右贤王带领一万骑兵，与韩王信的将领王黄会合，他们组成"联军"，到晋阳与汉军交战，再次被汉军击破逃散。

汉军紧追不舍，在离石（今山西省吕梁市）追上了对方，汉军第三次将叛军杀败。匈奴又在楼烦的西北方集结部队，杀红眼的汉军火速进军，又一次取得了胜利。

🐉 白登之围

汉军屡战屡胜，打败了匈奴的左、右贤王。由于左、右贤王在匈奴族中的地位仅次于单于，说是"一人之下万人之上"也不为过。在汉军看来，他们是取得了巨大的胜利。

获此大胜，汉军一方面士气高涨，另一方面滋生了轻敌的思想，以为匈奴不过如此，无须畏惧。于是乎，汉军从上到下，思想都开始松懈下来。

在这种轻敌思想的侵蚀下，他们忘了去思考"地利"这一作战要素，一味地看低匈奴的战斗力，这无疑为后续的战争埋下了一颗巨雷。

其后匈奴继续败退，汉军一路北进，大有破竹之势。

似乎，这场战争已经失去了什么悬念，汉军也越发觉得无聊。

孰料一场突来的暴风雪，使野外作战的汉军穷于应对，"卒之堕指者十二三"。冰天雪地之中，竟有十分之二三的士兵，被冻掉了指头，这种情形想想都令人担忧。

前方的探子突然传来了情报：匈奴单于冒顿出现在代谷（今山西省忻州市繁峙县附近）附近。这无疑让汉军眼前一亮。匈奴单于来了，代表着匈奴的主力部队就在眼前。只要能像李牧那样击溃匈奴主力，就可以起到一劳永逸的效果。

此时的刘邦也信心满满，凭着自己多年积累的作战经验，结合着当下的局势，拿下匈奴单于应该不成问题。为保险起见，刘邦又不断地派遣探子去侦察冒顿单于的真实情况。

还是俗谚说得好啊，"你有张良计，我有过墙梯"，诚然，刘邦是一只老狐狸，但冒顿单于又何尝不狡猾？高手对决，斗起法来，拼的就是套路和反套路，如果对方预判了你的预判，那胜利的天平自会向对方倾斜。

冒顿单于早料到了刘邦会遣人来一探虚实，遂故意把强壮的士兵和肥硕的牛、马藏了起来，只剩老弱残兵与羸弱的牲畜在最外面。汉朝的探子先后侦察了十多次，回来都说匈奴力量不强，大可一举而灭之。

终于，刘邦再也按捺不住，决定大军从晋阳出发，翻过句注山，杀向代谷。

刘邦优势很大，刘邦杀了过来。

这次出击事关重大，不容闪失，临行前，刘邦又派刘敬再侦察一次。

刘敬所侦察到的情报与之前探子所看到的并无出入，但他所推得的结论却是相反的。

回来之后，刘敬说："两国交战，本应该向对手炫耀显示自己的优势，但是我只看到了老弱残兵与瘦弱的牲畜，这一定是他们在向我们故意示弱，引诱我们出击后，他们再设埋伏用奇兵攻击我们，我认为这一仗不能打。"

三十二万汉军已经全部出动，有些已经翻越了句注山。若在此时将其召回，这让刘邦的老脸往哪里搁？"一鼓作气，再而衰，三而竭"，撤军能带来什么好处？被匈奴人打个措手不及怎么办？

刘邦怒了，他忍不住破口大骂："齐虏！以舌得官，乃今妄言沮吾军！"（你就靠嘴皮子得到个一官半职，现在竟敢胡言乱语扰乱军心！）

众所周知，刘邦是出了名的喜欢用脏话骂人，他的固执己见，也不是完全没有道理：所有的探子都认为匈奴可以打，凭什么你刘敬认为不行？如果说，你看到了别人看不到的细节，那还能自圆其说，问题是你与大家看到的信息都一样，你还说个鬼？

刘邦不想看到刘敬，他派人用刑具把刘敬拘禁到广武。

汉军以步兵为主，加上冬天寒冷，行军速度并不快。刘邦带领着先头部队先行来到平城（今山西省大同市），还没喘过气，就陷入了冒顿单于在白登山附近设下的埋伏圈，冒顿指挥四十万匈奴大军，把刘邦的兵马围困于白登山，就跟包粽子一样。

汉军还没见过这种阵仗，登时就蒙了。

汉军大部队在后，此时被围困的人数量是多少，史无实录，但肯定远少于冒顿的部队。

刘邦毕竟也是身经百战之人，自然不肯轻易服输。冷静下来后，他立即组织防御阵型，抵挡匈奴的进攻，同时等待救援。让刘邦失望的是，他在与匈奴对峙七天之后，仍然没有看到援军的影子。

这期间，有一件诡异的事值得关注。明明匈奴骑兵具备绝对优势，他们又为何不向刘邦发起总攻？

在我们的常识里，骑兵打步兵，应该是所向披靡，胜算大增的。但是我们需要明确的是，在西汉那个年代里，如果双方正面交锋，骑兵并不具备太大的优势。

第一，在那个时代，骑兵所使用的武器都是弓箭。前面说过的"赵武灵王胡服骑射"也是训练骑射水平。弓手骑兵多是以远程射击为主，无法发挥出马匹高速冲击的优势。也正因如此，那时候的骑兵多是承担着侦察、骚扰、长途骚扰、破坏粮食运输等任务，在正面战场上，骑兵则退居二线，成为步兵、车兵的辅助。

第二，那个时代的骑兵，还没有马镫可用。骑兵在高速冲击之下，用武器刺击对方时，会遭受一个同样大的反作用力（牛顿第三定律），这个反作用力，常常会把马上的骑手反震下马，使其陷于危境。

直到人们发明了马镫，才克服了这一困难。

骑手在马上飞奔时，双脚踩在马镫上，就会多出一个支撑力，把自己"固定"于马上。

从此，骑兵在与步兵的较量中，才逐渐占据了绝对优势。

根据史料及考古发现，我们可以确认，单脚马镫出现于汉末三国以及西晋时期，最早的双脚马镫，出土于北燕冯素弗（卒于公元415年）墓。

在晚了刘邦六百多年的时间后，骑兵们才有了这样的装备。

说回到白登之围上。

且说，陈平在危急时刻站了出来，向刘邦献上一计。

刘邦深以为然，便采用了这条计策，贿赂了匈奴单于的爱妻阏氏。

阏氏果然不负其望，对冒顿吹起了枕头风："两国的国主不应该互相围困。现在即使得到了汉朝的土地，而单于也不能最终居住在那里，况且汉朝皇帝有神灵保佑，希望单于考虑下。"

其实，在此之前，冒顿早就与韩王信的将领王黄、赵利约定好了出兵的时间，但冒顿迟迟未见他们的踪影。由于讯息沟通不畅，一向多心的冒顿也不知盟友们打的是什么算盘，本着"做事不能做绝"的理念，遂采信了阏氏的建议，解除了包围圈的一角。

也是刘邦运气不坏，恰好此时赶上大雾天气，匈奴人没有及时地发现汉军的动向，刘邦这才突围成功，得以在平城与大部队会合。

经此一战，双方都见识到了对手的实力，不约而同地选择撤兵。

学者李硕在《南北战争三百年》中指出，刘邦的军队以车骑部队为主，在被匈奴合围时，他们会采取步兵扎营、构建壁垒的方式防守，用以抵消匈奴骑兵的机动优势。习惯于马上射箭的匈奴骑兵无法强攻汉军的壁垒。侦察到汉军主力前来救援后，冒顿选择放弃，实则有不得已的原因。对匈奴骑兵来说，以步兵为主力的汉军，是看得见、追得上、围得住，但就是咬不动、吃不下。

言至此，我们可以来做一个小结了。

经历了李牧、蒙恬时期的挫败，汉朝作为一个全新的对手，出现在匈奴面前。尽管开始使用诱敌深入的方针，成功包围刘邦，由于对汉军战术缺乏了解，匈奴还是没有冒险去强攻汉军的阵地。

中原与匈奴之战第一回合，就此结束。

第五章
和亲是个好办法

李、蒙之法行不通

不得不说，遭遇"开门黑"的结果，使西汉对匈奴的外交策略产生了很大的负面影响。

此后每当有人主战时，反对者就会拿白登之围来进行反驳：当年高皇帝刘邦带着三十二万大军，都被匈奴围了七天七夜，险些丧命。怎么，你还能打过项羽？高皇帝刘邦和张良、萧何、陈平加起来都没你厉害？

虎口脱险的刘邦，在回去的路上仍然心有余悸。到了广武后，他赦免了刘敬，并道歉说："我不听先生的话，以至于被围困，我现在已经把之前让我进兵的十多个探子全部杀掉了。"

随后，刘邦赐赏刘敬两千户，加封关内侯，号建信侯，又封陈平为曲逆侯，享用曲逆县全县民户的赋税收入。

陈平一生跟随刘邦南征北战，总共进献六次妙计，每次都增加了封邑。他的一些计谋，保密性非常高，他人都无从知晓。《史记》《汉书》也只能草草写道："奇计或颇秘，世莫能闻也。"估计是陈平与刘邦之间的单独谈话，没有第三者在场。

就拿这次白登之围来说，也是一条秘计。陈平究竟对刘邦说了什么，派出去的使者究竟又对阏氏说了什么，才使阏氏愿意劝冒顿单于放弃围困汉军？无人知晓。同时代的司马迁也说，"高帝既出，其计秘，世莫得闻"。

回到长安后，刘邦的心情非常郁闷，即便大臣们都不敢论议此事，他自己心里却十分常清楚，被匈奴围困七天，堪称奇耻大辱。如今，该如何挽回颜面呢？

刘邦可以参考的方案有两个：分别是李牧与蒙恬的做法。

前者防守边关，不与匈奴交战，而后抓住机会给匈奴致命一击，歼敌十余万，把匈奴打怕。后者则依靠几十万的秦军，将匈奴驱逐出漠南，长久驻边，不给匈奴良好的放牧环境。

两个人的做法，都收到了不错的效果，也都不符合汉朝的国情。

此时匈奴一族的实力，已经远非李牧的时代所能比。同时，汉朝的疆域也比李牧的赵国大得多，这就意味着匈奴的"选择面"也增多了。那问题来了，偌大的汉朝边境，能做到每一处都严防死守吗？显然不可能，在防守一事上，他们做不到滴水不漏。

再者，不少投降匈奴的汉将，也让匈奴人察知了汉朝的布防情况。汉朝总不能在一夕之间，就把布防尽数换掉吧？

再来看看蒙恬的做法，此法虽好，却十分费钱。汉朝更不可能效仿。汉初的经济还处在一个恢复期，刘邦哪能投入那么大的成本呢？（后来，汉武帝时期主父偃也提到过这种做法的弊端。）

否定了两种参考范式，刘邦陷入了沉思之中：那该怎么办？来年开春，重新杀回去？

不，绝不可以！刘邦从来不热血。与匈奴相比，他更关注的是那几个异姓王。在外部骚扰劫掠的匈奴人，只要别太过分就行。

此时，刘敬再次出现在刘邦的视野里，来为其指路燃灯。

🐉 和亲之始

"天下初定，士兵们长年打仗非常疲劳，所以不宜用武力去征服冒顿。冒顿弑父夺位，把父亲的女人占为己有，用暴力建立权威，我们也不可能用仁义去说服他。当下我有一计，可以使他的子孙长久做汉朝臣属，然而我担心陛下不能用。"刘敬如是说。

看到刘敬在卖关子，刘邦有些不耐烦："真的像你说的那样，我怎么可能不去做！快说说到底该怎么办！"

刘敬说："如果陛下能够把嫡长公主（鲁元公主）嫁给冒顿，并给他丰厚的礼物，匈奴得知后，公主肯定会成为阏氏，所生的儿子也肯定会被立为太子，并继任单于。他们贪图汉朝的钱帛，如果我们每年把多余而匈奴又缺少的物产多送给他几次，并派遣舌辩之士用汉朝的礼节去劝告，说服冒顿。冒顿活着的时候是汉朝的女婿，他死后，陛下的外孙就成了单于。哪有外孙和外祖父兵戎相见的道理？这样一来，我们不用打仗就能让匈奴臣服了。"

见刘邦没吭声，刘敬紧接着拿出了第二套方案，他说："如果陛下舍不得派长公主去，可以派其他皇室女子或者后宫女子冒充公主，不过匈奴也会知道。但是呢，如果匈奴到时候并没有尊宠她，对我们没有任何好处。"

言外之意已经非常显豁：匈奴发现公主是冒牌货，一怒之下不把她的后代立为单于继承人，甚至说要废黜她，那我们可就前功尽弃了啊。

政治婚姻，从来不需要考虑男女双方的个人感情，更多的是看执政者是否愿意做出割舍。

把大女儿嫁给冒顿单于？这无异于羊入虎口，每一个正常的父亲第一反应都会抗拒，这也是刘敬一开始怕刘邦不同意的原因。

但是刘邦不一样，他是有"前科记录"的。

早在五年前的彭城之战，面对项羽的追杀，情急之下，刘邦好几次用脚把刘盈（以后的汉惠帝）以及长女鲁元公主（就是现在刘敬所希望嫁给单于的那个公主）踢下了车，想抛弃两个孩子自己逃跑，滕公夏侯婴却于心不忍，每次把两个孩子抱回了车上，气得刘邦一路上都想砍了夏侯婴。

生性凉薄是一方面，而身份的变化，使得刘邦的心肠也更硬了。

作为皇帝，他考虑更多的是政治利益。

故此，听到刘敬的计策后，刘邦认为此事可行，他没有丝毫的犹豫。

但是吕后不干了！得知刘邦要把鲁元公主嫁给冒顿单于后，吕后忍不住日夜哭泣，对刘邦说："我就生了太子和一个女儿，为什么要抛弃他们，送给匈奴呢？"

刘邦拗不过她，最终只选了一个宫女，嫁给了冒顿单于，派刘敬到匈奴缔结和亲盟约。而后刘邦与之约定，汉朝每年都会赠送给匈奴一定数量的棉絮、丝织品、酒、粮食等物资，两国成为兄弟之国。

眼见捞着了大便宜——不费一兵一卒就有好吃好用的，冒顿单于暂停了骚扰之举。

可这不代表，汉朝的边境就一片祥和了。

当初投奔匈奴的韩王信，可不管匈奴和汉朝的关系如何，他与赵利、王黄等人多次带兵侵扰汉朝边境。不唯如此，韩王信还鼓动别人和他一起投靠匈奴。

这不，就在汉高帝十年（公元前197年），韩王信又把驻守北疆的陈豨策反了。

🐉 击溃匈奴联军

陈豨造反的背后，少不了韩王信与匈奴势力的唆使，但这也和刘邦的猜忌不无关系。

刘邦在白登之围后，先后废黜了代王刘喜与赵王张敖，立小儿子刘如意为赵王，代王王位暂时空缺。因为刘如意年幼，又是戚夫人所生，刘邦常常想把他立为太子，所以刘如意没有去自己的封地。

其后，陈豨以代国相国的身份，总领代、赵的兵事，掌管北境边防部队，承担起了抵抗匈奴的重任。

临出发前，淮阴侯韩信告诫陈豨，你去了边境，如果有人告你谋反，第一次皇帝不会相信，第二次皇帝就会怀疑，第三次皇帝就会亲自讨伐你。若真到了那一天，我便在京城做内应，我两可以共图天下。

陈豨暗暗点头，倘若真的出现极端情况，能得到名震天下的韩信的合作，也不失为一条后路。

陈豨不懂得收敛，在他请假回家时，路过赵国，赵国丞相周昌看到与他随行的宾客，有一千多辆车子，邯郸的馆舍被他们挤得满满当当。

陈豨走后，周昌立刻把所看到的告诉了刘邦，认为陈豨长年在外，可能会有变故。

刘邦就派人去查，果然查出了问题：陈豨的宾客在钱财方面，确实存在违法乱纪的行为（估计是贪污受贿，抢占民田之类的事情），并牵连到了陈豨本人。

问题大吗？其实也并不大。只要不碰造反、私交匈奴的红线，其他问题都可以有回旋的余地。

但陈豨不那么想，韩信与韩王信的话也使他坐卧不安，思量之下，他决定造反。

陈豨先是派人悄咪咪地联络韩王信的部将王黄和曼丘臣，又与匈奴和韩王信打好招呼，做足准备工作。

汉高帝十年七月（公元前197年），刘邦的父亲刘煓去世，楚王刘交、梁王彭越等人都来送葬，但是陈豨并没有来。刘邦派人通知陈豨，陈豨仍然以生病为由，不愿进京面见刘邦。

八月，陈豨正式造反，自称代王。九月，刘邦亲自征讨陈豨。仅仅三个月，即汉高帝十一年十二月（公元前196年），陈豨的部队全线崩溃，王黄和曼丘臣被活捉，陈豨勉强保住了性命。

往后的一年里，汉军多次击溃陈豨、韩王信与匈奴的联军。韩王信、陈豨先后被汉军所杀。

屡失猛将，长匈奴威风

陈豨的造反并不能归结为一次独立事件，他牵扯出一系列的连锁反应。

首先，淮阴侯韩信被杀。在刘邦征讨陈豨的时候，淮阴侯韩信在暗中联络陈豨，准备谋反。他的一个舍人之前犯下了错误，韩信将其囚禁，准备杀了他。这个舍人的弟弟于是告发了韩信的计划。吕后与萧何商量后，就对外宣称刘邦已经平定了叛乱，杀死了陈豨，让群臣都来祝贺。韩信不得已进宫，被吕后逮捕杀害。

其次，梁王彭越被杀。刘邦在外初期，兵力并不够，他向梁王彭越征兵时，彭越称病，只让部将带兵过去，这引起了刘邦的不满。彭越与梁国太仆有矛盾，太仆跑到刘邦那边，控告彭越谋反。刘邦派人出其不意抓捕了彭越，将其流放至蜀地青衣县。彭越半路遇到了吕后，向她哭诉自己的无辜，吕后假意相信彭越，把他带到洛阳后，就派人弹劾彭越造反，刘邦最终把彭越杀害，剁成肉酱，赏赐给各个诸侯。

第三，淮南王英布被杀。韩信死后，淮南王英布就害怕会有同样的下场，当他正在打猎的时候，收到了皇帝赐予的礼物：彭越肉酱。这令他非常恐惧，于是就暗中部署军队，被人告发后，刘邦亲自带兵将其剿灭。

最后，燕王卢绾造反。起初，燕王卢绾积极配合刘邦的军事行动，他从东边起兵，进攻反叛的陈豨。当时陈豨已经向匈奴求救，而卢绾也派出张胜出使匈奴，告诫他们陈豨已经战败，不要派兵救援陈豨。

在我看来，卢绾这样做纯粹是多此一举。皇帝亲自出征，你打个下手，做好自己的本职工作就行了，不需要担心太多。张胜这么一去，把卢绾的大好前程全给毁了。

张胜到匈奴后，遇到了前任燕王臧荼的儿子臧衍。臧荼被杀后，臧衍一直在匈奴流亡。臧衍告诉张胜，你们燕国之所以能够一直存在，是因为北方还不太平，等到陈豨被剿灭后，你们燕王的好日子也就到头了。你为什么不阻止燕王，让他不要消灭陈豨，与匈奴达成和解，这样才能使燕国长久保存。

张胜被"做人留一线，日后好相见"的鬼话说服了，竟然请求匈奴帮助陈豨攻打燕国。

燕王卢绾看不懂了，他怀疑张胜已经反水，于是立刻上书汇报此事。没成想张胜又回来了，把事情的原委全部告诉了卢绾，卢绾也认为有道理，就让张胜继续与匈奴来往，同时向刘邦为张胜开脱。

卢绾从此开始消极应对陈豨的叛军，制造出双方长年打仗的假象。

纸永远包不住火，陈豨被消灭后，他的降将揭发了卢绾与陈豨的往来。卢绾此时又以生病为由，拒绝进京——这种理由实在是站不住脚。之前的彭越、淮阴侯韩信、陈豨都"生病"过。多年的经验告诉刘邦，关键时刻谁"生病"了，那这个人十有八九有问题。

刘邦又调查到张胜一直在给卢绾与匈奴之间搭线后，这才相信卢绾是真的背叛了自己。

卢绾念起和刘邦的交情，本打算亲自谢罪。此时刘邦病逝，卢绾只好逃亡至匈奴。一年后，卢绾死于匈奴。

由于猜忌之心过重，刘邦屡失猛将，产生了负面的连锁反应，这在无形之中削弱了自己的势力，助长了匈奴的威风。

第六章
挑衅吕后，结好文帝

🐉 冒顿调戏吕后

刘邦死后（公元前195年），汉惠帝刘盈即位。

刘盈在执政的第七年去世（公元前188年），本就话语权很大的吕后，更是大权独揽，权倾天下。在她为期八年的专政时期里，吕后俨然成为汉帝国实际上的最高统治者。

汉惠帝和吕后总共执政的十五年里，匈奴仍然时不时挑衅一下汉塞，自忖实力不足以恃，汉朝继续选择忍让，双方没有发生大规模冲突。

汉朝有多能忍呢？我们可以通过一个典型事件，来一窥其貌。

且说，当冒顿单于知道刘邦死后，更加肆无忌惮。他直接给吕后写了一封极具挑衅的"嫚书"，这封"嫚书"也没有威胁恐吓的话，相反，里面全是调戏之词。

司马迁生活于西汉中期，距离那时候只有几十年而已，可能会有各种各样的顾虑，因此他只是简略地说冒顿"妄言""不逊"，没有写具体的内容。而东汉班固撰写《汉书》时，才将书信的内容记载下来。

"考惠、高后时，冒顿浸骄，乃为书，使使遗高后曰：'孤偾之君，生于沮泽之中，长于平野牛马之域，数至边境，愿游中国。陛下独立，孤偾独居。两主不乐，无以自虞，愿以所有，易其所无。'"（《汉书·匈奴传》）

翻译成现在的说法就是——我（冒顿单于）现在是"单身孤独无依"，你（吕后）呢，也没有丈夫了，大家都很寂寞，生活缺乏乐趣，不如你来当我老婆吧！两全其美哦！

吕后是何等强势之人，岂能容忍这等侮辱？

果然，吕后看罢大怒，她立刻招来丞相陈平及樊哙、季布等人，商议先斩了匈奴使者，再发兵进攻匈奴。

看到吕后怒不可遏的样子，樊哙主动请缨，他说："臣愿意领十万精兵，横扫匈奴！"其他将军为了顺从吕后的意思，纷纷赞同。

估计是吕后没有太多的底气，她又咨询季布的意见。

季布的意见很鲜明：这种事情没必要生气。

他说："樊哙可斩！之前陈豨在代国造反（实际上是韩王信造反），我们有三十二万军队，高皇帝被围困于平城附近，樊哙身为上将军，尚且不能解围。当时有歌谣唱道'平城之下亦诚苦，七日不食，不能彀弩。'现在歌谣声还没停止，战士们的伤痛还未平息，而樊哙竟然妄言只用十万之众就能横行于匈奴，这是当面胡扯。况且匈奴如同禽兽，得到了他们的赞扬不值得高兴，被他们挑衅了也不值得生气。当年秦朝长期在外打匈奴，才有了陈胜等人的起义。现在国力还未恢复，樊哙又来谄媚，是想动摇天下！"

季布的话说得非常巧妙，他知道吕后正处于极端愤怒之中，他若是直接反对出兵，肯定不会有好果子吃。所以他转移目标，对着樊哙一顿狂喷。表面上他是在训斥樊哙吹牛皮，实际上是在帮吕后分析当下的局势。

我们都明白，但凡军国大事，决策者必不能被自己的个人情绪左右。自身的情况，双方的实力，所造成的后果等等，都需要做出充分的考虑。

冷静下来的吕后也意识到，现在反击匈奴并不现实，切不可因一时之气，而误了大事。吕后决定视匈奴的挑衅为无物，权且忍让一些时日。

她让大谒者张泽回信说："感谢大单于没有忘了我们汉朝，收到大单于的书信后，我非常恐惧。现在我年老色衰，头发和牙齿都掉了，走路都不稳了，配不上单于。这实在不是我的过错，希望能得到单于的原谅。现在奉上两乘御车、两架驷马，给单于当座驾。"

本以为，吕后会勃然大怒，与自己大战一场。没想到汉朝却忍让到了如此程度，冒顿也始料未及。有道是，"伸手不打笑脸人"，冒顿大概也觉得自己有些过分了，遂写信道歉，希望吕后能够原谅自己的不敬。

眼见冒顿就坡下驴，吕后自然也更加给他面子，为了表达双方交好的诚意，吕后又让一位宗室的女儿冒充公主，嫁给了冒顿单于。

🐉 坐观吕后与南越对峙

冒顿单于接受了吕后的示好，短期内没有什么大动作，但这样一位草原之王，断不会因眼前的一点恩惠所迷醉。他始终注视着那个被他调戏过的老妇的一举一动，就像是盘旋于高空的猎鹰一般，不肯放弃自己猎杀的本性。

那么，在应对完匈奴之后，吕后都有哪些动作呢？

最大的动作，莫过于封吕氏家族的人为王。

按说，吕后已经权势熏天，她要封谁为王，并不是件很难的事情。

但难就难在，刘邦生前曾经立下"白马之盟"：非刘姓不可封王。这让吕后非常头疼，"白马之盟"的存在，极大地制约了吕后，不过她仍然要一意孤行。

具体分三步操作：先是废掉刘姓诸王，再追封死去的吕泽、吕文为王——对"白马之盟"进行试探性的破坏，最后封在世的吕台、吕产等人为王。

吕后心里也非常清楚，封诸吕为王的行为，大家并不服，目前只是迫于她的淫威罢了。

所以在这期间，她根本无暇顾及邻国的所作所为。

就比如，吕后执政的第五年（公元前183年），南越国的赵佗称帝了，并进攻汉朝的长沙国。吕后主政的第六年和第七年，连续两年都有"匈奴寇狄道"的记载。这些事情搞得吕后焦头烂额，但也只能忍。

当吕禄，以及死去的吕释之被封王之后，心满意足的吕后终于能够腾出手来反击邻国了。

打谁好呢？

尽管之前已经和匈奴和过了亲，但是冒顿连续两年侵犯汉朝，明显是在向吕后释放一个强烈的信号：您的边境和平卡体验期已到，请充值。

受到冲击的狄道（今甘肃省临洮县），距离长安有一定的距离，似乎不是特别重要，匈奴的问题，可以继续再忍一忍。

相反，南越的问题非常之大：赵佗竟然公然称帝！吕后都不敢做的事情，他赵佗竟然敢做。这种事情决不能容忍。

其实，南越赵佗称帝，更多的还是吕后造成的。刘邦末年，曾经派陆贾出使南越。当时南越王赵佗被陆贾说服，愿意向汉朝称臣，汉朝也向南越开放了边关贸易，向南越出口其所匮乏的牛、羊等牲畜以及铁器。双方保持着友好的往来。

吕后在其执政的第五年（公元前183年），突然封锁南越，禁止向南越出口铁器。牛、马、羊等牲畜也是非必要不交易，就算交易，也只许把公的牲畜卖给南越，母的一律不许卖。

赵佗也不知道自己做错了什么。毕竟是自己受到了经济制裁，他多次派人向吕后道歉，吕后非但没有缓和关系，还扬言要挖了赵佗在河北老家的祖坟，杀死他的兄弟和宗族。

这彻底激怒了赵佗，他索性称帝，发兵攻击汉朝的郡县，与汉朝彻底决裂。

就这样，吕后派遣隆虑侯周灶、博阳侯陈濞带兵讨伐南越。赵佗据守险要，汉军办法并不多。加上南方炎热多雨，汉兵水土不服，导致军队里突发瘟疫。

这仗是没法打了，周灶、陈濞只能带兵退守长沙，与南越对峙。

也就是这时，吕后病逝了，而她所封王的吕氏，无一例外遭到政治清算，无论男女老幼，一并杀绝。

历史进入了汉文帝的统治时期。

匈奴和汉朝的关系，也将随之发生新的变化。

🐉 打，还是和？

汉文帝即位后，仍然秉持着汉初休养生息，安境保民的国策。

不过他首先要处理下吕后遗留的烂摊子。

他给南越王赵佗写了一封语气非常友好的信，希望两家罢兵，开放边境贸易，重归于好。赵佗也表示愿意放弃帝号，向汉朝称臣纳贡。

至于匈奴，汉文帝还是要补交吕后的"欠费"。正当双方还在为和亲谈判时（公元前177年），匈奴的右贤王从阴山南麓向河南地移动，骚扰上郡（今陕西省榆林市附近），抢掠百姓。

右贤王的举动让汉文帝不满，他派丞相灌婴发兵八万五千人，到高奴（今陕西省延安市）反击右贤王。右贤王知道自己捅了娄子，立刻撤退。汉文帝亲自到高奴，又至太原，准备御驾亲征。

济北王刘兴居一直怨恨汉文帝。看到汉文帝亲征，刘兴居遂起兵造反。汉文帝只好罢兵，去解决刘兴居的叛乱。

一年后（公元前176年），冒顿单于寄来了给汉文帝的书信。信的内容如下：

"天所立匈奴大单于敬问皇帝无恙。前时皇帝言和亲事，称书意，合欢。汉边吏侵侮右贤王，右贤王不请，听后义卢侯难氏等计，与汉吏相距，绝二主之约，离兄弟之亲。皇帝让书再至，发使以书报，不来，汉使不至，汉以其故不和，邻国不附。今以小吏之败约故，罚右贤王，使之西求月氏击之。以天之福，吏卒良，马彊力，以夷灭月氏，尽斩杀降下之。定楼兰、乌孙、呼揭及其旁二十六国，皆以为匈奴。诸引弓之民，并为一家。北州已定，原寝兵休士卒养马，除前事，复故约，以安边民，以应始古，使少者得成其长，老者安其处，世世平乐。未得皇帝之志也，故使郎中系雩浅奉书请，献橐他一匹，骑马二匹，驾二驷。皇帝即不欲匈奴近塞，则且诏吏民远舍。使者至，即遣之。"

信的内容大致有三层意思。

其一，解释冲突之由。

去年边境上发生了不愉快的事情，导致我们的和约发生破坏，有违我们兄弟之前的情谊。我一直在调查，确定是我方右贤王的责任。我已经惩罚他去西边打月氏人去了。

其二，炫耀武功之强。

右贤王不负众望，成功打败了月氏，吞并了他们的土地，我们又趁机打败了楼兰、乌孙、呼揭以及周围的二十六个小国，他们都成为匈奴的臣属，使他们并为一家。

其三，向汉朝求和。

现在我们匈奴北边已经得到了安定，希望皇帝能够同意我们停战，不再为之前的冲突而耿耿于怀，恢复以前的和亲，使老百姓安居乐业。不知道皇帝现在是什么想法。如果皇帝不想让匈奴接近边界，那么也请您的军民也远远离开。

其四，礼尚往来的道理，你们汉人应该懂吧？这次我给皇帝陛下献上一头骆驼，两匹骑乘的马，两架拉车的驷马。

末了，冒顿还提醒汉文帝，赶快回信表态。

从语气上说，冒顿对汉文帝还是比较尊重的，又主动求和，给足了汉朝面子。不过这都是表面上的东西，实际上冒顿绵里藏针，故意夸耀武力，炫耀战绩，意在逼迫汉朝答应和亲，言辞中，冒顿并不惧怕与汉朝全面开战，打还是和，请你们汉朝自己选择。不过呢，真要议和的话，先把吕后的"欠费"还清吧。

结为兄弟之国

汉文帝召集群臣商议这件事，大家都赞同和谈，认为和亲更有利。而汉文帝的国策也一贯主张休养生息。既然冒顿给了台阶下了，汉文帝也没有理由不答应和谈。

汉文帝如下答复了冒顿单于：

"皇帝敬问匈奴大单于无恙。使郎中系雩浅遗朕书曰：'右贤王不请，听后义卢侯难氏等计，绝二主之约，离兄弟之亲，汉以故不和，邻国不附。今以小吏败约，故罚右贤王使西击月氏，尽定之。原寝兵休士卒养马，除前事，复故约，以安边民，使少者得成其长，老者安其处，世世平乐。'朕甚嘉之，此古圣主之意也。汉与匈奴约为兄弟，所以遗单于甚厚。倍约离兄弟之亲者，常在匈奴。然右贤王事已在赦前，单于勿深诛。单于若称书意，明告诸吏，使无负约，有信，敬如单于书。使者言单于自将伐国有功，甚苦兵事。服绣袷绮衣、绣袷长襦、锦袷袍各一，比余一，黄金饰具带一，黄金胥纰一，绣十匹，锦三十匹，赤绨、绿缯各四十匹，使中大夫意、谒者令肩遗单于。"

在信中，汉文帝的态度与冒顿并无差别。

第一，汉文帝礼尚往来，给冒顿台阶。

我非常赞同单于希望和平，并惩罚右贤王的做法（尽管这种惩罚看上去就是自罚三杯），这是古代圣明君主的所作所为。既然事情已经过去了，希望单于就不要再责备右贤王，继续追究下去了。

第二，提醒匈奴人，"欠费"可以充值，但不是无条件。

我们愿意与匈奴结为兄弟之国，所以每年都会供奉给匈奴很多物资，而每次都是你们匈奴人违背盟约，破坏我们的兄弟感情。单于如果在信中是真心实意的话，那就告诉你的手下，让他们不要再违背盟约，要有信用——言外之意非常明显，你们再挑事，就不要想着"欠费充值"这种事了。

第三，你们其实战意也不强。

你的使者说，单于经常亲自领兵征伐，却深为战争所苦恼——从公元前209到公元前176年，你都打了三十三年的仗了，大家都知道你累了。

第四，"支付宝已到账，请查收"。

这次给单于准备了绣袷绮衣、长襦、锦袍各一件，头饰比余一件，黄金衣带一条，黄金带钩一件，绣有纹样的布匹十匹，赤绨、绿缯各四十匹。

通过这次外交，双方都达到了自己想要的目的，冒顿再也没有侵犯过汉朝。

几年后，冒顿去世。

我们该如何去评价冒顿的一生？

对匈奴来说，冒顿是一个非常优秀的领袖。他杀伐果敢，善于抓住机会，又恰好赶上了秦末中原大乱这一绝佳的时机，匈奴成功成了令人闻风丧胆的草原霸主。尽管他残忍嗜杀，但不依靠杀人维持统治，而是用自己打拼出来的疆土使人信服。

不过令人遗憾的是，就因为冒顿是匈奴人，史官没有给他单独列传，只能从汉匈关系入手，来还原这位草原之王的一生。

纵观冒顿叱咤风云的一生，他驰骋疆场三十多年，不仅是一个杰出的军事天才，还是一个智谋过人的战略家，无论是东胡王还是汉高帝刘邦，都没能猜到他的真实战略意图。正因冒顿具备这些领导者所必需的优秀素养，匈奴部族才能在他的带领下，步入一个鼎盛时代。

不过，客观地说，冒顿弑父的行为，确实也十分恶劣。在私德上头，冒顿的行为并不值得肯定。

第二卷

匈奴远遁，而漠南无王庭

本卷人物：

老上单于、军臣单于、伊稚斜单于、汉武帝、李广、卫青、霍去病

历史事件提要：

马邑之围、漠北之战、卫霍建功

第七章
宦官的小心思

唯恐天下不乱

冒顿单于死后，他的儿子稽粥被立为单于，号曰老上单于。

新单于上位，之前所商议的和亲的事宜又被提上了日程，这次汉文帝仍然以宗室的女儿冒充公主，成为老上单于的阏氏。

这原本是一场看上去很寻常的和亲，中间也并没有发生什么差错，正当大家以为和亲已经圆满结束时，老上单于得到了一个意外惊喜。

"公主"出嫁，自然少不了随行人员，其中，有一个叫中行说（读作月）的宦官被选中了。中行说本是燕人，对匈奴的情况比较了解，选他去做随从，看起来没什么问题。

但是中行说不想去，他从小在燕国长大，好不容易到了长安，他不想去更遥远，更荒凉的匈奴，最重要的是，去了匈奴，就意味着永远也回不来了。嫁出去的公主，可没有再回来的时候，随行人员也只能一辈子在匈奴生活。

汉朝的官员逼着他去，他最后发出狠话："如果一定让我去的话，我将成为汉朝的祸患！"

大家对他的警告并不在意，"你不就是个宦官吗？能掀起什么大风大浪？成为汉朝的祸患？你也太把自己当回事了吧？"

所以当时根本没有人在意。只要说服中行说，让他肯去，就能向领导交差了。

好，既然你们不把我当自己人，那么我也不把你们当自己人！

走在和亲的队伍里，中行说的心态发生变化，对汉朝的恨意，将他彻底湮没。他把余生的全部力量，都奉献给了匈奴，转而与汉朝为敌。

到了匈奴后，中行说立刻归顺了老上单于。

多少年过去了，汉朝"每逢和亲必假冒"的作风，已经成为一个"优秀传统"了。可奇怪的是，不知为何，匈奴人对此并未察觉一丝一毫。或者说，他们对女方的身份也不似刘敬那般看重。

那么，问题来了，难道匈奴甘愿忍受汉朝对他们的欺骗行为吗？

非也！问题的关键根本不在于公主本身。匈奴人只讲眼前利益，他们并不在意嫁来的女子的爹妈是谁，他们更关心的是汉朝送来的嫁妆丰厚不丰厚！

要知道，那些好吃的珍馐百味，那些精美的丝织品，那些轻盈而华美的服饰，可都是大草原上缺乏的好东西啊！

位于湖南省长沙市的马王堆汉墓，是汉文帝时期的墓葬。古墓出土了一件"素纱襌衣"，通身重量仅四十九克，可谓轻如蝉翼。（今收藏于湖南博物院。）

到了21世纪后，专家曾经复制过素纱襌衣，但是复制品却重达八十多克。原因在于当今的蚕吐出的蚕丝要比汉代时粗重，导致复制出来的衣服重于原件。后来专家费尽脑汁，不停地变换蚕的食材，使蚕减重，耗时十三年后，方才制作出近五十克的复制品。

汉朝的丝绸与服饰如此轻盈，被草原上的匈奴人追捧也就不足为怪了。

老上单于自然也难于免"俗"。对这些东西他也没有多少抵抗力。

已经投奔老上单于的中行说，唯恐天下不乱，他设法提醒单于，匈奴的总人口仅仅相当于汉朝一个郡的人口，匈奴之所以比汉朝强大，是因为服饰和饮食与汉朝不同。

他见单于改变习俗，喜欢汉朝的东西，忍不住为之而忧。知道这些东西，在汉朝有多少产量吗？他们给匈奴的不过是他们的十分之二，但匈奴要是都追求这些，那早晚有一天会被汉朝同化，将会归属于汉朝。

老上单于从来没有考虑到会有这么严重的问题。

那该怎么办呢？

中行说表示，要坚持匈奴的游牧习俗，破坏汉朝影响力。

他告诉单于，先穿着汉朝的衣服，骑马往草泽荆棘里面跑，把这些衣服全部刮破，来告诉大家，汉朝的衣服并不结实，远不如我们匈奴人的皮衣耐用。把汉朝的食物都扔掉，来说明它远不如匈奴的乳酪美味且方便。

中行说又教给单于手下们如何分类记录，来统计他们的人口与牲畜的数量。

起初，汉朝给单于写信时，开头的问候语的格式一般为"皇帝敬问匈奴大单于无恙"，而匈奴写给汉朝的信的开头为"天所立匈奴大单于敬问皇帝无恙"。中行说认为，这样写显得格局太小，口气上，我们一定要盖过汉朝皇帝。于是，这句话就被改成了"天地所生日月所置匈奴大单于敬问汉皇帝无恙"。

在那个年代，字都是写在竹简上。中行说再次出主意，让单于用一尺长两寸宽的竹简，在长度上盖过汉朝的，而印章和封泥的尺寸也要比汉朝大。

总之，无论是在外交辞令上，还是外交所使用的物品，匈奴必须要占上风。

亲自下场，险被打脸

已经"玩嗨了"的中行说，不仅在"线上"外交中出主意，还在"线下"外交上亲自下场，当面与汉朝使者辩论。

从春秋战国开始，一直到西汉时期，各国所派出的外交使节，大多以"辩士"和"勇士"（壮士）居多。所谓的"辩士"，最大的特点是能言善辩，口才过人。

春秋战国时期，辩士们活跃于诸侯与列国之间，往往通过一己之力巧舌如簧的说辞，就能达到外交的目的。苏秦、张仪就是其中的翘楚。辩士常常能在"国际场合"发挥巨大作用，因而他们又被称为"纵横家"。

汉朝也沿袭了这个传统。汉朝派去南越国的使节，就有陆贾、严助、终军等人。史称，陆贾"名有口辩"，严助"与大臣辩论，中外相应以义理之文，大臣数诎"，终军"以辩博能属文闻于郡中"，都是伶牙俐齿的辩士。

至于出使匈奴，多半也会按照传统，派出这种类型的辩士。

中行说大概就要面对这样的对手。现在，双方辩手已经就位，"请开始你的表演"——

汉朝使者说："匈奴有不善待老人的习惯。"

中行说反驳说："汉朝也有到边境服役的规定。那些准备去服役的人，他们的父母，不也是拿出暖和厚实的衣服和丰盛的食物，让自己儿子去服役吗？"

汉朝使者说："是有这么回事。"

中行说说："匈奴人把战争作为头等大事，老人和儿童没法去打仗，就把更多的食物留给年轻人，让他们保卫家庭，怎么能说匈奴人不善待老人呢？"

汉朝使者说："匈奴人父子竟然共同住在一个帐篷里，父亲死了，儿子就要娶庶母为妻，兄弟死了，就娶嫂子为妻，完全没有伦理纲常。"

中行说反驳说："匈奴人都是吃牲畜的肉，喝牲畜的奶，穿牲畜的皮。随着季节放牧、迁徙，没有固定的住处。他们规矩少，没有那么多约束。父亲兄弟死了，娶他们妻子为妻，是担心宗族灭亡。匈奴虽然伦理混乱，但是每个宗族都能流传下去。你们中原虽然伦理详备，但是亲属关系越来越远，并且互相残杀，导致改朝换代，况且君臣之间也会出现怨恨。"

所谓言多必失，中行说已经露出了破绽：中原人互相残杀？那冒顿弑父的事怎么说？

中行说大概也感觉到了不妥，他赶紧转移话题，说："你们大兴土木，修建城池，长此以往，在出现紧急情况下，并不知道怎么保护自己。你们这些住在房屋里的汉人，暂且不要再说什么了！"

中行说知道汉朝使者的水平，所以不想使自己陷入尴尬难堪的窘境。

从此以后，每当汉朝使者要和中行说"对线"，中行说就如同复读机一样重复着："汉朝使者不要多说了，你们汉朝送给我们的丝绸、粮食等礼品数量足够，品质上乘就行了。如果数量不够，质量又差，那么等到你们秋收的时候，别怪我们的骑兵去践踏！"

农耕文明，最怕庄稼丰收前遭遇战事。

中行说深知这一点，他每天都给单于科普汉朝的要害之地。

再次走向谈判桌

在中行说的教唆下，老上单于终于坐不住了。在汉文帝十一年（公元前169年），匈奴再次入侵狄道。

三年后，十四年（公元前166年），匈奴大规模入侵汉朝。老上单于亲自率十四万骑兵，攻陷朝那、萧关，并杀死北地都尉卬，劫掠了大量的人口与牲畜。

战果十分辉煌，老上单于也没有停止的意思，他继续挥师南下，一度打到了彭阳，烧毁了回中宫。并派出大量侦察骑兵，这些骑兵一度抵达过甘泉一带。

张守节所著的《正义》，在《史记·匈奴列传》引《括地志》云："汉之甘泉，在雍州云阳西北八十里，秦始皇作甘泉宫，去长安三百里，望见长安。"意思是说，匈奴打到了汉朝的眼皮底下了。

为何匈奴会一反常态大规模侵犯汉朝？

《史记》《汉书》和《匈奴列传》没有说明原因，不过我们在《汉书·晁错传》里，却能寻到一丝蛛丝马迹。晁错曾经对汉文帝上书说："陛下绝匈奴不与和亲，臣窃意其东来南也……"

可能是汉文帝拒绝了一次匈奴的和亲要求，作为报复，老上单于决定给汉朝一点颜色看看。

这确实说得通，既然不和亲，那些好吃的珍馐百味，那些精美的丝织品，那些轻盈而华美的服饰，又从哪里来？老上单于表示，他不能忍。

匈奴的铁骑，让汉文帝大为震惊，他不仅派出周舍、张武、周灶等人抗击匈奴，还亲自劳军，准备御驾亲征。群臣认为皇帝意气用事，赶紧极力劝阻，甚至还搬出了皇太后，这才让汉文帝打消了亲征的念头。

汉朝也出动十多万军队，却依然拿匈奴没有太大的办法。依靠着骑兵的高机动性，匈奴人飘忽不定，拥有着决战的绝对主动权。即便在自己的主场，汉军也只能以防御为主，一心只为拱卫京畿。

在汉朝的领土转悠了一个多月后，老上单于才带着大部队离开，汉军也不敢深追，没有对匈奴军队造成实质性的打击。

不过汉朝此战也并非完全没有收获：以良家子弟的身份从军的李广崭露头角。他高超的骑射技术，杀死了不少匈奴士兵，被提拔为汉中郎。从此，李将军开启了他戎马一生的军旅生涯。

这是自白登之围以来，匈奴对汉朝规模最大，出动军队最多的一次入侵。不难理解的是，能够精准地震动汉朝中央，少不了中行说的"功劳"。此战之后，单于更加骄傲：我都快逼近长安了，汉朝根本奈何不了我。

既然汉朝反抗不了，那老上单于还有何惧？于是，匈奴从此时起，几乎每年都会入侵汉塞，云中郡和辽东郡首当其冲，不胜其苦。经济的损失尚在其次，几年以来，汉朝边境竟损失一万多人。

汉朝实在拿匈奴没辙，不得不与之走向谈判桌，再次论起和亲的事情来。

这一次，汉文帝与老上单于的沟通还算顺利。双方一致认为，应该摒除误会，放下隔阂，为了两国的长久发展，为了百姓的安居乐业，应该停止战争，体恤子民，顺应天命。皇帝与单于之间的兄弟感情，容不得任何践踏！

按照惯例，汉朝仍然送给匈奴一定数量的粮食、酒水、布匹以及其他物品。双方约定：汉朝人不许到塞外，匈奴人也不许来塞内，违者一律处死。

这次和谈还是比较成功的，老上单于再也没有入侵汉朝。双方进入了短暂的和平期。

四年后，老上单于去世，他的儿子君臣单于即位。

老上单于在位期间，除了对抗汉朝以外，最引以为豪的功绩是又一次袭击月氏。

匈奴人这次没有客气，他们杀死了月氏王，砍下他的头当酒具。每当匈奴有重要的会盟时，这颗人头酒具，就会被灌满美酒，用来炫示武力。

被打败的月氏人，知道无力对抗匈奴，只能被迫迁徙到更遥远的地方。

第八章
和平与发展

🐉 花钱买和平，是否可取？

从汉高帝刘邦白登之围开始，直到汉武帝马邑之围结束，在这七十年里，汉朝一直奉行着"花钱买和平"的国策，送钱送女人，对匈奴可谓一忍再忍，以至于唐朝人作诗讽刺道："汉家青史上，计拙是和亲。社稷依明主，安危托妇人。"

他们想当然地认为，汉朝奉行和亲政策，显得有些怯弱，为何他们不能血性一点，和匈奴死战到底呢？答案其实是显而易见的，因为汉朝对匈奴的了解还不够，做不到"知己知彼"，莫说是百战百胜了，要想赢一两场战争，都不是易事。

在白登之围中，匈奴骑兵所展现的机动性，带给汉朝统治者极大的震慑力。他们来无影，去无踪，犹如鬼魅一般不可捉摸，在此之前汉朝从未见过以骑兵为主力的部队，对他们的作战方式也很陌生。

每当游牧骑兵骚扰抢掠边境之时，汉兵刚一赶到，对方直接溜之大吉，呛你一鼻子尘灰。要追吧，两条腿又比不上四条腿的，追又追不上。几次三番下来，汉朝的边境被匈奴搅得天翻地覆，民不聊生。吕后、汉文帝深以为苦，却又无计可施。

最令人气恼的是，匈奴骑兵的目的性并不明确，不是非要一定抢某个郡县。他们经常在打猎的时候，看到汉朝边防松弛，则顺便抢掠，看到守备森严则继续切换至打猎模式。所以你压根不知道他们的脑子里在想什么，这"完全不按套路出牌"！

或许有人会说，你不知道他会骚扰哪里，还不知道主动去端了他的老巢？主动去草原找匈奴人决战，不行吗？嗯，还真不行。

茫茫草原之中，以步兵为主力的汉军，很难找到匈奴军队的主力。而且，匈奴人居无定所，没有汉人所谓的城池，你一追过去，他们既能跑得了和尚，也能跑得了庙！

顺便提一嘴，在中国古代金银器发展史上，我们可以看到很有意思的一个现象。匈奴比汉人更注重对黄金工艺的研究，彼时他们的金银器工艺就已经十分精美了（汉人尚玉，金银器工艺，要到了唐朝，才能与少数民族并驾齐驱），莫说是他们自己，就连战马身上都饰以黄金。你道这是为何？炫富只是一方面的考虑，更重要的原因是，黄金价值极高，他们只能把"家当"随时穿戴在身，才能在遇到敌人的情况下，赶紧跑路！

话说回来，正因为匈奴不和汉朝死战，所以汉朝的步兵有力也使不出来。当下流行语说"用魔法打败魔法"，这话搁在汉匈关系上，便是如此——倘若想要打败匈奴，只能靠骑兵。

不过，骑兵是那么容易练出来的吗？这又会有新的问题。马匹的数量必须管够（暂且不讨论质量），并且需要训练大量擅长骑马的士兵。

在那个没有马镫的时代，想成为一个优秀的骑手绝非一件简单的事情。在高速移动且十分颠簸的战马上，练就一身精准的箭术，对汉朝人来说非常困难，李广的武艺不是每个人都能练成的。

而匈奴人则不一样，他们从小就是在马背上长大的，论对马性、马术以及骑射的熟悉度，汉朝如何能及？战术上的转型，直到卫青、霍去病的时候才得以解决。

在当下，养马需要钱，训练骑兵需要时间，这两个条件汉文帝都不具备。

再说，汉初之时，并没有卫、霍那般，能独当一面的将领。汉文帝曾经与大臣冯唐有过一段对话，他曾拍着大腿感慨道："嗟乎！吾独不得廉颇、李牧为将，岂忧匈奴哉！"如果有廉颇、李牧，还会怕匈奴？

从李广一生的履历来看，更像是名气大于实力的一个"偶像"，毫无疑问，那个时候人们需要偶像。

至于说，是否要模仿秦朝的策略？对此，汉朝从来没有认真考虑过。

秦朝蒙恬长期在外驻扎军队防守，是一件性价比极低的事情。汉初经济凋敝，也没有实力去那么做。在匈奴的鼎盛时期，花钱买和平，争取时间，积累国力，并没有什么太大的问题。

军臣减少侵汉次数

军臣单于即位后，汉文帝立刻与之和亲。不过仅仅三年后，军臣单于就撕毁和约，大举入侵汉朝，各派三万人入侵代郡和云中郡。史称："胡骑入代句注边，烽火通于甘泉、长安。"

汉文帝不得不亲自劳军，鼓舞士气。

两军仍然没有正面的军事交锋，一个多月后，匈奴撤退。

公元前157年，汉文帝病逝，汉景帝刘启即位。

汉景帝在皇位上屁股还没坐热，就接到了匈奴入侵代国的消息。他赶忙派御史大夫（官位仅次于丞相）陶青去谈判安排和亲的事宜。

公元前155年，汉朝再次与匈奴和亲。

汉景帝对和亲的事宜颇为积极，其原因也不难理解，他正打算在国内干一件大事：削藩。

为了加强中央集权，稳固汉室江山，早在汉高帝刘邦时期就开始排斥异姓王，大封刘氏为王。到了汉景帝时期，各个诸侯王的权力和封地过于强大和广阔，已经能够威胁中央。汉景帝重用晁错，削弱各个诸侯王的力量。这激起了诸侯王的反抗，总共有七位宗王以"清君侧"为由，起兵造反，矛头直指晁错。

这就是汉景帝前元三年（公元前154年）的"七国之乱"。

这也就是汉景帝积极和亲的一个原因，他不想在削藩的关键时候，还遭遇匈奴人的攻袭。不过让他没想到的是，这藩才刚开始削，诸王竟敢起兵造反。

朝中很多大臣弹劾晁错。迫于舆论压力，汉景帝狠下心肠，杀了晁错向诸王道歉，有用吗？没用。诸王反倒是更加认为汉景帝软弱无能，继续反叛，吴王刘濞甚至自称为"东帝"。

见状，汉景帝心知自己已无退路，这才决心用武力平叛。

在七国之乱中，赵王刘遂曾经联系了匈奴，希望得到匈奴出兵相助。但是由于七国之乱仅仅三个月就被迅速平定，赵王刘遂也兵败自杀，匈奴也没能趁机侵犯汉朝。

景帝执政期间，双方和亲来往不断，小规模的摩擦也有，最严重的一次是中元六年（公元前144年），匈奴入侵雁门，杀死了汉朝两千多人。总体说来，汉匈关系趋于缓和，加上汉景帝放开了双方的边关贸易，匈奴也就并不像以前那么热衷于抢掠了。

不过，需要说明的是，军臣单于时期的匈奴，内部也并非铁板一块，他们之间也存在着内讧。这些内讧加剧了内部的消耗，他们也很难腾开身去侵犯汉境。

刘邦时期，韩王信、燕王卢绾等人投奔了匈奴。军臣单于时期，他们的后代又纷纷逃回汉朝。不仅汉人逃跑，匈奴贵族也开始投降。《史记·孝景本纪》记载有两个匈奴王投奔至汉朝，《资治通鉴》说有六人投降，《汉书》说匈奴有七人投降后被封侯。

尽管史书说法不一，但匈奴内部有了裂痕，却是不争的事实。由于史料缺乏，我们现在无从得知匈奴内部究竟发生了什么，也许是军臣单于威望不足以服众，也许是匈奴贵族之间互相猜忌征伐，也许是遇到了毁灭性的天灾……

草原经济模式单一，遇到疾疫、大雪等灾难，很容易导致牲畜大范围死亡。军臣单于入侵汉朝，最多只用了六万军队，这与冒顿四十万军队、老上十四万军队的规模，根本不可同日而语。

不过，若做一个积极的推论，我们也可以猜想，或许军臣单于看到了汉景帝削藩的成果，自己也模仿起来，加紧对内部进行整合。

鬻爵而不卖官

对于匈奴的侵扰，汉朝的官员们也在积极寻求策略。贾谊、晁错就是其中的代表。

贾谊是一个非常有故事的人，他的代表作《过秦论》被后世历朝历代所推崇。贾谊也是文学作品里的常客，像什么"屈贾谊于长沙，非无圣主""宣室求贤访逐臣，贾生才调更无伦。可怜夜半虚前席，不问苍生问鬼神"等脍炙人口的诗文，更是层出不穷。

贾谊在政治上有过很多独到的见解，在对匈奴的问题上，他曾上书汉文帝，提出了"三表五饵"的主张。

"三表"大意是树立皇帝威信，用道义感化匈奴，使他们投降。"五饵"大意是对投降的匈奴人给予丰厚的待遇，最好要让更多的匈奴人知道，动摇他们的凝聚力，使他们愿意投降。

贾谊认为，只要这么做，必然会使匈奴人互相猜忌，单于"寝不安席，食不甘味"，长此以往，必能"系单于之颈而制其命，伏中行说而笞其背，举匈奴之众唯上之令"。

明末王夫之对贾谊的这种主张非常不屑，他在《读通鉴论》里评价道："其三表五饵之术，是婴稚之巧也。"贾谊您老人家这是在哄孩子呢?

王夫之的想法过于迂腐。诚然，贾谊所说有吹牛的成分，尤其是在他畅想的美好未来里，说什么勒死单于，吊打中行说……这些都是"三表五饵"不可能实现的。可是，在当时的环境下，"三表五饵"不失为一个可行且有一定效果的办法。前文说过，景帝时期的确有很多人前来投降，说明"三表五饵"有它的作用。

贾谊之后，又有晁错上书汉文帝，详细分析了敌我双方在战场上的优劣之势。

他认为，汉军的劣势有三：我方马匹不善于上下山坡和穿行溪涧；我方骑兵不善于在狭窄的地方奔跑骑射；我方军队在极端天气下，忍耐度不如敌方。

汉军的优势有五：在平原上，匈奴不是对手；我方武器精良；我方军队配置合理；我方军纪严明，令行禁止；我方在地面上用刀剑等近战武器比敌方强。

既然汉朝优势更多，为什么打不过匈奴呢？

晁错认为，主要是匈奴的习惯与汉朝不同。他们是游牧民族，逐水草而居，侵犯边郡时，我们援军赶到时，他们就跑了；我们不救援，他们变本加厉；我们军队一直驻守，成本又太大；我们军队撤回来，他们转眼又来侵犯……

总之，优势是存在的，但是匈奴不给我们发挥的机会。

对于这个问题，晁错提出迁徙百姓去充实边境，让他们耕种生活的同时，进行武装训练。国家对这些去边境的老百姓，给予一定的经济补偿，激发他们的斗志，允许他们用钱购买爵位，提高地位。

至于边境的粮食问题，晁错认为也可以用卖爵的方式进行征集。

汉文帝对晁错的主张非常认同。

有个成语叫"卖官鬻爵"，意思是当权者出卖官职、爵位以聚敛财富，人们凭借钱财买官，形容政治腐败。毫无疑问，这是个贬义词。

看到这里时，我们可能会觉得三观震撼，"被后世公认的明君汉文帝也搞这套？不会吧？"

其实，晁错与汉文帝这里，并不是传统意义上的卖官鬻爵。他们只"鬻爵"，不"卖官"。

在帝国运行的机构里，官员的数量是有限的，但是爵位没有限制，爵位并没有什么实际的权力，它更多的是一种身份的象征，类似于"荣誉市民"。当然，西汉的爵位也不是毫无用处，爵位可以抵罪，可以免除劳役，也可以在资金周转不灵时，转让卖钱（类似于理财）。

卖爵这种行为，不能说一点坏处都没有，但是它对朝廷中央和地方行政机构的日常运作，确实没有明显的负面影响，这也是特殊时期的特殊办法吧，为了聚财，也只能如此了。

第九章
军臣单于的戒心

🐉 汉武帝亲政

公元前141年，汉景帝病逝，汉武帝刘彻即位。

汉文帝与汉景帝两朝推行着"与民休息""轻徭薄赋"的国策。两位皇帝十分节俭，禁止地方向中央进贡奇珍异宝，贵族们也不敢奢华无度。汉朝不轻易出兵打仗，国内社会比较安定，对老百姓的田租税收与徭役也酌情减少，整个国家也富裕了起来。

关于这段汉朝的发展期，史称"文景之治"。

今天，谈起"文景之治"，我们对此仍然给予了高度评价，若非汉朝在此期间积累了足够的资本，汉武帝再有雄心抱负，也难以用实力来反击匈奴。

刚刚即位的汉武帝只有十六岁，并且受到窦太皇太后的掣肘。景帝时期，窦太后就常常干预朝政，现在窦太后变为太皇太后了，更是没人敢违背她的意愿。所以，汉武帝暂时只能韬光养晦，没有太大的动作。对待匈奴也是以和为主，汉匈边关贸易不断。

不过汉武帝也在积极寻求办法，为以后打击匈奴做好准备。

匈奴投降过来的人说，以前老上单于杀了月氏王，拿他的头喝酒，月氏人非常憎恨匈奴，苦于没有盟友一起攻击匈奴……

当听到这些消息之后，汉武帝动起了心思。

所谓"敌人的敌人就是朋友"，汉武帝立刻招募愿意出使月氏国的人。在建元二年（公元前139年），派出了以张骞为首的三百多人的团队出使西域，目的是联络月氏，共同对抗匈奴。

在建元六年（公元前135年），窦太皇太后终于驾鹤西归。

一年后，匈奴提出和亲，汉武帝征求大臣们的意见，大行令王恢主张拒绝和亲，发兵进攻匈奴；以御史大夫韩安国为首的多数人，主张继续和亲。

胳膊拧不过大腿，汉武帝暂时收起了拳头，同意和亲。

但这并不是汉武帝内心的真实想法。仅仅过了一年（公元前134年），他又召集大臣，商议打匈奴的事宜。

原因是主战派王恢得到了马邑县的豪强聂壹所献的计策：马邑县是汉匈边境重要的商贸关口，可以用财物引诱匈奴人前来，我们预设伏兵，一举歼灭。

汉武帝开门见山地说："我们经常与匈奴和亲，送他们不少礼物，单于却是不断地骚扰我们边境，现在我想举兵攻之，大家觉得呢？"

主战派王恢与主和派韩安国展开了激烈的辩论。

王恢首先站出来，赞同汉武帝，支持出兵，认为"击之便"。

韩安国表示反对，他以刘邦的白登之围为反面教材，认为应该继续坚持现有的政策，所以"勿击便"。

王恢反驳说，高皇帝不去报复白登之围的耻辱，不是打不过，是想让天下休息。现在边境一直不太平，没必要继续忍，更应该"击之便"。

韩安国反驳说，你确定你有把握赢？自三代以来，就没有打赢夷狄的历史，况且匈奴游牧的习惯很难被抓住，所以"勿击便"。

王恢反驳说，当年秦穆公与蒙恬不都拓地千里？这还不算赢？现在中原物资充足，拿出百分之一就能击溃他们，所以"击之便"。

韩安国反驳说，强弩之末无法射穿缟素，到草原打匈奴，孤军深入会有危险，齐头并进则没有后继之兵，进军速度太快就会缺少粮食给养，进军缓慢就会贻误战机。总之就是没法打，所以"勿击便"。

王恢反驳说，谁告诉你，我要去他们的草原打了？我现在是想把单于引诱到我们的边境，提前布下天罗地网，一举擒获单于！

估计汉武帝也是听烦了，他趁着韩安国暂时接不上话的这会工夫，宣布王恢获胜，执行王恢的计策。

🐉 马邑之围

汉武帝非常重视这次战争，他任命卫尉李广为骁骑将军，太仆公孙贺为轻车将军，大行令王恢为将屯将军，太中大夫李息为材官将军，御史大夫安国为护军将军。约定单于进入马邑后就发动攻击，王恢、李息负责袭击匈奴的辎重。

总共三十万兵力，很大的手笔，汉武帝想要毕其功于一役，务必拿下匈奴单于。

主菜已经上好，鱼儿能上钩吗？

聂壹是汉朝计策中的核心人物。只要他能够成功把单于骗到马邑，就可大功告成。如果他没有骗到单于，或者泄露机密，那么这个计划就变成泡影。

令汉武帝深感幸运的是，聂壹这个人还是比较靠谱的。

他装模作样偷偷跑到匈奴的领地，对军臣单于说："我可以杀马邑的县令和县丞，献出城池投降你们，到时候财物都是我们的。"

军臣单于与聂壹交往多次，也知道他在当地有一定的势力，暗杀马邑长官的操作，也不需要自己去完成，可以说是无本万利。军臣单于没有不答应的理由。

说干就干，聂壹回到马邑，杀了两个囚犯（反正匈奴也不认识），把他们的头颅扔到城下，告诉匈奴使者马邑的长官都死了，赶快让单于派兵接应。

得到消息后，单于没有丝毫怀疑，立刻带领十万骑兵向马邑奔来。

聂壹做得非常完美，匈奴单于已经上当，只要其他人别走漏消息，埋伏好的汉军就可以给予匈奴人致命一击。

布置一个周密的计划，往往需要考虑太多的细节，这本身没有错，所谓细节决定成败，绝对是无数实践所证明的真理。一个细节，处理得太粗糙，就有可能影响全局。

彼时，军臣单于哼着小曲，优哉游哉，心情无比舒畅：我见草原多妩媚，料草原、见我应如是。这翱翔天际的雄鹰，漫山遍野的牛羊，看起来是多么舒适！

等一下！

为什么那么多牛羊，却没有哪怕一个放牧人？

这是不是有些诡异？军臣单于开始有了戒心，他停止了前进的步伐，派人去攻打汉朝的一个边防哨所，抓获了一个尉史，尉史怕死，就告诉了单于汉兵的埋伏地点。单于听后惊出一阵冷汗：还好之前觉察出了端倪！

就这样，匈奴撤走了。三十万汉兵，打了一个寂寞。

问题出在哪？为什么会没人放牧？

可能有两个原因。

第一，汉兵担心打仗的时候可能会伤害到放牧人，所以提前把他们撤走了。

第二，汉兵担心放牧人会把情报泄露给匈奴，所以提前把他们撤走了。

汉兵的担心不无道理，尤其是第二条，谁能保证所有的放牧人不嘴碎？所以"一刀切"，把这些人全部转移走。

但是这种处理方式太过粗糙，他们完全可以在撤走放牧人后，再派一些士兵，伪装成放牧人，制造假象，迷惑对手。

究其根本，还是因为汉人对匈奴人的了解仍然不够，或者说，两个民族的生活方式差异太大。要知道，匈奴人可是从小放牧长大的民族，他们对草原有着天然的敏感度。

小说《长安十二时辰》里描述了几个突厥狼卫在唐玄宗李隆基在位的时候，来到长安谋划暴乱。靖安司（长安的治安部门）已经掌握了他们的动向，将其引入一家客栈，准备实施抓捕。没成想突厥狼卫突然警觉，立刻逃出生天。

靖安司的长官李泌认为是负责执行的属下无能，露出了破绽，让突厥狼卫识破了圈套。张小敬一针见血地指出："突厥人来自草原，对马匹鸣叫最为敏感，李司丞（李泌）你下令清走货栈周围牲畜的时机太早，有声变无声，自然会引起警觉。"

如此看来，无论是马邑之围还是小说里的李泌，都忽略了草原民族的习性。

谢罪于天下？

汉武帝怒了，他把所有的怒火都倾泻在王恢身上。

本来安排王恢袭击匈奴辎重，王恢看到匈奴人返回了，前线并没有打起来，就没敢上去打。

王恢解释说，原计划是前线部队与单于交战，他是趁乱袭击辎重，现在单于没到马邑就撤退了，他手下只有三万人，不可能打过匈奴大军，与其自取其辱，不如保住这三万将士。

讲道理，单从军事上讲，王恢的做法并没有问题，他的辩解理由也很充分。

但是汉武帝考虑的不仅仅是军事层面的事，王恢你要清楚，你可是马邑之围的总策划啊！

汉武帝以王恢怯战为由，将其交付廷尉审判，廷尉对王恢判了个斩首之刑。

王恢用一千金贿赂了田蚡，希望田蚡帮忙。

此时的田蚡不仅官居丞相，还是汉武帝的舅舅。田蚡也是拿人钱财，替人办事。他觉得汉武帝还在气头上，不敢直接劝，于是就找到了他的姐姐，也就是汉武帝的母亲，王太后去求情。

眼尖的读者可能已经有疑问了，王太后是田蚡的姐姐？那为什么两个人不一个姓呢？

原来，王太后的父亲去世得早，她的母亲改嫁给了田氏，又生下了田蚡。也就是说，王太后和田蚡，是同母异父的姐弟关系。

王太后就按照田蚡的说辞对汉武帝说："王恢是第一个提出来在马邑袭击匈奴的人，现在没能成功而要杀王恢，这是帮着匈奴报仇啊。"亲者痛仇者快的事情，不是大家想看到的。

但是汉武帝仍然坚持杀王恢，他说："我听了王恢的计策，集合了三十万大军，即使抓不到单于，王恢的军队袭击匈奴的辎重，也可以安慰将士，如今不杀王恢，不足以谢天下。"

王恢知道后，在狱中自杀。

汉武帝的话里有两个意思。

第一，集合三十万大军，耗费人力物力财力，却什么也没得到，哪怕是王恢去争取一个"安慰奖"都可以。

第二，汉武帝说无法向天下人谢罪。

这话颇有些蹊跷。照着王恢的计策，汉朝没有损失一兵一卒，又哪来的向天下人谢罪？

当初，朝中大多数人反对王恢，汉武帝本想用王恢去打众人的脸，好好立一下皇威，孰料现在反倒自己被打脸。汉武帝哪里咽得下这口气？与其说向天下人谢罪，不如说向主和派谢罪。

王恢的责任并不大，可杀可不杀，但无论如何，马邑之围的失败只会让汉朝内部反战的声音越来越高。主父偃、徐乐、严安等人纷纷上书反对北伐匈奴。主父偃认为打匈奴得不偿失，性价比极低；徐乐担忧汉朝持续与匈奴作战，则有可能出现秦末"土崩之势"；严安觉得"深入匈奴""非天下之长策"，结怨匈奴会使边境压力增大。

此外，由于汉匈双方已经撕破了脸，双方已经处于敌对状态，在短时间内，汉朝不可能再与匈奴和亲，军臣单于也必将报复汉朝，边疆不会再有安宁之日。最终汉武帝不得不拿出更大的成本对抗匈奴。

这一次，没有得，只有失。汉武帝懊恼不已。

第十章
劲敌不好惹

匈奴一号劲敌——飞将军李广

开弓没有回头箭，留给汉武帝的选择只有一个——打。

五年后（公元前129年）的冬天，匈奴入寇上谷，抢掠财物，杀害民众。汉武帝决定在春天时进行反击。

汉军总共分四路人马：车骑将军卫青出上谷，骑将军公孙敖出代，轻车将军公孙贺出云中，骁骑将军李广出雁门，每路各一万骑兵。

这四路军马，名气最大的当数长年与匈奴作战的骁骑将军李广。

李广最为有名的故事当数射石。一次，李广打猎的时候，看到草丛里有一只老虎，他屏住呼吸，一箭射去，扎进到了老虎体内，但是老虎没有动弹。李广走近一看，原来是块石头，箭竟然深入石中。

李广觉得不可思议，当他再向这块石头射箭时，却怎么射都射不进这块石头。（"广出猎，见草中石，以为虎而射之，中石没镞，视之石也。因复更射之，终不能复入石矣。"）

后来，唐代诗人卢纶写道："林暗草惊风，将军夜引弓。平明寻白羽，没在石棱中。"

李广曾在七国之乱时跟随周亚夫立下功劳，但一念之差私自接受梁王所赐的将军印，因此回朝后李广非但没有得到朝廷的封赏，还被调任至上谷郡做太守。

上谷接近边境，经常遭到匈奴的骚扰，把李广调到这里，也算是让他有用武之地。李广一直渴求建功立业，面对匈奴的进攻，他毫无畏惧，多次主动与匈奴作战。

典属国（负责外交的官员）公孙昆邪对李广非常担心，他对汉景帝说："李广这个人才气天下无双，他自恃武艺高强，总是奋不顾身，将自己置于危险的境界，这样下去恐怕他会白白牺牲。"

汉景帝就把李广调任到上郡太守。

上郡距离长安稍微近一些（治所在陕西省榆林市绥德县）。有一次，匈奴入侵上郡，汉景帝派了一个身边的宦官跟随李广抵抗匈奴。这个宦官带着几十个人，遥遥望见前方不远处有个匈奴人后，立刻骑马冲了上去。

几十个人对付三个人，还不是轻松加愉快？

但这三个匈奴人求生欲很强，他们拉弓射箭，射伤了宦官，其他人也基本被射死了。

捡回一条命的宦官回来告诉了李广，李广觉得这一定是匈奴的射雕手。他带领百余骑兵追击，李广射死两人，活捉一个，审问后，果然是匈奴的射雕手。

正当李广准备回去时，匈奴一队骑兵出现在他们的视野，大概有几千人。

这百余骑兵马上就慌了，李广很快就判断出了形势，告诉大家现在跑也没用，肯定会被匈奴人射杀。现在我们要做出后面有大部队的假象，匈奴人才会怀疑我们是来诱敌的，他们反倒不敢进攻。

于是李广命令部队不退反进，到达距离匈奴只有二里距离的时候下马解鞍，匈奴果然不敢来攻击。到了半夜，匈奴担心汉军回来偷袭，于是连夜撤走。

不得不说，李广玩的心理战，还是很有一套的。

后来，李广又担任了陇西、北地、雁门、云中太守。当时的李广和程不识都是汉朝的名将，但匈奴更害怕李广。

🐉 匈奴二号劲敌——小舅子卫青

这是汉朝第一次主动向草原发起进攻。

得知汉朝共有四路军马后，军臣单于最重视与李广的交战，对这场仗准备得也最为充分；而公孙贺、公孙敖，单于并不认为这些汉朝将领有能力击败自己的匈奴铁骑；至于卫青，单于根本没听说过这个人。一打听，才知道原来卫青是皇帝的小舅子（卫青的姐姐卫子夫是汉武帝的妃嫔），心说，这家伙是靠裙带关系才得到出征机会的吧？

单于呵呵一笑，更是对卫青不以为意。

李广受到了匈奴最高规格的"待遇"，匈奴尽遣主力作战。饶是如此，李广作战依然很勇敢——在他的字典里就没有退缩两个字。然而毕竟匈奴人多势众，李广的军队不仅被轻松击败，就连李广本人也被匈奴活捉了。

单于很想把李广召入自己的麾下，下令不许伤到李广，只能捉活的。

匈奴人一路上把一个网兜挂在两马之间，挂载着李广，回去向单于邀功。李广就在网兜里面休息，闭上眼睛装死。走了十几里路后，瞥见一侧的匈奴青年骑着一匹好马，李广纵身一跃，跳到了马上，瞬间控制住了匈奴青年，便立刻逃跑。

匈奴人也不敢射箭伤到李广，只能在后面追。李广用匈奴青年的弓箭回头射击追兵，箭无虚发，因此李广能成功逃脱。

公孙敖同样吃了一场败仗，阵亡七千多人。

公孙贺无功而返，大概是还没有与匈奴交手，就退兵了。

只有名不见经传的卫青，直捣龙城，杀敌七百人。尽管斩获不多，却意义重大：这是汉朝第一次在匈奴的领土作战取得胜利，并且龙城是匈奴王庭所在的地方。这相当于是，匈奴人只顾着与汉朝的李广、公孙敖打仗，没成想自己的老家被"偷"了！

取得意外收获，汉武帝神气十足。一来，他可以借此战的成果，堵住反战派的嘴；二来，卫青也凭此积累了宝贵的客场作战经验，将来必大有可为。

李广、公孙敖打了败仗，按律当斩。他们花钱赎罪，被贬为庶人。只有卫青被封为关内侯。

军臣单于当然咽不下这口气，就在这年秋天，匈奴入侵渔阳，汉武帝派遣韩安国屯兵渔阳。

韩安国在防守渔阳期间，抓到一个俘虏，审问之下，得知匈奴不会再来。于是韩安国上书汉武帝，请求停止驻军，进行农耕。

没成想仅仅一个多月后，也就是汉武帝元朔元年秋（公元前128年），匈奴入寇辽西，杀死太守，抢掠渔阳、雁门，杀死三千多人，韩安国也被围困。汉武帝派卫青、李息前去反击，斩获数千人。

从这场战事我们可以看到，双方军事实力已经开始发生变化。汉朝从文帝、景帝时期，对匈奴毫无办法，转变到汉匈之间五五开。

汉武帝对韩安国非常不满，将他调往右北平。韩安国非常内疚，没过几个月就死了，汉武帝又重新起用李广担任右北平太守。

筑建朔方城，经营河南地

军臣单于并不服气，元朔二年正月（公元前127年），匈奴再次入侵渔阳、上谷。连续三次入侵渔阳，暴露了军臣单于的心理状态：他急了，他在赌气。

汉武帝立刻派卫青进行反击。

卫青从云中出发，一直打到陇西北部，斩获数千人，赶跑了匈奴的白羊王和楼烦王，上万头羊都成了汉朝的战利品。最重要的是，他们还成功收复了河南地。秦末汉初时期，冒顿曾经趁着蒙恬死后占领了河南地，现在汉朝又重新夺回了这片丰饶的土地。

该如何开发这块土地呢？

之前反战态度坚决的主父偃，来了个一百八十度的大转弯。他上书汉武帝，极力支持经营河南地，筑建朔方城。他认为，之前蒙恬在河南地筑城，才驱逐了匈奴，扩大了中国的疆域，是"灭胡之本也"。

汉武帝召集大臣商议，以公孙弘等为首的很多大臣都表示反对。公孙弘的理由很简单，现在全国同时还在开展其他的工程项目。希望能够停止无用的工程，也不要再在河南地筑建朔方城。

此时的西汉还同时建设沧海郡、西南夷等地的大工程。尤其是西南夷（云贵川地区的少数民族部落），公孙弘一直认为经营西南夷根本没有任何好处。

早些年，唐蒙出使南越国，南越人用枸酱招待唐蒙。后来唐蒙就查出了枸酱产自蜀地，是西南夷从蜀地走私，再卖给了南越国。这说明西南夷与南越国之间存在着交通路线，唐蒙上书汉武帝，认为南越国北部是崇山峻岭，难以突破。不如买通西南夷，在西南夷修建道路转运粮食，进而制服南越。

汉武帝觉得可行，就在四川、贵州地区修建道路。

众所周知，蜀道之难难于上青天，这种工程岂能轻松完成？一年多后，无论是修路的军队，还是蜀郡的百姓，或是少数民族部落，都对此怨声载道。汉武帝不得不让公孙弘去现场视察。

公孙弘一开始就反对经营西南夷，眼见为实后，他更加坚信"西南夷无用论"，但是汉武帝仍然舍不得这项工程。

公孙弘的反对有一定的道理。《史记·平准书》记载："当是时，汉通西南夷道，作者数万人，千里负担馈粮，率十馀锺致一石，散币於邛僰以集之。数岁道不通，蛮夷因以数攻，吏发兵诛之。悉巴蜀租赋不足以更之，乃募豪民田南夷，入粟县官，而内受钱於都内。东至沧海之郡，人徒之费拟於南夷。又兴十万馀人筑卫朔方，转漕甚辽远，自山东咸被其劳，费数十百巨万，府库益虚。"许多大的工程同时进行，会给国家以及百姓带来沉重的负担。举两个最简单的例子，秦始皇统一六国后，修长城、建阿房宫、北伐匈奴、南征百越等等，导致"天下苦秦久矣"，全国百姓揭竿而起，推翻了秦帝国。隋炀帝杨广不爱惜民力，挖运河、建东都、筑长城、三伐高句丽……全国哀鸿遍野，生灵涂炭。这使隋朝迅速灭亡，而"广神"也遭到了军队的哗变后，死于非命。

看到公孙弘什么都反对，汉武帝试图来个以理服人，他让朱买臣与公孙弘辩论。朱买臣提出了经营朔方的十个好处，而公孙弘竟然一条都无法反驳。

看来胜负已分，公孙弘已经找不到反对朔方建城的理由。但他仍然劝谏汉武帝，现在最大的敌人是匈奴，没必要在两广云贵川投入太多精力，希望能停止西南夷和沧海的工程。

汉武帝点头答应，君臣各让一步。

就这样，汉朝在河南地设置五原、朔方两郡，并筑造朔方城，迁徙十多万民众在朔方戍边。从此，匈奴再也不能像汉文帝时期那样，直接威胁汉朝京畿地区。长安的北方，多了一层坚实的屏障。

第十一章
反套路出牌

🐉 伊稚斜篡位

有一个问题值得思考：为何主父偃之前反对伐匈奴，现在却支持筑朔方城，灭匈奴呢？而且，为何公孙弘的态度也发生了改变？

学者陈苏镇在其著作《春秋与汉道》里指出，这主要取决于汉朝对匈奴的战略是处于攻势还是守势。代郡、云中郡、上谷一线可攻可守，唯独上郡以西与朔方距离太远，若取守势，则运输不便；若取攻势，朔方就显示出了极大的便利性。在收复河南地之前，汉武帝的战略尚不明确，所以群臣都是以守势的角度进行议论，反对经营朔方。有了河南地后，汉武帝的战略转为攻势，以"灭胡"为目标。主父偃了解到了汉武帝的意图，才有了"灭胡之本"的议论。

一年之后（公元前126年），军臣单于去世。这对匈奴的打击非常大。

前文说过，军臣单于时期，匈奴内部已经不再是铁板一块，陆陆续续有人投降汉朝，其中不乏匈奴贵族。再加上汉朝开始反击，匈奴的攻势也开始发生变化。这些情况都无疑表明：匈奴已经开始走下坡路了。

此时，更麻烦的问题在于，军臣单于去世之后，谁来接掌大权？

之前，军臣单于立他的太子於单为继承人，军臣单于的弟弟左谷蠡王伊稚斜并不服，他率兵攻破於单的军队后，自立为单于。太子於单逃往至汉朝，汉武帝封其为涉安侯。

匈奴内部再次发生割裂。限于史料，我们无法得知当时匈奴更为具体的斗争经过，不过可以肯定的是，当时的匈奴非常混乱。《史记·大宛列传》记载："（张骞）欲从羌中归，复为匈奴所得。留岁馀，单于死，左谷蠡王攻其太子自立，国内乱，骞与胡妻及堂邑父俱亡归汉。"

我们都知道，张骞从西域回来之时曾被匈奴再次扣留，之后匈奴发生内乱他才能趁机逃回汉朝。也许正是因为左谷蠡王伊稚斜进攻太子，才直接导致了匈奴内乱。这场夺位之战，想必十分激烈，不然张骞如何能趁乱而逃？

从头曼开始，匈奴单于都是父子继承，这是第一次出现了兄终弟及的现象。太子於单投降汉朝，也极大地打击了匈奴的士气。本就内忧外患的匈奴，变得更是风雨飘摇。

伊稚斜单于得位不正，他心里比谁都清楚，怎么才能在短时间内树立威信，重整旗鼓，提高匈奴人的士气？答案显而易见：立军功。

想当年，冒顿弑父上位，比伊稚斜的行为还要恶劣，他最终坐稳了王位的原因，是硬生生通过一场场的胜利，征服了所有的人。

在史书的只字片语中，我们也能感觉到伊稚斜单于的急迫。

元朔三年（公元前126年）冬，左谷蠡王伊稚斜自立为单于，排挤太子於单，引发匈奴内乱。我们不知道他花了多久才平定了反对他的势力，但是在这年夏天——以前匈奴很少在夏天进攻，他就开始迫不及待地带领数万骑进攻代郡，杀死太守，掠夺一千多人。秋天，又进攻雁门郡，掠夺一千多人。第二年（公元前125年），又进攻代郡、定襄郡、上郡、每路各三万人，总共九万人。

汉朝长年与匈奴交战，已经摸索到了规律：匈奴经常会在秋天和冬天来进攻。以前晁错上书汉文帝，认为既然拒绝匈奴和亲，就要在秋冬时防范他们。汉武帝重新起用李广为右北平太守，诏书中说："将军其率师东辕……以临右北平盛秋。"他在告诫李广要在秋天多加防范。到了汉宣帝时期，西羌与匈奴联合反汉，老将赵充国也提到"到秋马肥，变必起矣"这个观点。

令汉朝意外的是，伊稚斜单于竟然如此急迫！

草原畜牧业的致命伤

有一个问题，值得探讨一番：为何匈奴喜欢在秋冬发起进攻？

在此，我们需要来了解一下草原畜牧业。

在我们所熟知的农耕文明里，有着鲜明的季节性：春种秋收。草原当然也有它独特的季节性。

每年的春夏二季，是牛、羊、马等牲畜产崽的季节。牧民们会忙着接生幼崽，把牲畜赶往牧场。经冬之后，牲畜普遍变得瘦弱（刚生过崽的尤为孱羸），需要吃新鲜的草补充体能。牧民必须在牧场劳作。

简单总结：春夏之季，马匹瘦弱，牧民忙碌，分身乏术。

到了秋天，牲畜肥壮起来，幼崽也逐渐长大，青年劳动力也解放出来。他们开始响应部落首领的召集，准备集结。所谓"士力能弯弓，尽为甲骑"，正是在此时期。

也就是说，从秋天开始到来年春初，是草原民族动员性最高的时候。之前我们所说的匈奴"控弦三十万"，是在秋冬之际。回想一下，刘邦在白登被围困，也是在冬天所发生的事情。

《晋书·姚兴载记下》有这么一条记载："（姚兴）召其尚书杨佛嵩谓之曰：'吴兒不自知，乃有非分之意。待至孟冬，当遣卿率精骑三万焚其积聚。'"觉察到东晋刘裕可能会来入侵，姚兴（羌族的皇帝）不以为意，对属下说，果真如此，等到孟冬的时候，再进行反击。

所谓的孟冬，指的是冬季的第一个月份，也就是农历十月。这是马最为肥壮的时候。

可以这样说，每年秋冬之季是匈奴战斗力最强的时期，他们甚至可以达到全民皆兵的状态。此外，因为农耕民族也在秋天收获庄稼，此时出兵前去骚扰，才更容易"满载而归"。即便不能抢到什么，至少也要令对方粮食减，生活困窘。

多少年来，草原民族都扼住了农耕民族的咽喉，但此一时彼一时，只要思想不滑坡，农耕民族的办法总比困难多。

几经研究、总结，汉朝君臣们发现，每在春夏季节就是草原民族们最虚弱的时候。由于草原民族经济模式较为单一，只要能想方设法打击他们的畜牧业生产，使他们的牲畜奔波于逃亡的路上，无法安全生出幼崽，何异于令农耕民族庄稼粮食绝收？

学者王明珂在《游牧者的抉择》一书中认为："约从公元前129年开始，汉军对匈奴的出击大都选在春季。对任何游牧人群来说，初春都是最艰苦而不宜长程迁徙的季节。汉军此种几近恶毒的战略，必然迫使许多匈奴牧民在不宜聚集、不宜长程迁徙的季节，毫无选择地驱着牲畜逃避兵灾。"有道是"打蛇打七寸，挖树先挖根"。汉朝发现了匈奴一族的软肋，往后的战争（漠南之战、河西之战、漠北之战）基本都是在春夏季节发动。

《汉书·匈奴传》记载："前此者，汉兵深入穷追二十余年，匈奴孕重惰殰，罢极苦之。自单于以下常有欲和亲计。"一言以概之，匈奴的马匹因为逃难而大量堕胎，匈奴人非常难受。他们甚至开始希望通过和亲的方式，来缓解生存压力。

但这有一个新的问题：既然匈奴人的马匹在春夏的战斗力弱，那汉朝的马匹在春夏战斗力就强吗？

答案是肯定的。

第一，汉朝挑选的战马都是公马，不存在生育问题。第二，汉朝是农耕文明，冬天有足够多的粮食喂养马匹。《汉书·匈奴传》："其明年春……（汉朝）乃粟马，发十万骑，私负从马凡十四万匹……"

颜师古注云："以粟秣马也。"汉朝用的是未脱壳的小米来喂养战马，保证体能。

由此可知，春夏季节，是汉朝的强势期，匈奴的劣势期。但是伊稚斜单于第一次主动入侵汉朝，是在夏天。这种反季节的战争模式，只能暴露他的急迫与不安。

擅长"凌波微步"的右贤王

汉武帝不会容忍屡屡挑衅的伊稚斜单于，在元朔五年（公元前124年）春，汉武帝派卫青率领三万人出高阙，强弩将军李沮、骑将军公孙贺、轻车将军李蔡共同出朔方，他们都归卫青统属。将军李息、张次公出右北平，共同进攻匈奴。这次汉军总共出兵十多万人。

卫青的作战目标是匈奴右贤王的领地。

对于汉朝的动向，匈奴也在时刻关注着，但是右贤王不以为意，他认为汉军距离他这里太远，短时间内不可能到，所以并没有防备，整天喝酒为乐，醉生梦死。

当夜，卫青杀向了右贤王所驻扎的领地，将其包围。右贤王惊慌失措，不知道汉兵多少，也没有组织反击，他只想着怎么逃命，在一片混乱中，他带着平时最宠爱的小妾以及几百个亲信突围成功。

事实证明，右贤王别的本事没有，倒是很擅长"凌波微步"逃亡术。汉军轻车都尉郭成，追了好几百里也没追上。此役，汉军共俘虏了十多个右贤王属下的各个小王，以及一万五千人和百万头牲畜。

尽管大鱼溜掉了，汉武帝仍然非常兴奋。在卫青刚刚回到边塞时，汉武帝的使者捧着大将军印，当着全军的面，封卫青为大将军。大将军位在三公之上，是汉朝军队最高级的统帅，所有将领和部队都要服从大将军的安排。

汉武帝仍然觉得不够，回到长安后，他又加封卫青食邑八千七百户，并封卫青三个儿子为侯，跟随卫青作战的将领公孙敖、韩说、公孙贺、李蔡、李朔、赵不虞、公孙戎奴、李沮、李息、豆如意等人，统统封侯。

由于史料匮乏，我们无法得知伊稚斜单于得知这消息后会是什么反应。但可以肯定的是，他的心情一定不会好，这已经刷新了匈奴的耻辱纪录，他决定进行报复。

这年秋天，匈奴再次入侵代郡，杀死都尉朱英，劫掠一千多人。

看起来倒也很解气，但是今时不同往日，这种小打小闹对汉朝无异于隔靴搔痒，伤不到汉朝分毫不说，相反只会更加触怒汉武帝，引火烧身。

第十二章
匈奴远遁

漠南争锋

第二年春天（公元前123年），二月，卫青从定襄郡出兵，公孙敖为中将军、公孙贺为左将军、赵信为前将军、苏建为右将军、李广为后将军、李沮为强弩将军，统一由卫青指挥。

此战中，汉军消灭匈奴数千人。

可能觉得战果不够大，农历四月夏天，汉军还是同样的部署，还是同样的行军路线，斩获一万多人。苏建与赵信的三千多人，遇到了伊稚斜单于所率领的匈奴主力。汉军全军覆没，赵信投降了匈奴，而苏建一个人逃了回去。

怎么处置苏建呢？

议郎周霸认为应该斩了苏建，理由是大将军上任一年多以来还没杀过人，这次正好借这个机会杀苏建立威。

军正闳、长史安认为苏建并不该杀，苏建三千人与匈奴好几万人战斗一天多，苏建也没有二心，杀了苏建就等于告诉其他人以后战败不能回来。

卫青还是很有头脑的，他对他现在的身份，有着清晰的认识。他姐姐是皇后，他外甥是太子，他自己又是大将军，汉武帝赋予他的权力，谁敢违抗，还用得着杀一个苏建立威？所以他选择了一个最好的处理方式：囚禁苏建，交给皇帝处置。

这么做既能表示自己不滥用职权，又能显出自己对皇帝的忠心。

汉武帝也没有杀苏建，苏建拿钱赎身后，被贬为平民。他的儿子苏武，后来出使匈奴被扣押，宁死不降，总共被囚禁十九年。

而这次投降匈奴的赵信，情况就不同了。

他本来是匈奴的小王，之前从匈奴跑到汉朝投降，在汉朝生活了大约九年，对汉朝的军事情况比较熟悉。再次回归匈奴后，伊稚斜单于给予了极高的待遇，还把自己的姐姐嫁给了赵信。赵信劝说单于把王庭迁至漠北，可以免于汉朝的威胁。如果汉朝追至漠北，可以以逸待劳，与汉军决战。

这次漠南之战，总体战功不多，赵信又投降了匈奴，所以汉武帝并没有给卫青增加食邑。其实卫青功劳还是有的，只是经历了前面几次大胜仗，汉武帝的胃口逐渐大了起来。

这一战，被称为"漠南之战"。

🐉 河西大捷

在漠南之战中，汉朝也并非完全没有收获，少了赵信、苏建确实是个损失，但霍去病的出现，则完全可以弥补回来。

霍去病是卫青和皇后卫子夫的外甥，十八岁的时候就当了侍中。耳濡目染之下，霍去病从小就喜欢骑射。在这次战争中，霍去病仅仅带领八百骑兵，长途奔袭，离开了卫青主力部队数百里，斩杀许多敌军，被汉武帝封为冠军侯，封邑两千五百户。

元狩二年（公元前121年）春天，霍去病带领一万骑兵，从陇西出发，翻越乌鞘岭，进入河西走廊，长驱直入，在短短的六天内连破匈奴五个王国，差点抓住单于的儿子。

接着他又翻越焉支山（今甘肃省山丹大黄山）千余里，在皋兰山下杀死匈奴的折兰王和卢侯王，灭敌近九千人，俘虏浑邪王子及相国、都尉多人，缴获休屠王祭天金人。

汉武帝并不想见好就收，夏天，他再次兵分两路进攻匈奴。西路由霍去病与公孙敖从北地郡出发，东路由李广与张骞从右北平出发。

这次出征更多的是以西路军为主力，打匈奴一个出其不意，东路军为疑军，牵制匈奴左贤王。

两路人马又各自分兵两路，霍去病与公孙敖，李广与张骞，分别分开前进。

东路方面，以李广所带的四千人为先锋。张骞的主力没有按时与李广会合，使李广被左贤王的四万人团团包围。李广沉着应战，尽管部队损失惨重，匈奴也死伤相当。

直至张骞的援军赶到，匈奴方才撤退。

西路方面也出现了配合上的问题，可是结果截然相反。公孙敖走错了路线，并未与霍去病会合，霍去病仅靠自己，孤军深入，翻过贺兰山，在匈奴境内驰骋两千多里，在祁连山斩获三万多人，俘虏匈奴五王，单于的阏氏及王子等五十九人，相国、将军、当户、都尉六十三人。

这一仗，被称为"河西之战"。

霍去病连续两次从西线进攻，对匈奴的打击无疑是巨大的，匈奴内部又开始分裂。伊稚斜单于对西线防守的浑邪王非常不满，打算杀了浑邪王，给大家一个交代。浑邪王就与休屠王商量投降汉朝。汉朝得到消息后也表示怀疑，汉武帝担心匈奴人通过诈降搞一波偷袭——受降如临敌的道理大家都懂。最后，还是让霍去病去迎接投降的浑邪王与休屠王。

浑邪王想投降，不代表跟随他的兄弟们也想投降。

首先，休屠王突然后悔，浑邪王一不做二不休，杀死休屠王后，吞并了他的部众。

其次，霍去病渡过黄河后，遥遥望见浑邪王。浑邪王手底下不想投降汉朝的人纷纷逃跑。汉军追杀了八千多人，总共投降四万人，号称十万。

浑邪王来到长安后，汉武帝给了他非常高的赏赐。投降的匈奴人，被安置到武威、张掖、敦煌等西北地区。

这次投降，汉朝征调了两万辆车去迎接，当时的府库已经没有钱了，只能向百姓"借"马——这是一个极其危险的信号。百姓也知道这种事情肯定有借无还，于是都把马藏了起来，这导致马匹完全不够用。汉武帝一气之下要杀了长安令。右内史汲黯极力劝说，认为对待降兵，只要按着一般的步骤走就行，不可以扰乱自己民众的正常生活。

同样，匈奴也元气大伤，接二连三的败仗使匈奴愈发艰难。频繁地骚扰汉朝，根本无济于事。伊稚斜单于须在正面战场上，击溃汉朝的主力军队，方能扭转眼前糟糕的窘境，才会使匈奴有一线生机。

漠北决战

元狩四年（公元前119年），汉武帝决定继续进攻匈奴。

河西之战基本解除匈奴对西线的威胁，现在汉朝的目标是匈奴单于和左贤王的势力。想要击溃单于，并不容易。赵信已经说服了单于，把王庭迁至漠北。赵信认为，汉军不可能来到漠北，他们难以适应沙漠气候，也不善于在沙漠宿营。退一万步讲，就算到达漠北，也会人困马乏，不会长久停留。

漠北是个地理概念。蒙古高原有一片广袤的戈壁，古代称其为"大漠"。漠北就是大漠以北，大致位于内蒙古北部，蒙古国、俄罗斯南部一带。

从漠南穿越大漠到达漠北，古书上称作"绝漠"。由于大漠的生态环境极其恶劣，绝漠是一件非常困难的事情，历史上成功绝漠的中原将领少之又少。

这可是中原农耕文明从未到达的区域。

对于赵信的言论，汉朝也有所耳闻。汉武帝表示就算困难再大，消耗再多的人力物力，也要穿越大漠，去漠北决战。

元狩四年（公元前119年）春天，汉武帝同时派出卫青和霍去病，分兵两路进攻匈奴。这一战，汉朝几乎拿出了全部家当：卫青和霍去病各带五万骑兵，还有十万多人和四万多匹马用来运输补给。汉武帝本意是让最锋利的尖刀——霍去病寻求单于主力决战，所以安排他从西边的定襄郡出发，卫青在东线代郡出发。正当准备行动时，他们从一个匈奴俘虏口中盘问出军机——单于在东边。汉武帝随即改变部署，让两人对调：卫青出定襄郡，霍去病出代郡。

不知道这个俘虏是真不知道，还是故意说谎话，实际上单于并不在东边，汉朝最初的部署正是他们自己想要看到的，阴差阳错的改变，反倒让卫青遇到了单于。

霍去病与部将李敢等人从代郡、右北平出塞，穿越大漠，行进两千多里，遭遇左贤王的主力部队。此战霍去病重创匈奴，擒获匈奴屯头王、韩王等三人，以及将军、相国、当户、都尉等八十三人，歼敌七万多人。汉军一路追杀，最后在狼居胥山祭天，登临瀚海。（狼居胥山究竟在哪，至今未有定论。多数学者认为是在蒙古国的肯特山。）

后来，霍去病的"封狼居胥"就成了建功立业，彪炳史册的代名词，令无数人向往不已。

卫青也同样远征大漠，行军一千多里，遇到了以逸待劳的单于主力军队。双方展开了殊死搏斗。鏖战至黄昏，突然刮起大风，飞沙走石，能见度变得很低。卫青急令大军把阵型向两翼展开，左右同时包抄。伊稚斜单于看到汉军兵强马壮，难以取胜，便带着几百人向西北方向逃走。

单于遁逃，匈奴人的士气一下子降了下来。汉军抓到一名俘虏，供出了这条关键的情报。卫青急令骑兵追击，到了第二天天亮，汉军追击了两百多里，杀敌一万九千多人，但是未能追上单于。

最后汉军到达了赵信城。

赵信城是赵信让伊稚斜单于所建，是匈奴建立的第一个仿照汉人城郭的要塞。匈奴把粮食物资都囤积于此。临走时，卫青一把火把它们全部烧了。

这战被称为"漠北之战"，是汉朝与匈奴之间规模最大的一场仗。匈奴阵亡九万多人，"是后匈奴远遁，而漠南无王庭"，匈奴势力大范围退缩，汉朝边境的威胁基本得到解除。

第十三章
攻守之势异也

🐉 李广为何难封?

漠北之战,汉武帝并不打算让李广出征,由于架不住李广多次请求,最后还是同意了,任命李广为前将军。

除了拥有建功立业的豪情,出征打仗也符合李广的个人利益:李广一直没能封侯。从汉文帝开始,李广开始了军旅生涯,可谓是三朝老将。很多人因出征匈奴立功封侯,尤其是卫青、霍去病的封赏几乎无以复加,李广看在眼里,急在心里。

汉武帝特意嘱咐卫青,李广已经老了,平时运气又不好,真要是遇到单于了,不要让他去正面作战——汉武帝担心李广再次不走运,"毒奶"全军。

卫青把公孙敖留在身边,让李广和右将军赵食其从东道行军。

东道路远,水草也少,李广不愿去东道,向卫青求情自己当先锋，与匈奴单于一战，被卫青所拒绝。李广大概也知道其中的缘由，很不情愿地接受了。

汉武帝一语成谶。

李广与赵食其没有向导，在沙漠里迷失了方向。那个年代没有导航，没有卫星，甚至没有指南针，在沙漠中很容易走丢。卫青杀败单于，班师回朝时才遇到了李广。

卫青派长史问责李广，李广把责任全部揽到了自己的身上，对属下说："我从小就与匈奴作战，一生大大小小的战斗总共七十多场。这次有幸与大将军一起征讨单于，可大将军却把我调到了东路，最终迷路，这难道不是天意吗？况且我已经六十多岁了，不能再容忍那些刀笔小吏的责罚！"说罢，李广拔剑自刎而死。

初唐四杰之一王勃在《滕王阁序》中写道："嗟乎！时运不齐，命途多舛。冯唐易老，李广难封。"李广戎马一生，未能封侯，终以这样的结局收场，不免令人唏嘘。

命运确实捉弄着李广，早年的成名使他成为匈奴的重点关照对象，经常以寡敌众，难以立功。河西之战作为偏师进行牵制，偏偏张骞又未按时到达，使他陷入绝境。最后的漠北之战，也是最好的机会，却又迷路，不得不说李广运气差到了极点！

史称李广为人清廉，得到的赏赐都分给了部下，家无余财，愿意与士兵同甘共苦。在困境中，总是先让士兵喝水吃饭，士兵们也愿意为李广效力。李广死的时候，一军皆哭。百姓听到他死的消息，无论是长者还是年轻人，也都流泪。

李广深得士兵的爱戴，不得不说，他有着独特的人格魅力：仗义疏财，体恤士兵，作战勇敢，这些优点都是值得称道的。

然而，我们在同情李广的同时，也要正视李广的缺陷。

李广的军纪并不严整。他指挥行军，没有固定编队和行列阵势，驻扎完毕后，每个人都可以自由活动，夜间也不派人巡逻。如果真要是遭到袭击，李广很难组织起有效的反击。

文帝、景帝在朝期间，匈奴频繁入侵时，李广没有特别出彩的发挥，偶尔的亮点，无法转化成大胜，这也是他没有封侯的一个原因。

随着卫青、霍去病新生代将领的崛起，李广逐渐不被重用。加上卫青、霍去病的外戚身份，使汉武帝更加信任他们。

我们可以把卫、霍的能力与李广做一个全方位对比。

漠北之战时，霍去病方才二十四岁，李广已经六十多岁了。论年龄，李广是霍去病的爷爷辈，无论是实战经验还是兵法理论，李广都比霍去病强太多。

汉武帝也曾经担心这个问题，他派人教霍去病孙子兵法、吴起兵法，霍去病说："我只看看谋略罢了，用不着古代兵法。"好大的口气，他竟然不屑于古代兵法。

一般人会认为，这是年轻人傲世轻物的表现。

不过我们必须明确的是，汉朝的敌人是谁。

他们不是农耕文明的产物，而是一个马背上的民族。汉朝需要以骑兵为主力，进行长途奔袭，深入草原作战。这是先秦以来从未有过的先例（李牧也只是防守反击，并未进入草原）。汉朝所面临的困难，不是坚固的城郭，而是无限宽阔的茫茫草原和大漠所带来的未知性。这需要足够多的马力以及漫长的补给线。这种仗怎么打？

不好意思，汉朝以前的兵法上还真找不到答案。

霍去病这个年轻人，正是缺少传统观念与战术的约束，才敢于大胆创新。

前文说过，在汉朝以前，骑兵最常用的武器是弓箭。匈奴人也一直把弓箭作为最主要的武器。中原人以步兵为主，骑兵、车兵为辅。行动力上，步兵自然无法与骑兵相比。

每逢交手，战或者不战，更多的是以骑兵为主力的匈奴人说的算，他们想打就打，想走就走。这也使得文帝景帝二朝，汉兵对匈奴入侵拙于应对。

直到卫青首次出征，尝试了以骑兵为主力，远距离奔袭的策略，竟能直捣龙城。

大受振奋的汉军，后来发动漠南之战，突袭右贤王的成功，更加说明了"用魔法打败魔法"的正确性。诚然，匈奴失利确因右贤王麻痹大意，却也证明了深入草原作战具有成功的可能性。霍去病之所以年纪轻轻就能"封神"，正是因为他擅长这种长途奔袭，迂回穿插的作战模式，这也是老一辈的将领李广、公孙敖所不具备的素质。

史书里多次列举实例，来说明李广箭术无双，非常"善射"，而卫青箭术水平如何，却从没有被提及。对霍去病只有"善骑射"的描述，但也没有具体实例。也许单论箭术，李广要比卫青、霍去病强得多。

在战场上，知己和知彼同等重要，或因知其所短（即便擅长射击，也很难强过匈奴人），卫青、霍去病才开创了全新的战术：放弃传统骑射，把步兵的近身搏杀移植到骑兵身上，给他们配备刀、剑等近战武器。

近身搏杀，是汉朝非常熟悉的战争模式，匈奴人却并不擅长，毕竟他们是从小在骑射的环境中长大的。

《史记·卫将军骠骑列传》："（霍去病）战六日，过焉支山……合短兵，杀折兰王……诛全甲……"这里明确指出了霍去病的军队与匈奴"短兵肉搏"，并非传统意义上的骑射杀伤。

反观李广，始终过于依赖着骑射本领，使得他在与匈奴多次对战中，并没有获得太大的优势。最多也只是与匈奴平分秋色，杀敌数量与己方阵亡数量相当。

学者姚大力先生在其《谈古今第一人，司马迁和他的〈史记〉》中指出，司马迁与李广家族有一定的渊源，且与卫、霍家族有仇，所以美化与同情李广，而对卫、霍的功劳记录得极为简略。

综上所论，李广之所以"难封"，除因时运不济之外，更是因为战术落后，才导致成绩平平，没有大的建树。

在特定的"历史书写"下，李广被塑造成一个悲情英雄。而卫、霍的成功，不仅仅归功于他们拥有着外戚身份的跳板，更多的是他们大胆革新，勇于在陌生的草原上狂飙突进，纵横驰骋。在二人勠力同心之下，一举扭转了汉匈之间的攻守格局。

🐉 乌维即位，武帝灭南越

漠北之战，匈奴主力丧失殆尽，伊稚斜单于一溜烟不知道跑到哪去了。

单于失联，大家慌作一团，右谷蠡王认为单于已经死于乱军之中，于是自立为单于。

十多天后，伊稚斜单于又回来了。屁股还没坐热的右谷蠡王只好乖乖退位。

以后该怎么办？单于采纳了赵信的建议，重新与汉朝和谈，说点好话，请求恢复和亲。汉武帝与众大臣商议，丞相长史任敞认为应该趁着匈奴大败之际，使他们成为汉朝的附属国，到边界朝拜。

于是汉武帝就让任敞出使匈奴。听到汉朝开出的条件后，伊稚斜单于勃然大怒，扣押任敞，不让他回去。

这下谈崩了，汉朝又有借口打匈奴了。

继续打吗？并没有。

不是不想打，而是心有余而力不足，打不动了。

首先，漠北之战结束不久，霍去病病亡，年仅二十四岁。霍去病的英年早逝让汉朝损失了最为锐利的尖刀；其次，此战汉朝阵亡一万多人，死了十多万匹马（出塞的时候十四万匹，回来后不满三万）。人还好说，主要是马匹损失严重，穿越大漠的代价太过高昂，加上受到封赏的人太多了，"斩捕首虏之士受赐黄金二十余万斤"，汉朝财力吃紧。

不过汉武帝从来不缺乏敛财手段，除了秉承当年晁错给汉文帝的建议，继续卖爵，他又颁布"算缗告缗""盐铁专营""均输平准"等措施。（限于篇幅，几项政策的具体实施不做讨论。）

就这样，双方又进入了一段短暂的缓和期。

伊稚斜单于在元鼎三年（公元前114年）去世，其子乌维单于即位。

漠北之战后，汉武帝把视线转移到了南方——割据岭南一百多年的南越。

自从汉文帝与南越开国国君赵佗讲和后，赵佗终身向汉朝称臣，于汉武帝建元四年去世，享年一百多岁。其孙赵胡即位（因为赵佗活得太久了，儿子都死了），继续奉行着赵佗的政策：对待汉朝不失礼数，以南越王的身份每年进贡，但绝不去长安朝见汉朝皇帝。在南越国内，赵佗、赵胡偷偷自称南越武帝和南越文帝——广州象岗山南越王赵胡墓里出土的"文帝行玺"金印（现收藏于西汉南越王博物院）便是明证。

赵胡在位十五年，其子赵婴齐即位。在赵胡与赵婴齐统治时期，汉武帝一直给南越施压，要求南越王来长安朝见。赵胡与赵婴齐都"称病"为由，一直没来——这像极了汉初异姓王回复刘邦的说辞。赵婴齐在位没有几年就死了，只有几岁大的赵兴即位。

此时漠北之战已经结束，匈奴不敢再来侵犯汉朝，汉武帝终于可以腾出手来对付南越。

以终军为首的汉朝代表团再次出使南越，讽劝南越王进京朝见。南越内部开始分裂：以丞相吕嘉为首的大部分人坚决抵制朝见，势单力薄的樛太后却鼓动赵兴去长安朝见汉武帝。双方矛盾不可调和，最终演变成一场宫廷政变：吕嘉带兵攻入王宫，杀死了樛太后、赵兴以及汉朝的使者。吕嘉又立赵建德为第五代南越王。

起初，汉武帝担心终军的力量不够，不足以对抗吕嘉，于是派了韩千秋带领两千人增援终军。但在接近南越的都城番禺（今广东省广州市）时，韩千秋遭到了南越的伏击，全军覆没。

汉武帝震怒不已，他立刻发兵十万，消灭了南越，杀死了吕嘉与赵建德，旋后又攻灭了南越的邻居闽越。西南夷的夜郎等国与南越的商业来往非常密切，听说南越和闽越被灭后，他们无不震恐，夜郎王当即入京朝见。

🐉 进攻受降城

这样的丰功伟绩，当然要和邻居们一起分享。

元鼎五年（公元前112年），匈奴入侵五原，杀太守。汉武帝决定震慑他们一下。元封元年（公元前110年），他亲率十八万骑巡幸北边，到达朔方，炫耀武力，派遣郭吉去传达消息。

郭吉很快就来到匈奴的领地。当匈奴人盘问郭吉的来意时，郭吉的态度非常卑微和善，笑呵呵地说："我见到单于再说。"

见到乌维单于后，郭吉的态度发生了一百八十度的变化，趾高气扬道："南越王的人头已经悬挂在大汉皇宫的北门阙上了。如今呢，单于如果还能一战，皇帝亲自率领的大军就在不远处等候；若是不能战，就赶快过来投降吧，为什么非要逃跑到这种苦寒荒凉又缺乏水草的地方苟且偷生遭罪受苦，何必呢？"

话音刚落，乌维单于就暴怒了。

他怒不可遏地斩了带郭吉进来的手下侍从，并扣留郭吉，把他迁到北海（今俄罗斯贝加尔湖）进行惩罚。撒气归撒气，乌维单于心里还是惧怕汉朝的。史称"匈奴詟焉"，"詟"就是丧胆、惧怕的意思。

由于乌维单于始终不敢与汉朝正面交锋，不得不退居漠北，开始休养生息。

对于汉朝的态度，乌维单于时而谦卑，希望继续和亲，派他的太子去汉朝当人质；时而翻脸，对之前的所提出的条件层层加码，偶尔也会小规模地骚扰汉朝边境。

他的外交策略与之前单于的策略很不一样，既不妥协、不向汉朝臣服，又极力避免与汉朝发生直接冲突。这在汉匈"攻守之势异也"的情况下，不失为正确的选择。

汉武帝太初元年（公元前104年），乌维单于去世，总共在位十年，其子乌师庐单于即位。

乌师庐单于即位时年纪幼小，具体多大我们现在也没法考证了，可能也就十来岁吧，人们习惯把他称为"儿单于"。

　　儿单于性格比较好斗，喜欢杀戮。估计他平时没少杀人，弄得大家人心惶惶，离心离德。

　　即位的第一个冬天，草原遭遇了大雪，很多牲畜死亡。匈奴左大都尉忍受不了儿单于，他派人告诉汉朝，他想杀死儿单于投降汉朝，希望汉朝能出兵接应，保证他能安全到汉朝。汉朝顺势建造了受降城（今内蒙古乌拉特中旗石兰计的狼山山口附近），准备迎接左大都尉。

　　瞧瞧，汉朝的心态是有多膨胀，事还没办成，就开始提前"庆功"了。

　　就在汉朝派出浞野侯赵破奴的两万多骑兵接应左大都尉时，却出了岔子。

　　按照约定，双方在朔方郡西北二千余里的浚稽山会面。赵破奴按时到达后，非但没有见到左大都尉，反倒等来了气势汹汹的匈奴部队。原来，左大都尉的阴谋已经被儿单于察觉了，偷鸡不成蚀把米，儿单于先手杀了左大都尉，随后立刻进攻赵破奴。

　　儿单于毫不畏惧汉军，他最大的喜好就是杀戮。

　　赵破奴且战且退，退至受降城四百里处，匈奴八万骑兵将汉兵团团包围。夜间，赵破奴亲自出去寻找水源，被匈奴活捉。按照当时的军法，没有保护好主将，汉军其他军官即便逃回去也会被杀。于是没人敢说突围——以寡敌众，最后汉军全军覆没。

这是卫青直捣龙城以后，匈奴最大的一场胜利——在正面战场对汉朝取得胜利。

儿单于一不做二不休，直接杀到了受降城。匈奴人并不擅长攻城，攻克不了受降城，就在边境劫掠一圈后离开。

瑕不掩瑜，没攻克受降城无关紧要。重要的是前几任单于——儿单于的爷爷、父亲都没做到的事情，他做到了。这对儿单于提高个人威望，增加族人对他的认同感极为有利，这也是他迫切需要的东西。

好景不长，儿单于仅仅在位三年就死了。

他的儿子年幼，不足以继承大任。右贤王呴犁湖即位为单于。

第三卷
称臣于汉

本卷人物：

呴犁湖单于、且鞮侯单于、狐鹿姑单于、壶衍鞮单于、李广利、李陵

历史事件提要：

西域风云、李广利和李陵投降匈奴、巫蛊之乱、匈奴第一次分裂、汉匈再次和亲

第十四章
断匈奴右臂

汉、乌和亲

呴犁湖单于是乌维单于的弟弟，儿单于的叔叔。

汉武帝趁着呴犁湖单于刚刚即位时（公元前102年），派光禄勋徐自为在五原要塞外五百里至一千里的地方建造要塞和亭燧，一直建到卢朐；强弩都尉路博德在居延泽筑城镇守；游击将军韩说、长平侯卫伉在庐朐附近屯兵。

呴犁湖单于当然不能熟视无睹。

秋季，匈奴大举侵入定襄、云中二郡，杀掠数千人。一路上端掉了好几个徐自为刚刚建好的要塞和亭燧。同时，右贤王侵入酒泉、张掖二郡，掳掠数千人。军正（军中执法官）任文及时救援，杀败了右贤王，抢回了被掠夺的人。

第二年（公元前101年），呴犁湖单于就死了，在位仅一年。他的弟弟且鞮侯即位单于。

相信有的读者会有疑惑，赵破奴的兵败以及呴犁湖单于入侵，难道汉武帝就不打算回击？

此时的汉武帝已经把重心放到了西域的大宛国上，对匈奴暂时没有太多兴趣。

张骞在公元前138年出使西域，公元前126年回归。漠北之战后，匈奴远遁，丝绸之路开通。张骞在公元前119—公元前115年再次出使西域，促进了汉朝与西域诸国的经济文化交流。汉武帝也越来越重视与西域各国的交流。

张骞在第二次出使西域的时候，背负着一个重要的任务：与乌孙国和亲建交。乌孙国本是匈奴扶持起来的一个国家，曾经长期依附于匈奴，而现在与匈奴矛盾重重。张骞认为，如果能与乌孙和亲，使他们臣服于汉朝，就等于"断匈奴右臂"，西面的大夏等国也会臣属于汉朝。

所谓的"断匈奴右臂"，实际上是让西域摆脱匈奴的控制，以此来削弱匈奴右翼，为彻底解决匈奴问题创造有利的条件。《汉书·西域传》："（西域各国）故皆役属匈奴。匈奴西边日逐王置僮仆都尉，使领西域，常居焉耆、危须、尉黎间，赋税诸国，取富给焉。"可见西域是匈奴重要的经济支柱和战略意义上的"右臂"。

而张骞出使西域以及与乌孙和亲，则是"断匈奴右臂"战略的具体实施。

为什么一定要联合乌孙？

整个西域，乌孙的地理位置非常敏感。他"东与匈奴、西北与康居、西与大宛、南与城郭诸国相接"，在西域也是最强大的国家。汉朝若能争取到乌孙，无异于在西域设立了一个对抗匈奴的桥头堡。

汉武帝欣然同意张骞的战略。

张骞见到乌孙昆莫后（昆莫是乌孙王号，类似于匈奴单于），表达来意。由于乌孙距离匈奴很近，又不了解汉朝，所以大多数大臣不愿冒这个险，纷纷反对。昆莫也不想完全得罪汉朝，只好婉言拒绝，张骞的计划落了空。

作为答谢，昆莫送给张骞几十匹好马，并派遣几十个人的使团去长安拜见皇帝——实际上是想了解汉朝，窥探下汉朝的国力。

乌孙使团来到汉朝后，犹如刘姥姥进大观园——他们一下子被汉朝的繁华吸引，这种大国气象是他们从来没有见到过的，无论是国土面积、物产财富、人口数量等等，都远非乌孙能比。乌孙使团回国后，盛赞汉朝强盛。

那，还要不要和汉朝和亲了？昆莫开始犹豫起来。

没成想乌孙与汉朝通使的消息被匈奴知道了。匈奴明白西域的重要性，也大概能猜到汉朝的企图。所以匈奴非常恼火，当即表示要打乌孙。乌孙非常害怕，又看到大宛、月氏等国都有与汉朝建交，来往使者不断，就很后悔当初拒绝了这门和亲。

好在，乌孙当初没有与汉朝翻脸，留下了一定回旋的余地。

乌孙赶忙派人去汉朝进贡马匹，请求和亲。

此情此景，汉朝如何看待？一首歌曲大概能表达其心声："当初是你要分开，分开就分开，现在又要用真爱，把我哄回来？"

呵！我大汉朝岂是呼之即来挥之即去的弱国？我不要面子的吗？

是的，一旦丢了面子，便会让西域诸国轻视。经过商讨后，汉朝决定先让乌孙送聘礼，才能把公主嫁过去。乌孙二话没说，立刻送来了一千匹好马作为聘礼。

就这样，在元封六年（公元前105年），乌孙与汉朝开始结亲。汉武帝找了一个罪臣的女儿——刘细君远嫁乌孙。

刘细君的父亲是江都王刘建，刘建之前企图谋反，被察觉后自杀，刘细君因为年幼而幸免于难。

乌孙王把刘细君封为右夫人。匈奴不甘示弱，也要求乌孙与之和亲。一下子成了两强争取的"香饽饽"，乌孙既恐慌又害怕，谁都不敢得罪，只好把匈奴公主立为左夫人。

刘细君在乌孙生活了五年就死了（公元前101年），汉武帝又把一个罪臣的女儿嫁到了乌孙，这就是著名的解忧公主。

解忧公主一生都奉献给了国家。她先后嫁给三位乌孙王（乌孙与匈奴都有"收继婚"的习俗），对乌孙的发展以及乌、汉的和平关系做出了卓越的贡献。她还加速了汉朝统一西域的步伐，在她的斡旋下，乌孙最终归附于汉朝。

汉宣帝甘露三年（公元前51年），已经远嫁乌孙长达五十年之久的解忧公主上书汉宣帝，"年老土思，愿得归骸骨，葬汉地"。面对年近七十岁的老人，汉宣帝没有任何拒绝的理由。他很快批复，派人将她接回长安。

两年后，解忧公主病逝。（关于解忧公主的贡献，后文还会详细介绍。）

🐉 远征大宛，李广利失利

汉武帝曾在《易经》算过一卦：神马当从西北来。也许，汉武帝十分信奉这个卦象，故而汉朝不断地派出使者前往西域，交换西域的奇珍异宝，尤其是马匹。

在与乌孙和亲后，汉朝如愿以偿地得到了乌孙的马匹。乌孙的马匹不仅比汉朝的高大，性能上也更为优异，汉武帝大喜，就把乌孙的良马称为"西极"。

后来，汉武帝听说大宛的汗血马比乌孙的马更好，就多次派人去大宛求购良马。

有使臣对汉武帝说，大宛的好马都藏在贰师城中，不舍得给他们。于是汉武帝派车令出使大宛，送给他们千金以及一匹黄金铸成的马。按理说，这够有诚意了吧？可大宛仍然不愿意，他们觉得汉朝距离大宛很远，沿途条件非常恶劣，每次都有汉使死于路上……

最后他们得出结论：惹怒了汉朝也没关系，汉朝根本不可能打过来。

这可惹恼了车令：皇帝给你们大宛这么贵重的礼物来换几匹马，你们却不知好歹？车令一怒之下，把金马砸了，拂袖而出。

这下轮到大宛人不爽了，他们通知东边的郁成王，郁成王立刻拦截并杀死了汉使，抢了财物。

汉武帝勃然大怒，决定教训下大宛国。姚定汉等出使过大宛的人趁机进言说："大宛国实力很弱，只要三千人马，用强弩射杀，就可以灭他们。"

原来是个软柿子。

汉武帝即刻派李广利征发六千附属国骑兵，以及数万国内品行恶劣的青年出征大宛。

与卫青、霍去病一样，李广利也是汉武帝外戚，靠着裙带关系上位的。汉武帝自然也希望李广利能复制卫、霍的功绩，名正言顺地给李广利封侯。

李广利的出征并不顺利，沿途的小国不知李广利的来意，纷纷紧闭城门，不给汉军供应粮食。

你不给，我就抢。李广利下令，这些不合作的小国，一个一个打。这让沿途的小国们抵抗的决心更加强烈。而汉军无论能不能攻克他们，都会有人员上的损失。等到了大宛东边的郁成时，只有几千人了，并且还是一群饥肠辘辘的疲惫之师。

这仗还怎么打？硬着头皮打郁成，反被郁成杀得丢盔弃甲。

没办法，这仗是打不动了。李广利只能灰头土脸地回来。到了敦煌后，人数只剩下出征时的十分之一二。他上书汉武帝，解释了远征的困难，希望能够罢兵。

汉武帝看罢大怒：在外面打了足足两年，你就给我看这？

于是汉武帝下令，李广利的军队胆敢退入玉门关者，一律斩首。李广利听罢，只好停留在敦煌。

再征大宛，匈奴更加孤立

就在这时，发生了赵破奴被儿单于全歼，以及呴犁湖单于入侵定襄、云中等事件。朝廷很多人认为，现在不宜两线作战，应该集中力量对付匈奴。

汉武帝也承认两线作战确实是个问题，但现在已经和大宛开战了，如果不能征服大宛，我们汉朝就会被大夏看轻，乌孙、轮台等国以后也会给我们使绊子，汉使会遭到西域各国的耻笑，这样不仅得不到好马，还会对汉朝的"国际地位"与"国际声誉"有很坏的影响。所以，在大宛丢失的面子，必须要找回来。（这也是刚才所说的汉武帝没有回击匈奴的原因。）

汉武帝赦免了一些囚徒，加上了征发品行恶劣的青年和边塞地区的骑兵，总共给李广利拼凑了六万人的军队，以及充分的后勤保障：数以万计的负重牲畜，充足的粮食、兵器与运输团队。

史书记载，这次远征的后果是"天下骚动"。老百姓受苦，社会动荡不安。

李广利清楚，汉武帝又给了他一次机会，也是最后一次机会了：只能成功，不许失败。

看到汉军队伍庞大，沿途小国无不主动迎接，拿出粮食犒劳汉军。轮台国不迎接，李广利直接屠城。汉军一路向西，并没有遇到阻力。

到了大宛时，李广利派人把城池团团围住，狂攻四十多天。大宛贵族们开始商量对策，有人说："大王不舍得好马，还杀了汉使，得罪了汉朝。我们不如杀了大王，把好马献出来，汉军就走了。如果他们还要继续打，那我们再抵抗也不晚。"大家纷纷同意，一同杀了大宛国王。

此时大宛的外城已经被攻破，猛将煎靡也被汉军俘获。

在这千钧一发之际，大宛的使者出现在李广利面前。他拿着大宛国王的人头，告诉李广利，如果汉朝停止进攻，大宛的好马你们随便挑，粮食随便吃。如果不答应，那我们就把好马全杀了。并且康居的援军马上就到了，到时候可以两面夹击汉军。

这个使者完全拿捏住了李广利。李广利当然不怕不远处的康居人，但他也非常明白此行的目的：用武力夺取大宛的马。无法得到好马，就算把大宛夷为平地，也没法向汉武帝交差。

略作思考后，李广利同意了大宛的和约，挑选了好马几十匹，中等以下的马三千匹，拥立了对汉朝态度较好的贵族昧蔡为大宛国王。

正当汉军准备班师回朝时，李广利得到了一个令他恼火的消息：自己的一支一千人的小股部队遭到了郁成王的袭击，只有几个人跑了回来。

郁成王先是杀害汉使，上一次又是打败了李广利，这次还敢与汉军为敌。

是可忍，孰不可忍！本着"在哪跌倒就在哪爬起来"的理念，李广利立刻派人去打郁成。

郁成的战斗力明显不是和汉军一个层次的，交战没多久，郁成的士兵跑的跑散的散，郁成王只好跑到康居，汉军紧紧追赶。

康居与大宛、郁成的关系都不错，在汉军围攻大宛时，康居还派了一支军队救援大宛。

由于畏惧汉军的强大，康居一直不敢进攻，而后大宛王被杀害的事情康居也自然有所耳闻。现在郁成王在穷途末路下投奔自己，这无异于引火烧身。康居不想承担风险，就主动把郁成王交了出来。汉军担心郁成王在半道逃脱，就私自杀了郁成王。

李广利回到玉门关的时候，只剩下了一万军队。

其实在征服大宛的过程中汉军的损失并不大，粮食也很充足。死亡率超过百分之八十，主要是因为李广利军纪不行，军官贪污军饷，不爱护士兵，非战斗死亡的人员非常高。汉武帝看到大宛已经被打服，好马也牵回来了，就没有深入追究，李广利也被封为海西侯。

两次远征大宛，总共耗时四年（公元前104年—前101年），又赏赐士兵四万钱，给国家带来了沉重的经济负担。不过汉朝再次威震西域，汉朝使者来往西域愈发顺利，"断匈奴右臂"的战略迈出了关键性的一步，而匈奴则更加孤立。

[附章]　使于四方，不辱君命

尽管这个人，在汉朝并没有多高的地位，对匈奴来说也并不重要。或许，他没有经天纬地的才华，无法用智慧去造福于国家和人民；或许，他没有拔山超海的力量，无法用武功去保卫国家，开疆拓土。但就是这么一个平凡的人，愿意用自己的一腔热血，去对抗绝境下的厄运，愿意用手中那个不屈的汉节，去书写令人潸然泪下的伟大篇章。

这个人叫苏武。

且说呴犁湖单于在位期间，汉朝远征大宛，无暇顾及匈奴。呴犁湖单于就算有心阻挠，也不敢轻举妄动。就在李广利胜利归来后，呴犁湖单于病死，左大都尉且鞮侯成为单于。

且鞮侯单于是伊稚斜单于的小儿子，乌维单于和呴犁湖单于之弟。得知呴犁湖单于已死，汉武帝下诏说："高皇帝给朕留下平城的忧恨，高后时，匈奴冒顿单于的书信又悖逆绝伦。当年齐襄公报九世先祖之仇，《春秋》认为他的行为符合了大义。"很明显，这是赤裸裸的威胁。

且鞮侯单于刚刚上位，显然不想和汉朝开战，他把之前所扣押的汉朝使者都放了回去，并向汉朝示好说："我只是个小孩子，哪敢和大汉天子比，汉朝天子是我的长辈。"

汉武帝对此非常满意，他觉得这个单于比较懂事。于是礼尚往来，汉武帝也遣返被扣押在汉朝的匈奴使者，并带给单于丰厚的礼物。

苏武就是在这一背景下，在汉武帝天汉元年（公元前100年），带领着副使张胜、假吏常惠以及一百多人的使团，踏上了出使匈奴的征程。

他没想到，这一去就是十九年之久。

出乎使团意料的是，且鞮侯单于的态度非常傲慢，远没有想象的那么恭顺。苏武并没有表现出过于激烈的反应。他这次出使，也没有什么其他的政治任务，他只需要回去把情况如实禀报给汉武帝即可。

不幸的是，使团刚好撞到了缑王与虞常的谋反。

缑王是浑邪王姐姐所生，早年跟随着浑邪王一起投降了汉朝。儿单于击败赵破奴时，缑王投降了匈奴。

虞常是跟随着卫律投降匈奴的。卫律本是长水附近的胡人，和李延年的关系很好。李延年就向汉武帝推荐卫律出使匈奴。在卫律出使期间，由于李延年的弟弟李季与宫人淫乱，汉武帝诛杀了李延年和李季的全家（李广利在外远征大宛，未受到牵连），卫律担心回去后被处分，就投降了匈奴。

但是与卫律一同出使的其他人并不甘心投降，虞常就是其中之一。他与缑王一直想要在匈奴搞点事情。

虞常与苏武的副使张胜是多年的好友。虞常告诉了张胜他们的计划，希望张胜回去后能够告诉皇帝，把自己的功劳赏赐给他的母亲和弟弟。

张胜答应了虞常，并给予了虞常不少"赞助资金"。

一个月后，且鞮侯单于出去打猎，只有阏氏和孩子留守。虞常认为机会难得，带着七十人准备动手。没成想有一个人连夜逃走，告诉了单于。单于立刻杀了个回马枪，把这次叛乱扼杀于摇篮之中。缑王被杀，虞常被活捉。

张胜得知消息后慌了神，连忙把他和虞常的来往告诉了苏武。苏武说："出了这种事，肯定会牵连到我，等到受辱后再死，那更对不起国家。"说完就要自杀。张胜、常惠赶忙阻止。

虞常果然还是把张胜供出来了。单于大怒，打算把汉使全部杀死。左伊秩訾提议劝他们投降更好。单于觉得也有道理，就让卫律审问苏武、张胜等人。

苏武对常惠等人说："卑躬屈节，有辱使命，就算能活着，也没面目回到我们汉朝！"苏武拔出刀刺向了自己。卫律大惊，一把将苏武抱住，急忙召来医生。还好治疗及时，苏武的一条命算是抢救了回来。

待到苏武基本痊愈，卫律才开始审判虞常。这其实都是提前安排好的剧本，威逼加利诱，迫使苏武投降。

卫律宣判虞常死罪，当场杀死了他，回头对汉使们说："张胜与虞常同谋，理应也被处死，不过单于厚待投降的人，只要肯投降，就可以赦免罪过。"然后举剑要杀张胜，张胜立刻投降。

卫律转身对苏武说："汉朝使团的副使有罪，你作为正使，应该与他连坐。"苏武很不屑地说："我没有参与这事，与张胜又没有亲属关系，何来连坐之说？"

卫律拿着剑朝着苏武比画，苏武岿然不动。卫律说："苏君，我以前也是从汉朝投降到匈奴的，单于赐我为王，以及数万手下和数不尽的马匹牲畜，一辈子都享不尽的荣华富贵。苏君今天投降，明显就会和我一样，否则葬身于荒野，又有谁会知道呢？"

对此，苏武保持了沉默。卫律进一步说道："今天只要你投降，我便与你拜把子结兄弟。如果不听我的建议，那以后想见我都不一定能见得到。"

苏武嗤之以鼻，骂道："你本是汉臣，却背叛皇帝和亲人，投降蛮夷，我见你干什么？况且单于很信任你，让你有个公正的裁决，你却想着挑起两国之间的争斗。南越国杀了汉使，被汉朝灭掉，大宛国杀了汉使，大宛国王的人头被悬挂在北门的城阙上，朝鲜杀死汉使，很快就被消灭，只有匈奴还没干这种事。你现在就可以杀了我，匈奴的灾难，就从你杀我这一刻开始！"

卫律知道自己无法使苏武屈服，再怎么威胁也没有用，只好把情况告诉单于。

单于不相信他作为一国之主，竟然不能让一个使者屈服——如果连一个使者都不会屈服于他，那么汉朝又怎么可能会屈服于匈奴呢？想到这里，单于愈发想让苏武投降。他把苏武关在一个大窖里面，不给他吃喝，想逼其投降。

此时的苏武已经没有了赴死的念头，他要坚定不移地活着，让单于知道，在坚定不移的气节面前，单于的那些伎俩是多么苍白与无力。

天降大雪，没有吃的，苏武就靠着雪块与衣服上的毡毛度日，几天后仍然没死。匈奴以为苏武有神灵庇护，就把他流放到北海（今俄罗斯贝加尔湖）放牧，对他说如果公羊能产奶了，就让他回来。

常惠等其他汉使被扣留在不同的地方，防止他们与苏武联络。

苏武在北海的生活仍然很艰苦。匈奴人不给他吃的，他就挖老鼠洞，寻找草籽充饥。就这样生活了五六年，只有朝廷赐给他的汉节一直陪伴着他，即使旄毛都落了，它也未曾离身。

且鞮侯单于被熬死了，孤零零的苏武几乎被世界遗忘在北海一角。有一天，单于的弟弟於靬王去北海打猎，撞见了苏武。苏武会制作打猎用的网兜和弓箭，还能校准箭头，於靬王非常喜欢苏武，给了他很多食物和衣服，并在附近驻扎下来。苏武的生活一下子有了物质上的保障。

好景不长。三年后，於靬王病死了，临终前给了苏武很多牲畜、食物以及帐篷等生活用品。他的部众不久就离开了北海，只剩下孑然一身的苏武。

没过多久，一批丁零人路过，抢走了苏武的很多食物，苏武的生活愈加艰难。

有一天，一个老朋友出现在苏武面前——李陵，曾经与苏武一同担任过侍中。在苏武出使被拘押的第二年（公元前99年）投降了匈奴（关于李陵的事迹，后文还会介绍），因为怕被苏武瞧不起，所以一直没敢见苏武。这次，也是单于让他劝降苏武。

李陵摆下酒席，招待苏武。苏武并不了解在李陵身上发生了什么，不过能猜出来他也投降了，否则不会在这种地方见面。酒过三巡后，李陵终于进入了正题。

他对苏武说："单于知道我和你交情深，让我过来劝劝你。现在呢，单于对你也是真心相待，反正也没法回到汉朝了，又何必自讨苦吃呢？你的忠义又有谁知道呢？在你走后，你的哥哥苏嘉抬着皇帝的车辇下台阶时，车子撞到了柱子上，折断了车辕，被弹劾为大不敬，自杀。皇帝去祭祀后土之神的时候，宦骑与黄门驸马争船，最后驸马被推到水中淹死了，宦骑畏罪逃跑，皇帝让你弟弟苏贤去追捕宦骑，苏贤没能抓住，惶恐不安，喝毒药死了。我来之前，你的母亲去世了，我还给她送葬至阳陵。你走的时候，你妻子还年轻，现在已经改嫁了。你家里只有两个妹妹，两个女儿一个儿子，现在已经快十年了，是死是活都不知道……"

苏武沉默了。

我相信，没有人能够遭得住这么多的打击。他心心念念的家，已经没了。即使能够回到汉朝，又有什么意义呢？

李陵接着说："人生如朝露，何必这么受苦呢？我刚刚投降匈奴的时候，也是每天恍恍惚惚，独自发疯，痛恨自己辜负了汉朝，再加上我连累了我的母亲进了监狱，你不投降的意愿，怎么能超过我！加上现在皇帝老了，喜怒无常，政策朝令夕改，听说已经有十多位大臣无罪而被满门抄斩的，现在朝中人心惶惶，就算你现在回到汉朝，生死安危也很难预料，你现在又何必这么坚持呢？希望你能认真考虑下我说的话。"

孔子曰："志士仁人，有杀身以成仁，无求生以害仁。"又曰："行己有耻，使于四方，不辱君命，可谓上矣。"

也许，苏武正是把这些格言镌刻在心中，并努力去践行它，所以，纵是家破人亡，前途未卜，他的信仰也始终没有动摇。

苏武回答道："我们父子四人都没有什么功德，都是皇帝的提拔，成为皇帝的近臣，所以愿意肝脑涂地，以死效忠。臣子侍奉君王，好比儿子侍奉父亲。儿子为父亲死，心中也不会有恨，你不要再继续说了。"

李陵知道说不动苏武，也没再自讨没趣。

双方饮酒数日，分别前，李陵说道："你再考虑下吧。"苏武说："你一定让我投降的话，那我今天就死在你面前。"李陵感慨道："真是义士！李陵与卫律的罪过比天还要高！"

李陵哭了，他有委屈，他有不得已的酸楚，如果可以重来一次，他是否会选择舍生取义？

与苏武告别之后，李陵更加愧疚，他无颜再见苏武，只好让妻子给苏武送生活用品。几年后，李陵才第二次来北海，他要告诉苏武一个他需要知道的消息。

汉朝武功最盛的皇帝，驾崩了。

苏武向南痛哭流涕，一连数月，最后哭到吐血。

汉昭帝即位后，匈奴内部发生动荡，开始逐渐缓和与汉朝的关系，双方开始重新商议和亲的事宜。汉朝向匈奴打探苏武的情况，向匈奴要人。单于担心放回苏武对匈奴不利，就谎称苏武已经死了。后来汉朝再次派人出使匈奴时，常惠偷偷地半夜会见了汉使，讲述了苏武的情况，并教汉使怎么去说服单于。

第二天，汉使见了面就开始责备单于，向单于说出了常惠所编的故事：皇帝在上林苑打猎的时候，射落一只大雁，大雁脚上绑着一封帛书，上面写着苏武还在北海。

铁证如山，给个解释吧？

单于非常吃惊，左看看，右看看，希望有个人能在这时候站出来，给他圆场，然而没有人说话。尴尬不已的单于只好承认，苏武确实还活着。

苏武即将回国，这个轰动一时的消息很快传遍大江南北。

李陵第三次见到苏武，这次他是来向苏武道贺的。

摆下酒宴，李陵毫不吝啬溢美之词："这次你回去了，扬名于匈奴，功显于汉室，即使是古书史籍所记载，丹青所描绘的英雄人物，又怎能和你相比！"

可以看出，李陵是真心替苏武高兴，他对苏武没有虚与委蛇。李陵接着感慨："我胆怯无能，如果汉朝能宽宥我的过错，不杀我的母亲，我自会忍辱负重，寻找机会报效国家。后来皇帝杀了我的全家，这是最大的侮辱，我还有什么可留恋的。也罢，这些都是过去的事了，希望你能够理解我一下。往后我们各为其主，这次分开，恐怕以后再也无法见面了。"

说罢，李陵跳起了舞，唱道："径万里兮度沙幕，为君将兮奋匈奴。路穷绝兮矢刃摧，士众灭兮名已隤。老母已死，虽欲报恩将安归！"

李陵泣涕不已，在悲痛中，与苏武诀别。

南宋词人辛弃疾很喜欢引用典故，在他的《贺新郎·别茂嘉十二弟》里，总结了历史上悲壮的离别场景。李陵与苏武的诀别，就是其中之一。其词曰："将军百战身名裂，向河梁、回头万里，故人长绝。"

单于召集了当年与苏武一起的汉朝官员及随从，除了先前投降的和已经死的，总共只剩下了九人。他们如英雄一般载誉而归。这份荣誉，非关成功，而因气节。

从这个意义上来说，他们就是英雄，他们就是那个时代最了不起的人！

汉昭帝用盛大的仪式迎接他们凯旋，赐予他们无比丰厚的赏赐。

"（苏）武留匈奴凡十九岁，始以强壮出，及还，须发尽白。"从公元前100年出发，到公元前81年回归，十九年被羁押的岁月里，苏武的头发和胡须都变白了。回到汉朝，他终于能够安享晚年。

苏武死于公元前60年，享年八十岁。

第十五章
逆向思维

匈奴新敌——李陵

了解到苏武牧羊的前后经历，现在，让我们平复一下心情，重新回到汉匈之战的历史。

苏武使团被扣押，令汉武帝非常愤怒。好在之前被俘虏的浞野侯赵破奴跑回来了。在匈奴的几年时间里，他无疑会了解到很多有价值的情报。

匈奴右贤王已经到了天山一带活动，可以随时威胁着西域，汉武帝可不想拱手让出西域的控制权。在苏武被拘押的第二年（公元前99年）五月，他派李广利率三万人出酒泉，进攻右贤王。

五月是汉朝的强势期，李广利一战就斩获一万多人。在返回途中，匈奴援军赶来了。他们把李广利团团包围，汉军一下子失去了补给。一连几天没有粮食，死伤惨重。

赵充国带领着一百多人杀出一条血路，李广利率大军紧随其后，这才脱离险境。此役汉军阵亡十分之六七（估计两万人左右），赵充国负伤二十余处。李广利把赵充国英勇奋战的功劳上报朝廷，汉武帝亲自接见赵充国，察看他的伤势后，嗟叹不已，封赵充国为中郎。

这次北伐失利，对历史的影响并不大。后世的文人、史家，也对李广利的这次失败关注度并不高，相反，他们的注意力都集中在这场战争局部的另一个人物：李陵。

李陵是李广的孙子，从小就喜欢骑射，被汉武帝提拔为侍中、建章监。他为人谦虚，礼爱下士，深得士兵喜爱，汉武帝认为他有李广的风范。曾经带领八百骑兵，深入匈奴二千多里，一路上没有遇到匈奴人。

返回后，汉武帝把李陵升为官骑都尉，领五千人在张掖、酒泉一带练习射箭，防备匈奴。在李广利第二次远征大宛时，李陵带领五校兵当预备队。等到李陵率军到边塞的时候，正好李广利也回来了。李陵顺道迎接李广利，后来在张掖驻扎。

这大概就是李陵所有的履历。他有带兵的经历，却没有实战的经验。

这次李广利远征大宛，汉武帝让李陵负责辎重运输。兵马未动，粮草先行，运输辎重的任务不可谓不重要，说明汉武帝对李陵是非常信任的，但是李陵对于这个安排并不满意，他渴望能像他爷爷一样冲锋陷阵，他请求汉武帝，希望自己能独自带领一支部队，牵制匈奴，分散匈奴的注意力，减轻李广利的压力。

这让汉武帝很为难，汉朝已经没有多余的马匹。李广利远征大宛的时候，马匹已经捉襟见肘。李陵并不在乎，他只要五千步兵，就能横扫匈奴王庭。

汉武帝赞赏李陵的勇气，就答应了李陵，并让强弩都尉路博德在半路接应李陵。路博德以前是担任过伏波将军，因为犯了律令才被贬为了强弩都尉，《汉书》说路博德得到命令后"羞为陵后距"。什么意思呢？大概是他觉得他自己资历老，耻于给李陵这个后辈当后卫。

于是，路博德上书汉武帝说："现在秋天马肥，并不是最好的时候，希望等到来年春天，我再与李陵同时出击，从东西两侧进攻浚稽山。"

汉武帝看后大怒，他怀疑是李陵后悔了，怕了，不敢去了，才让路博德上书，给他开脱。

其后，汉武帝下了两封诏书。

一是对路博德交代说："我想给李陵派兵，被他打算以少击众的理由拒绝了。现在匈奴进入了西河一带，你去西河钩营防守。"

二是对李陵叮嘱道："你必须在九月出发，到东浚稽山南面的龙勒水一带观察匈奴动静，没有遇到敌军，就退回受降城休整。你对路博德讲过什么，全都写出来报告我。"

🐉 浚稽山之战，匈奴险胜

收到诏书后，李陵和路博德都有些莫名其妙。

路博德心想：确定要让李陵自己去吗？

李陵心想：皇帝口气怎么变得那么严厉了？我可什么都没和路博德说啊。

李陵带领五千人从居延出发，向北行军一个月后，至浚稽山驻扎下来，一路上所经过的山川地形全部描绘下来，派人送到长安。

李陵的任务本是侦察，却没想到遇到了匈奴的主力部队：单于亲自率领三万骑兵把李陵包围。

这是一次汉匈之间很反常的战斗：匈奴第一次用骑兵，去进攻汉朝的步兵。并且汉军已经深入匈奴腹地，还是在匈奴人最喜欢的秋天：可以说是匈奴占尽天时地利人和。

战斗的号角就此奏响。

李陵屯兵两山之间，用大车围成营寨，亲自率领士卒在营外列下战阵，前排手持戟、盾，后排手持弓、弩，并号令全军："听到鼓声就进攻，听到钲声就停止。"

匈奴看到李陵人少，又是步兵，觉得这场战斗没有多少难度系数。他们直扑李陵营地，李陵率军战斗，弓手乱箭齐发。匈奴纷纷应弦而倒，死伤惨重，只好退回到山上，李陵乘胜追杀，杀死数千人。

且鞮侯单于没料到李陵这么厉害，他又召集八万骑兵前来支援。

李陵带领部队且战且走，几天后来到一个山谷。汉军持续作战，士卒大多身带箭伤，仍顽强苦战。李陵规定，受伤三处的人坐在车上，受伤两处的人驾车，受伤一处的人继续战斗。

至于匈奴，军队数量是李陵的十几倍，不断地用车轮战术，也算是从实际情况出发。

然而，即便是在这样的不利条件下，李陵仍然杀了匈奴三千余人。

前文说过，匈奴擅长骑射，但并不习惯于骑兵冲击战术。面对汉军训练有素的步兵方阵，匈奴骑兵看得见，追得上，就是吃不下。李陵的军队纪律性极强，匈奴人又不会冲锋肉搏，才使战斗僵持不下。

且鞮侯单于这下碰了钉子，这么打下去，匈奴的伤亡率只会更高，他开始想别的办法。

四五天后，李陵撤退到一大片沼泽芦苇之中。单于令人在上风放火，想要烧死汉军，李陵也见招拆招，让部下放火烧光周围的芦苇以自救。汉军继续南撤，来到一座山下。单于抢先占据制高点，命令他的儿子率领骑兵向汉军发起进攻。汉军躲进了树林进行防守——在树林中，骑兵的机动性受到很大的限制，是步兵对抗骑兵最佳地形之一，汉军一战又杀敌数千。单于自己险些中箭，只好下山逃避。

汉军抓到了一些俘虏，盘问他们后，得知单于已经被打得怀疑人生了。俘虏告诉李陵，单于一直怀疑，汉军不停地把他们往南引，很可能是有伏兵。其他的部落首领都说，咱们几万人还拿不下汉朝几千人，以后还怎么号令边臣！汉朝也会更加轻视我们。这个山谷距离平原还有四五十里的路，如果到了平原还打不赢，我们再走也不迟。

匈奴已经开始打退堂鼓了，只要汉军能再坚持几天。

匈奴发起了最后的冲击，一天进攻十多次，又阵亡两千多人。越打越没信心，匈奴准备撤退，李陵已经看到了胜利的曙光。

上天刚刚给他开了一扇门，又关闭了一扇窗。历史的诡异也正在于此。

谁也没想到，一个叛徒的出现改变了战局，改变了李陵的一生。

李陵军中有一个叫管敢的军候，向匈奴投降了，原因是他受到校尉的欺负。他向匈奴透露了李陵的实情：汉军并没有后援，箭矢也即将用完，只有李陵和韩延年所属部队各八百人在前面开路，用黄旗和白旗作为标志。只要杀死他们，汉军立即就可击破。

这个消息无疑像是给了原本颓靡的匈奴注射了一针强心剂。

得知李陵已是强弩之末，匈奴毫无忌惮地展开围攻，同时大声呼喊："李陵、韩延年快快投降！"汉军已经没有多少武器了，只能砍下车的辐条拿在手中做武器，军官们也只有短刀。匈奴在山上将巨石滚入谷中，汉军死伤惨重，已经无法继续战斗。

黄昏时候，李陵独自出去，想找机会袭击单于，这也是绝境中没有办法的办法，单于又不傻，岂能让李陵成功？李陵回来后，仰天长叹，徒呼奈何。他明白，天亮之后他们只有死路一条。只有趁着半夜四散逃亡，才会有一线生机。

夜里，汉军偷偷逃亡，被匈奴所察觉。

匈奴立刻派出数千骑兵追击，韩延年战死后，李陵被迫投降。最后只有四百余人逃回了汉朝。韩延年是韩千秋的儿子，韩千秋在征南越时，遭到了吕嘉的伏击而阵亡。

🐉 归易耳，丈夫不能再辱

李陵距离汉朝的边塞已经只有一百多里了，边塞的守军也得到了消息，但是没人敢来救援。

汉武帝知道李陵投降后，非常生气，大臣们也顺着汉武帝的脾气指责李陵。汉武帝问司马迁如何看待这件事情。

司马迁肯定了李陵的人品，详细说明了李陵以少敌众的困难，认为李陵虽败犹荣，最后没有去死，是想再找机会报效国家。

此时的汉武帝正在刻意疏远卫家的势力，所以几次三番重用李广利。司马迁的话让汉武帝觉得他是在污蔑同样打了败仗的李广利，替罪臣李陵说情！汉武帝一气之下，给司马迁判了一个宫刑……

很久以后，冷静下来的汉武帝后悔了。李陵没有得到支援，这确实不能怪罪于他。汉武帝说："当时应该在李陵率军出塞时，再下诏书让路博德前去接应就好了。我却提前下了诏书，让路博德生出奸诈之心，不肯接应李陵。"

真的是路博德的问题吗？我们再来重新复盘下这件事情。

最开始，汉武帝不给李陵骑兵，想让李陵知难而退。李陵年轻气盛，立功心切，认为只要五千步兵就够，汉武帝就给了李陵五千步兵，让路博德半路接应。

路博德对此提出异议，认为秋天匈奴马肥，并不利于作战。希望来年春天再打。

《汉书》说路博德有私心，不愿给李陵当后卫，才这样对汉武帝说。

真的是这样吗？

我个人认为，这不过是史官们的猜测。

班固的证据无非就是事后汉武帝后悔的那句话。路博德反对秋季出兵，没有任何问题（季节性的原因，前文有详细的分析）。身为一员老将，路博德可能缺少李陵那股冲劲，但在实际作战经验上，却比李陵丰富得多，考虑的问题也会比李陵多。之前卫青、霍去病都是在春天和夏天取得的成功，这都是成功的经验。路博德建议明年春再出兵，这不仅不是坑李陵，反而是在保护李陵。

让所有人都没想到的，汉武帝自己给自己"加了很多戏"。

他把路博德派去西河防守，让李陵单独从居延出兵。汉代的西河郡在现在的内蒙古鄂尔多斯附近，居延在内蒙古额济纳旗附近，两者相距八百多公里。汉武帝这种安排可谓是匪夷所思，路博德根本不可能照顾到李陵，这等于李陵在完全没有后援的情况下，说得好听点叫孤军深入，说得难听叫送死。

退一万步讲，就算是路博德一开始不想当李陵的下手，但是你刘彻可是皇帝啊，无论路博德说什么，你硬让他去接应李陵，他敢不去？

李陵只用了五千步兵，就能和兵力数十倍于己的匈奴骑兵鏖战许多天，最后弹尽粮绝而败。汉朝没有对李陵有过一兵一卒的援助，和汉武帝的错误安排有着非常大的关系。秋天出征，兵力较少，没有后续援军，深入匈奴腹地无法及时撤回……

综合了诸多不利的条件，才导致了李陵最终的失败。

最后再说说李陵的结局。

李陵投降一年多后，汉武帝派公孙敖带兵深入匈奴解救李陵，公孙敖无功而返，他向汉武帝解释说是李陵教给单于防备汉军的方法，所以自己没能成功。汉武帝就把李陵全家都给杀了。

全家被杀对李陵的打击非常大，这件事一直耿耿于怀（李陵对苏武也提起过），他的幻想彻底破灭，从此开始，他再也没有效力于汉朝的打算。

后来汉朝派人出使匈奴，李陵就问起全家被杀这回事。得知原因后，李陵告诉汉使，是李绪所教，和他并没有关系。

李陵从此深恨李绪，最后派人暗杀了他。

当苏武回国后，掌权派霍光、上官桀也曾派人找到李陵，也劝他一起回来，李陵却予以拒绝。

"归易耳，丈夫不能再辱！"这或许是李陵最后一点尊严吧。

李陵最终死于匈奴，时在元平元年（公元前74年）。

〔附章〕 从巫蛊之祸，到轮台罪己诏

所谓巫蛊，是古代的一种巫术，大体上是找个木偶、木人，在上面写上某一个人的名字，巫师在祭祀中施加诅咒，使被诅咒的人产生灾难。"巫蛊之祸"是汉武帝晚年所发生的重大政治事件。

汉武帝晚年喜怒无常，开始疑神疑鬼，《资治通鉴》还给出了一个实例：在征和元年（公元前92年）的一天，汉武帝看到一个人带着剑进入了中龙华门，本着"总有刁民想害朕"的思想，汉武帝派侍卫捉拿这个路人甲，路人甲弃剑逃跑，侍卫没有追上。汉武帝立刻处死了掌管宫门出入的门候。

路人甲为什么能够带着剑进入中龙华门，又能够从容逃脱？是真有其人，还是汉武帝头脑已经不清楚了，疑心太重？

巫蛊之祸很大程度上和汉武帝晚年的这种性格有关。

十一月，巫蛊之祸第一阶段正式展开。

起因是丞相公孙贺的儿子公孙敬声擅自挪用军费，被逮捕归案。公孙贺跑到汉武帝面前，给儿子求情。当时汉武帝在抓捕一个叫朱安世的人，长安城全城通缉。朱安世有什么来历，犯过什么事，究竟是不是刚才那个路人甲，史书都没有交代。

总之，汉武帝很着急，一直在抓，但就是抓不到这个人。公孙贺希望由他来主持抓捕行动，用来将功折罪。没过多久，朱安世还真被公孙贺给逮着了。

朱安世冷笑道："丞相全家都要遭殃了。"

在监狱中，朱安世举报公孙敬声与阳石公主私通，并在皇帝的甘泉宫的驰道里面，埋了木偶人，巫蛊诅咒皇帝！

汉武帝对此非常重视，他调来三辅地区的骑兵对上林苑展开全面搜查，并封锁长安城。十一天后，才解除戒严。究竟有没有查到直接的罪证我们不得而知，汉朝官方给出的消息是确实有。

因为"证据确凿"，公孙贺父子都死于狱中，满门抄斩，诸邑公主、阳石公主、卫青的儿子长平侯卫伉也受此牵连被处死。

这件事疑点重重，匪夷所思。驰道是专门给皇帝所行的道路，怎可在这底下挖出木偶人？除非是修驰道的时候顺手埋下去的，否则不可能有时间作案。而最关键的是，朱安世又怎能知道这种机密？

究竟有没有找到罪证，不过是皇帝一句话的事。我们更应该注意的是，这个案子所牵连的人。

诸邑公主、阳石公主的生母是谁，史书没有记载，颜师古注云："二公主皆卫皇后之女也。"卫青的儿子卫伉，是卫皇后的侄子。公孙贺与卫皇后没有血缘关系，但是公孙贺的老婆是卫皇后的姐姐。

似乎，汉武帝是在打击卫家的势力。

公孙贺父子被杀后，巫蛊之祸非但没停息，反倒有愈演愈烈之势。

说来也好笑，皇宫里的女眷不断地被查出私藏木偶人，而她们的初衷，只是想着怎么避祸，没成想此举却为自己招来了杀身之祸——这种东西一旦被查出来，根本没法解释。

此案中，被处死的妃嫔、宫女以及受牵连的大臣多达数百人。

有一天，汉武帝在睡午觉的时候，梦到了数千个木偶人拿着木棍要来他打。这突如其来的噩梦把汉武帝惊醒，从此身体每况愈下，记忆力也不如以前。这场噩梦使汉武帝坚定不移地认为，是背后别有用心的人使用巫蛊作祟。

这个时候，有一个人察觉到了汉武帝的苦恼，他上奏汉武帝，说汉武帝被巫蛊所诅咒，希望皇帝批准全城彻查。

这个人，叫江充。

江充早年的发迹还是靠他的妹妹，他的妹妹能歌善舞，嫁给了赵王刘彭祖的太子刘丹，而江充也因此被赵王刘彭祖所赏识。后来刘丹觉察到江充这个人不简单，总是在打探自己的秘密，刘丹就怀疑江充是他父亲派来监视自己的，于是打算杀了江充。

江充也有所警觉，一溜烟跑到了长安，刘丹就把江充的父亲和兄弟杀死了。

江充向汉武帝揭发刘丹的秘密：与同胞姐姐和赵王的后宫有不伦的行为，勾结地方上的黑恶势力，为非作歹。汉武帝大怒，处死了刘丹。

从此江充成了汉武帝身边的红人，他的胆子也变得越来越大。

在权贵们的眼里，江充属于典型的恩倖：没有任何的家族背景，在朝廷上也没有什么关系网，只凭皇帝一个人在给他撑腰罢了。江充也具备恩倖的所有的特点：喜欢搞事情，除了皇帝谁都不怕，最后让除了皇帝之外的所有人都怕他。

什么贵戚子弟、馆陶长公主、太子刘据，江充统统得罪了一遍，他这种"大公无私"的精神也得到了汉武帝"人臣当如是矣"的赞许，从此江充"大见信用，威震京师"。

由于江充得罪的人太多了，大家都盯着他看，等着他犯错。果然，后来江充还是被人抓到了把柄，被弹劾免职。

江充就是这样的一个人，有了权力，他就狂，不会给任何人留面子，也不会考虑给自己留条后路。直到他失势后，他才开始担心起自己的未来。

因为得罪过太子刘据，江充担心刘据以后当了皇帝会对自己"秋后算账"。怎么办呢？自从公孙贺巫蛊事件爆发后，汉武帝的精神状态越来越差，江充认为机会来了。

他要利用这次巫蛊事件，把太子整下台。

第二阶段的巫蛊之祸，正式开始。

江充一心要把事态扩大化，他带领着胡人巫师在长安城内到处挖掘地底下的木偶，抓捕夜间祷祝和自称能见到鬼的人。他又在一些地方泼上血污，假造祷祝现场，陷害别人，如果不招供，就用烧红的铁钳作为刑具，强行逼供，屈打成招。

一段时间下来，长安城人心惶惶，大家纷纷诬陷仇家在搞巫蛊。凡是被认定有巫蛊行为者，一律被弹劾为大逆不道，数以万计的人死于非命。

江充把巫蛊弄得人尽皆知后，就把矛头对准了皇宫。他指使胡人巫师檀何对汉武帝说："宫中有蛊气，现在不把这蛊气除去，陛下的病就一直不会好。"

汉武帝早就怀疑身边的人在搞巫蛊，巫师的话正合他的心意。于是他安排了按道侯韩说、御史章赣、黄门苏文等人一同协助江充调查。

江充依次搜查了被汉武帝冷落的妃子，随后又把皇后和太子的宫殿挖了个底朝天，连放床的地方都没有了。江充扬言说，在太子宫中找到的木头人最多，丝帛上也写了一些大逆不道的字，他应当禀报皇帝。

江充终于找到了"罪证"，他的目的终于实现。

太子慌了，赶忙问少傅石德该怎么办。石德是太子的老师，他很清楚如果太子倒台，自己也不会有什么好下场，两人有着紧密的利益关系。

石德不愿坐以待毙，他劝太子假传圣旨，先下手为强，干掉江充。真要是任由江充胡来，前面死去的公孙贺父子、两位公主以及卫伉可都是前车之鉴，如今江充说是找到了木偶，无论是不是栽赃陷害，已经解释不清楚了。

这招不可谓不险。

汉武帝正在甘泉宫养病，并不在长安（西汉甘泉宫位于陕西省淳化县的甘泉山南麓），石德的建议有一定的操作空间，不过这也完全是一个临时想法。杀了江充以后再怎么办，如何才能全身而退，石德都没有考虑到。擅自在皇宫杀人，风险性太大，一旦中间的环节出了问题，这可就是一条不归路。

太子也没有过多的周密考虑，仓促之下，他发动门客皇帝使者，逮捕了江充等人。按道侯韩说对使者的身份表示怀疑，不肯接受诏书，被太子门客杀死。江充怎么也想不到，自己竟然会死在被逼急的太子手上，江充手下的胡人巫师也被烧死在上林苑中。

杀了江充，尚且算是自保。而太子后面的操作，就有些让人看不懂了，他到底想干啥？

太子派侍从门客无且乘夜进入未央宫长秋门，通过长御女官倚华把一切都报告卫皇后，然后打开武器库拿出武器，又发动长乐宫的卫卒，开始作乱，长安城变得混乱不堪，太子造反的谣言也不胫而走。协助江充调查巫蛊的苏文逃出长安，跑到甘泉宫把事情都告诉了汉武帝。

汉武帝派丞相刘屈氂平叛，仅用了五天，太子的党羽就败下阵来。太子逃出城后，躲藏在一户卖鞋的人家里，后来消息走漏，眼见追兵赶来，太子万念俱灰，自缢而亡。

我很费解太子的举动。

我们可以拿唐初非常著名的玄武门之变来做对比：李世民发动兵变，杀死了太子李建成与李元吉，然后直接带兵进宫，逼迫皇帝李渊立自己为太子，两个月后李渊让位，李世民登基为帝。

请注意几个关键词，"进宫""逼迫""让位"。这表明，李世民有很明确的政治诉求。反过来，看看太子刘据。

杀了江充等人后，他本可罢手，但却搞出后来的事情。明知道汉武帝不在长安，无法逼迫其让位，发动兵变的意义何在呢？

这是一场没有赢家的浩劫，汉朝损失惨重：因为太子谋反，卫皇后自杀；太子的三个儿子一个女儿以及太子府诸人尽数被处死，只有刚刚出生几个月的孙子刘病已（后来的汉宣帝）逃过一劫；太子的门客，在这期间出入宫门的，一律处死；跟随太子起兵的，一律按谋反罪灭族；被太子胁迫的各级官吏和士兵，一律流放到敦煌郡；数万人在太子与丞相在长安城里的战斗中丧生，鲜血像水一样流进街边的水沟……

剿灭太子立功受赏的人，觊觎太子之位的人，后面也都没有好下场。

可能是匈奴听到了巫蛊之祸的消息，在太子死后不久，连续两次劫掠汉朝边境。

汉武帝派贰师将军李广利率兵七万出五原，商丘成率兵二万出西河，马通率兵四万出酒泉，进行反击。

在李广利出征时，丞相刘屈氂亲自把他送过渭桥。

刘屈氂的来意不言自明，如今太子之位空缺，长安城内暗流涌动，各方势力暗中较劲，谁会成为最终的皇位继承人，其背后的政治势力无疑会得到最大的利益。

李广利嘱托刘屈氂，多多劝谏皇帝早日立昌邑王刘髆为太子。刘髆是李广利的妹妹李夫人所生，也就是李广利的外甥。李广利的女儿又是刘屈氂的老婆。只要昌邑王刘髆当了皇帝，李广利和刘屈氂必将权倾朝野。

这个道理刘屈氂自然明白，否则他也不会在剿灭太子叛乱的过程中那么卖力。

正当他们的如意算盘打得叮当响的时候，内者令郭穰把刘屈氂告了，说刘屈氂的老婆（也就是李广利的女儿）也在搞巫蛊，诅咒皇帝，还和李广利一起祷告昌邑王刘髆尽快当皇帝。

朝廷调查刘屈氂，还真查到了罪证。刘屈氂被关在囚车中，游街示众，最后腰斩，他老婆和儿子也被斩首，李广利全家被逮捕。

前线的李广利最开始打了一场胜仗，突然得到长安的消息后惊恐万分，他的第一反应是再打一场大胜仗，将功折罪，他深入漠北，强渡郅居水（今蒙古国色楞格河），遭遇了匈奴左贤王、左大将率领的二万骑兵，匈奴大败，左大将也阵亡了。

打了胜仗的汉军本应该高兴，但是长安的消息已经传遍全军，军心开始动摇：贰师将军到底想打到什么时候？为什么他一直要大家往北走？

长史与决眭都尉辉渠侯猜到了李广利的想法：他只是想着自己建功，全然不顾全军的安危。两人商量着策动兵变，李广利得到风声后，把这两人杀了，退守至燕然山。

人心散了，队伍也不好带了，单于亲率五万骑兵袭击李广利，李广利勉强顶住，双方死伤惨重。夜里，单于再次进攻，大败汉军，李广利投降。汉武帝知道后，杀害了李广利全家。

李广利是汉朝投降匈奴最高级别的将军，也是当时汉朝的一张王牌。最开始，狐鹿姑单于对李广利非常看重，甚至把女儿也嫁给了李广利，对他的尊宠超过了卫律，这招致了卫律的嫉恨。

一年多后（公元前89年），狐鹿姑单于的母亲病重，卫律贿赂了胡人巫师，巫师告诉单于，是已故的单于在天之灵生气了，以前就说抓到李广利就用来祭祀，为何现在还留着李广利？

单于对巫师的话深信不疑，李广利就这样被匈奴所杀。

李广利的兵败投降，可以说是巫蛊之祸的延续。

汉武帝长期栽培的李广利带着数万军队投降匈奴，这对整个汉朝来说，打击是巨大的。

汉武帝开始反思。

壶关三老以及田千秋先后上书，为太子鸣冤。随着越来越多受到巫蛊事件牵连的人，被证明是清白无罪，汉武帝也开始后悔，思前想后，他逐渐明白整个事件的来龙去脉，太子也的确是被诬陷的。

汉武帝开始报复：江充全家被杀，苏文被火活活烧死。迫害太子立功封侯的马通、商丘成、景建、张富昌、李寿五人在武帝最后的两年内，先后以不同的罪名处死。很明显这是在给太子含冤昭雪。

被李广利与刘屈氂支持的昌邑王刘髆，竟然也在这一时间而死，不得不让人产生一定的联想。

汉武帝修造一座"思子宫"，又在湖县建造"归来望思之台"，以表达对太子的哀思。

人死不能复活，世间也没有后悔药。对于这场巫蛊祸乱，最大的责任人还是汉武帝自己。

对太子刘据的态度，汉武帝的内心是极其矛盾的。

刘据的性格比较柔和，待人接物更为宽厚仁义，这与汉武帝自己的雄才大略，刑罚严厉格格不入。《资治通鉴》说刘据"性仁恕温谨，上嫌其材能少，不类己"，可能是每一个有才能有本事的父亲都希望自己的儿子能像自己，并继承自己的事业有所超越。

看到自己的继承人不像自己，汉武帝很不是滋味。

这种事情西汉开国的时候也发生过一次。《汉书·外戚传》记载："太子（刘盈）为人仁弱，高祖（刘邦）以为不类己，常欲废之而立如意，'如意类我'。"刘邦也嫌弃太子刘盈（以后的汉惠帝）仁弱，不像自己，一度想废掉他，让像自己的刘如意取而代之。

后来由于政治阻力太大，刘邦才放弃换太子的打算。而汉武帝晚年立刘弗陵为太子，有一个非常重要的原因是刘弗陵像他。"钩弋子（刘弗陵）年五六岁，壮大多知，上常言类我"，可见，"像自己"是汉武帝选择继承人的一个重要的加分项。

汉武帝也清楚，帝国不能持续不断地扩张，人民也不能长久受苦，秦朝灭亡的教训仍然历历在目。同时，他也注意到了太子已经感到的恐慌，为此他告诉卫青，国家很多事情仍然处于草创阶段，并且还面临着匈奴的入侵。如果不变更制度，后代就没有准则，如果不打匈奴，天下就不会安定，所以现在只能暂时让老百姓受苦。但是，如果后代还像他这么去做，就是沿袭"亡秦之迹"。太子"敦重好静"，想找一个"守文之主"，哪还有比太子更合适的人？

看吧，大道理汉武帝都懂，所以汉武帝的内心是极其矛盾的。朝中的大臣也分成了两派，"宽厚长者"的守文派都喜欢太子，"深酷用法者"则顺着汉武帝的政策，用刑严酷。平时诋毁太子的人也越来越多。

武帝晚年有没有更换太子的想法？从目前现存的资料来看，我们无法得出结论。另外，汉武帝晚年疑神疑鬼，他的想法也不能用正常人的思维去判断。总之，汉武帝与太子刘据的确长期存在着性格上和政策上的矛盾，汉武帝也一直都在打压着以卫皇后和太子为代表的卫家势力。

巫蛊之祸的后三年里，备受打击的汉武帝意志开始消沉，他深为内疚。

征和四年（公元前89年），汉武帝封禅泰山。在祭祀地神的时候，他向群臣表示悔过之意，并宣布废除一切劳民伤财的事情。

对于频繁打仗，汉武帝也很后悔。以桑弘羊为首的群臣向汉武帝建议，招募民间敢于远赴边塞的壮士，去西域的轮台地区实行屯田，从而可以进一步修筑亭燧，并逐渐向西延伸，以此来威慑西域。

对此汉武帝不仅没有答应，还借这件事发布诏书，公开检讨自己的过失。

诏书的内容很长，大体讲了四件事情。

第一，之前有大臣建议增加每个百姓三十钱的税赋，用于边防；最近又有人提议派百姓去奔赴轮台屯田，开发西域，这是劳民伤财之举，汉武帝予以否决。

第二，大鸿胪等人建议招募囚犯护送匈奴使者回国，趁机刺杀单于。这种行为是春秋五霸都不肯做的，汉武帝予以否决。

第三，派李广利出征匈奴，是汉武帝轻信了方士、巫卜所算的卦象，最后的失败让他很痛心。

第四，全国休养生息，废除苛政暴政，发展农业，鼓励养马。

从此，汉武帝再也没有发起过战争，汉朝开始由攻转守。

两年后（公元前87年），汉武帝驾崩。

关于汉武帝的一生，可以说是功过各半。

首先，他是一个雄才大略的帝王。他在位期间，向南平定两粤，震慑西南夷；向西征服西域；向北一举扭转了汉朝前期向匈奴和亲纳贡的被动的政治形势，从根本上改变了双方军事上的格局，使匈奴"漠南无王庭"，匈奴遭到了沉重的打击。汉武帝为汉朝开疆拓土，威震四方，这些功劳都是应该肯定的。

同时，我们也应该注意到，汉武帝长年战争也给汉朝的社会带来了沉重的灾难。汉武帝晚年，"大群至数千人，擅自号，攻城邑，取库兵，释死罪，缚辱郡、守都尉，杀二千石，为檄告县趣具食；小群以百数，掠卤乡里者，不可胜数也。"民不聊生，苦不堪言，反战、厌战的情绪高涨，而汉武帝依然穷兵黩武，"师旅之费不可胜计"，加重了百姓的负担。于是更多的人变成流民，逃避无休无止的兵役和税赋，最后与汉朝为敌。《汉书·五行志》总结道："先是二年，遣五将军三十万众伏马邑下，欲袭单于，单于觉之而去。自是始征伐四夷，师出三十余年，天下户口减半。"从马邑之围开始，连续三十多年的南征北伐，不仅打光了"文景之治"所积累的财富，还将民力用尽，造成了严重的社会危机。

巫蛊之祸，使统治内部混乱不堪，整个国家开始动荡，军队也因此无法集中精力打仗。李广利的投降，就与巫蛊之祸有着直接的关系。而李陵的投降、李广利在天山的失败、赵破虏被俘，则更多的是汉武帝自身下达了很不合理的部署，导致了军事上的失败。

司马光认为，汉武帝穷奢极欲，使天下疲敝不堪，有"亡秦之失"而最后免于"亡秦之祸"，是因为他具有一个优秀帝王的素质：懂得治理国家，喜好贤才，赏罚分明，能接受忠臣进谏，晚年也能够知错能改，勇于承认过失。

应该说温公的评价，算得上公正客观，汉武帝能够有如此功业，绝非等闲之辈所能做到，他"晚节不保"的行为，我们也应该理性看待。

汉武帝驾崩后，八岁的小儿子刘弗陵即位，是为汉昭帝。

第十六章
匈奴始衰

频繁更改继承人

汉朝内耗，元气大伤，匈奴是否趁机吹响了反攻的号角呢？

并没有。

在这一时期，匈奴内部的政治斗争也开始加剧。现在，我们把视角重新转移到匈奴身上，来看看匈奴是如何一步步走向了衰弱。

匈奴的且鞮侯单于还是有一定作为的。他在位不到六年的时间里，扣押苏武，多次击败李广利，降服李陵、李绪。这是一张非常出色的成绩单，与汉武帝长年交手，匈奴很难讨到便宜，且鞮侯单于的表现近乎完美。

可惜他的寿命并不长，于公元前96年去世。

且鞮侯单于的正室阏氏生了两个儿子，分别担任了左贤王和左大将。侧室的一个儿子担任了左大都尉。左大都尉很有能力，阏氏担心且鞮侯单于不立自己的儿子，就派人刺杀了左大都尉。左大都尉的同母哥哥对此非常恼火，从此不参加单于王庭的朝会。

在匈奴的制度里，左贤王是单于第一顺位继承人，地位也是仅次于单于，单于也通常会让自己最中意的儿子担任左贤王。且鞮侯单于临终前，也是按照惯例让左贤王为继任单于。

不知道什么原因，左贤王没有来。匈奴的其他贵族怀疑左贤王病重，于是推举左大将为新任单于。左贤王听说后，就更不敢到王庭。

左大将并不贪恋权力，他更看重他们兄弟间的亲情。左大将派人召唤自己的哥哥左贤王，要让位于他，左贤王称病不来。左大将再次派人传话："如果以后你死了，不妨再传位给我！"左贤王这才答应，成为新一任的单于，也就是之前所提到的狐鹿姑单于。

狐鹿姑单于在位十年，他降服李广利，并在汉武帝死后（公元前87年），趁机入侵劫掠汉朝边境。而汉朝从武帝晚年开始就改变了对外政策，不再进攻匈奴，狐鹿姑单于的统治也变得安稳起来。

狐鹿姑单于死于汉昭帝始元二年（公元前85年），围绕着继承人的问题，匈奴再次爆发争端。

狐鹿姑单于即位之时，就封左大将为左贤王，以此来报答弟弟的谦让。几年之后，左贤王就病死了。狐鹿姑单于不得不重新选择继承人。是选自己的儿子，还是选弟弟的儿子？

狐鹿姑单于还是选择了自己的儿子为左贤王，把弟弟的儿子先贤掸封为日逐王。毫无疑问，日逐王的地位低于左贤王。

这其实也不是什么大问题，立自己儿子为继承人，不会引起多少争议，但问题在于，狐鹿姑单于在临终前，认为自己的儿子年龄太小，不能承担人任，遂改立自己的弟弟右谷蠡王为继承人。

无数历史经验告诉我们，这种频繁更改继承人的行为，是国之大忌。

狐鹿姑单于死后，卫律等人与颛渠阏氏隐瞒消息，假传单于命令，集合匈奴的贵族一起喝酒，趁机立了左谷蠡王为单于，也就是壶衍鞮单于。

这引起了左贤王和右谷蠡王的不满。左贤王是匈奴传统的"法定接班人"，右谷蠡王想必也知道了狐鹿姑单于立他为单于的谣言。他们俩打算带领部众投降汉朝，又怕自己力量薄弱，会在半路被拦截。

去不了汉朝，那就换个地方。他们胁迫卢屠王，打算与卢屠王一起投降西方的乌孙。卢屠王从来也没有幻想过自己哪一天能当单于，所以最后谁当单于，和他都没有多大的关系。人家生活得好好的，凭什么要跟着你们去投降乌孙？

卢屠王暗中把秘密告诉了壶衍鞮单于，壶衍鞮单于刚刚上位，也不想挑起内战。他派了一个人前去询问，右谷蠡王恼羞成怒，不仅对自己的阴谋拒不承认，反倒把背叛的帽子扣在了卢屠王头上。

群众的眼睛是雪亮的，大家都知道这是在诬陷卢屠王。左贤王和右谷蠡王也知道自己的阴谋败露，也不想自讨没趣，就离开了王庭，回到了自己的辖地，不再参加每年一次的龙城祭祀大典。

《资治通鉴》在这里评价道："匈奴始衰。"

两次骚扰汉朝

对于内部的分裂，壶衍鞮单于勉强可以接受，匈奴贵族间的矛盾，还没有大到兵戎相见的地步。他更担心的是，汉朝趁机来打匈奴。

该如何防备汉朝呢？卫律提出在边境挖井筑城，修建谷仓，用汉朝的防御方式抵御汉朝。

匈奴本是游牧民族，逐水草而居，没有固定的住所，也自然没有粮仓水井等生活必需品。壶衍鞮单于同意卫律的建议，但是具体实施起来，匈奴人一百个不愿意。卫律刚打了几百个井，砍了几千棵树，还没建成，就有人撂挑子了。

他们的理由很简单：我们匈奴人根本不会守城，在城里屯了那么多粮食，最后说不定会被汉朝全部抢走，这样干有什么意义？

卫律只好作罢。

筑不了城，那就主动示好汉朝吧。苏武等人就是在这个时候，回到汉朝的。

除了释放使者，卫律还主张重新和亲，由于匈奴贵族的反对意见比较大，和亲的事宜一直以来也就没有实质性的进展。

和亲也和不了，那就打吧。苏武回归后仅仅一年，匈奴分兵四路，共二万人，同时入侵汉朝，汉朝打得得心应手，没有多少损失不说，还斩获九千多人，生擒瓯脱王。

壶衍鞮单于担心瓯脱王会把汉兵引来，于是继续向西北迁徙。如此一来，汉朝东北方的草原，便已脱离了匈奴的控制。

很快乌桓人来到了这里，在被匈奴压制了许久后，他们又一次登上了历史的舞台。而匈奴人的生存环境则进一步被压缩，卫律也在这时候死了。

痛定思痛，看到匈奴日渐衰弱，壶衍鞮单于的弟弟左谷蠡王回想到卫律说过和亲的好处，决定努力一把。他担心汉朝不肯答应，被拒绝会很没面子。所以每当汉朝使者过来时，左谷蠡王总是疯狂暗示，对汉使的招待也很热情。双方的关系似乎又缓和一些。

但是好景不长。没过多久，左谷蠡王也死了。

第二年，匈奴又开始入侵汉朝边境——和亲的事宜再次搁浅。

这次战争的起因是壶衍鞮单于派犁汙王侦察汉朝边境，看看有没有突破口。犁汙王巡视一圈后，说酒泉、张掖的守备变弱了，可以试探性地打一下，说不定能拿下。

不知道壶衍鞮单于是不是过于"天真"，他真的就试探性地打了一下。怎么个试探性呢？他给了右贤王、犁汙王总共四千人，这或许是匈奴有史以来，出动军队最少的一次。

四千人就想拿下汉朝的两个边郡？这不是来搞笑的吗？

另外，我极度怀疑犁汙王的侦察是在敷衍了事。匈奴西迁，则会更加靠近酒泉、张掖，以及乌孙等国，汉朝不可能不知道这些地方的重要性。酒泉、张掖的守备怎么可能会比以前弱呢？

汉朝提前抓到了匈奴人，获悉了这一情报。酒泉、张掖的守备也变得非常充分，结果也可想而知。三千多匈奴人的尸体留在了战场，只有几百个跑了回去，犁汙王也阵亡了。

第二年，匈奴又派三千人进攻五原。

这一次，匈奴终于打了场胜仗——"略杀数千人"。而后又派数万人打猎，由于汉朝边境防备日趋完善，烽火台随时可以点燃，匈奴想要抢掠人口和粮食，也变得困难重重。

两次骚扰汉朝，总共才七千人，只能说明壶衍鞮单于所能动员的军队很有限，匈奴已经无可挽回地走向衰弱。

🐲 四面受敌

壶衍鞮单于在位期间，匈奴四面都受到了不同程度的打击。

南面的汉朝自不必说。

东边的乌桓人，看到匈奴没落之后，也开始主动挑衅。

乌桓属于东胡，在冒顿单于时期，匈奴一举征服乌桓，从此开始对其的长期压迫。乌桓每年都要向匈奴进贡牲畜，否则他们都会成为匈奴的奴隶。霍去病在漠北之战后，把乌桓人迁到了上谷、渔阳、辽东、辽西、右北平五郡之外。一则可以保护东部五郡，起到缓冲的作用；二则可以让乌桓人监视匈奴的动向。不过汉朝对乌桓人并不放心，除了设置乌桓校尉之外（为了监视乌桓），还要求乌桓大人每年都要来朝见皇帝一次。

随着匈奴西迁，乌桓人逐渐强大起来。为了发泄对匈奴的怨气，他们把匈奴的祖坟给挖了。壶衍鞮单于当然不能容忍，他发动二万人东征，实施报复。此时的汉昭帝年龄比较小，军国大事都由霍光主持。霍光得知消息后，想发兵阻截匈奴，于是就向赵充国征求意见。赵充国认为没必要掺和这种事情。现在边境难得没有战事，他们互相攻击，咱们没必要再去惹是生非。没有得到支持的霍光并不甘心，他又去问中郎将范明友，范明友赞同进攻。霍光给了范明友二万骑兵，嘱托他打完匈奴后，顺手收拾一下乌桓。

匈奴打着乌桓正在兴头，听说汉朝出动，头也不回地撤军了。范明友找不到匈奴人，只好拿乌桓开刀。乌桓本来就受到了匈奴的打击，气还没喘上一口，哪里挡得住汉军的进攻？范明友一战就击杀六千乌桓人以及三个乌桓的首领。

史称"匈奴由是恐，不能出兵"。表面上，汉朝一举两得，既打击了乌桓，又震慑了匈奴，使其不敢出兵。从长远看，实则并不是一个多么好的结果——从此乌桓与汉朝的矛盾公开化，乌桓多次侵扰汉朝的东北方，汉朝不得不花费精力对付乌桓。

此时的汉朝对西域的控制大大加强，匈奴想从乌孙身上寻求突破。之前汉朝与乌孙和亲，细君公主与解忧公主先后远嫁乌孙。这次壶衍鞮单于向乌孙索要解忧公主。解忧公主当初嫁给了乌孙的昆莫军须靡，军须靡死后，传位给他的弟弟翁归靡，按照乌孙的习俗，解忧公主也就改嫁给翁归靡。解忧公主与翁归靡感情和睦，生了三男两女。对于匈奴的无理要求，翁归靡断然拒绝。壶衍鞮单于以此为借口，入侵乌孙。

解忧公主立刻给汉昭帝写信求援，恰逢汉昭帝病逝，这件事情就被耽搁了下来。匈奴趁机拿下了车延、恶师地。解忧公主与翁归靡再次求援，刚刚即位的汉宣帝派出五路军队，共十五万人进攻匈奴，同时派常惠（就是前面和苏武一同出使匈奴又归国的那位）出使乌孙，对其进行动员，乌孙翁归靡也率领五万骑兵，进攻匈奴。

匈奴急忙收缩避战，汉朝五路军队都没有找到匈奴主力，因此收获并不大，反倒是乌孙翁归靡与常惠打到了匈奴右谷蠡王的王庭，俘虏单于父辈贵族及单于嫂子、公主、名王、犁汙都尉、千长、骑将及以下总共四万多人，缴获了马、牛、羊、驴、骆驼等牲畜七十多万头，乌孙发了一笔横财。匈奴百姓与牲畜在逃亡途中死伤不可胜数。

匈奴对乌孙恨之入骨。

这年冬天（公元前71年），壶衍鞮单于亲自率领数万骑兵袭击乌孙，俘虏了不少老弱的百姓。屋漏偏逢连夜雨，匈奴退兵的时候，下起了罕见的大雪，一天之内，雪的厚度超过了一丈（汉代一丈约为二百三十厘米），无论是人，还是牲畜，基本都冻死了，能够幸运活着回去的人还不到十分之一。

北方的丁零人也开始趁火打劫，西方的乌孙，东方的乌桓，三家联合总共杀死了数万匈奴人，加上逃难饿死的，匈奴总人口减少了十分之三，牲畜损失十分之五（不知道这个数据《汉书》是怎么统计出来的），四面受敌的匈奴遭到了前所未有的打击。

在匈奴最为艰难的时候，壶衍鞮单于撒手人寰（公元前68年），匈奴内部再一次陷入动荡。

第十七章
五单于争立

昏招连连，难以服众

壶衍鞮单于死后，他的弟弟左贤王即位，称虚闾权渠单于。

前文说过，壶衍鞮单于能够当上单于，主要是卫律与颛渠阏氏的功劳。他们擅自更改狐鹿姑单于的决定，立了壶衍鞮单于。如今虚闾权渠单于即位后，可能是嫌弃了颛渠阏氏年老色衰（壶衍鞮单于在位十七年），不仅没按匈奴的传统收继颛渠阏氏，反而将其废黜，又立右大将的女儿为阏氏。

对此颛渠阏氏和她的父亲左大且渠（与右贤王、右大将一样，都是匈奴的官名）不高兴了，不知何时又搭上了右贤王屠耆堂，时刻等待机会东山再起。

这一年，匈奴又遭遇了严重的饥荒，人民、牲畜死亡率达到十分之六七。原先被匈奴抢掠来的西方小国与部族的数千人趁机起义，他们突破匈奴军队的拦截，驱赶着自己的牲畜归降汉朝。

内忧外患下，匈奴无力再入侵汉朝，汉宣帝养民保境，也没有主动挑起战争，倒是北方的丁零人连续三年劫掠匈奴，在公元前60年，虚闾权渠单于病重吐血而亡。

右贤王参加完龙城大会准备离开时，颛渠阏氏提醒他单于病重，劝他不要走太远。几天后，虚闾权渠单于病逝。可能是单于没有立下指定接班人，一直在单于身边的郝宿王刑未央派人召唤诸王，商议单于位置的归属。

近水楼台先得月，诸王尚未赶到，右贤王屠耆堂迅速控制了局面，颛渠阏氏与她的弟弟左大且渠都隆奇立右贤王为单于，称握衍朐鞮单于。

握衍朐鞮单于拙劣的表演，导致了匈奴的分裂。

他知道自己是强行夺位，并不能服众。

该怎么办呢？

他的后续操作，也证明他的确没有什么政治头脑，大家不服他不是没有原因的。

我们来看看他统治期间的昏招。

第一，刚一上位，握衍朐鞮单于就开始政治洗牌，像刑未央这种虚闾权渠单于时期的大臣，通通都被处死。虚闾权渠单于的近亲也被他全部免去职务，让自己的人取而代之，尤其是颛渠阏氏的弟弟左大且渠都隆奇，备受重用。

第二，由于受到了打压，虚闾权渠单于的儿子稽侯狦，逃到了他的丈人乌禅幕那里。乌禅幕本来是个小部落的首领，被邻国打得生存不下去了，才投降的匈奴，狐鹿姑单于对他不错，还把日逐王的姐姐嫁给了乌禅幕。这个稽侯狦，就是后来被乌禅幕拥立的呼韩邪单于。

第三，日逐王率领自己的部众投降汉朝。这个日逐王，就是前文所说的狐鹿姑单于弟弟的儿子。当年日逐王的父亲让位给他的哥哥做单于，他的哥哥（也就是狐鹿姑单于）即位后，答应了让他的弟弟当继承人，没想到他的弟弟先死了，狐鹿姑单于封他的侄子为日逐王。日逐王本来就与握衍朐鞮单于不睦，看到握衍朐鞮单于任人唯亲，排挤旧臣后，也明白自己在匈奴不会有什么前途了，索性就投降汉朝。

握衍朐鞮单于立自己的表兄薄胥堂为日逐王，并在第二年就杀死了原日逐王的两个弟弟。乌禅幕向握衍朐鞮单于求情，握衍朐鞮单于并不理会，坚持杀死了他们，这下彻底把乌禅幕给得罪了，乌禅幕愤恨不已。

第四，匈奴左奥犍王死了，握衍朐鞮单于立自己的小儿子为奥犍王，留在王庭。奥犍部落的贵族共同拥立死去的奥犍王的儿子为王，他们率领部众向东边迁徙。握衍朐鞮单于派右丞相去追击，损失了数千人，没能打过奥犍部落。

握衍朐鞮单于的作死行为很快丢掉了威望（虽然支持他的人本就不多），史称他"暴虐杀伐，国中不附"。太子和左贤王多次向握衍朐鞮单于说东部地区贵族的坏话，东部地区的贵族对这两个人也很恼火。

综上看来，短短的两年时间里，匈奴王庭被握衍朐鞮单于搞得乌烟瘴气，离心离德。匈奴内部积聚长久的矛盾，终于如同火山一样喷涌而出。

🐉 城头变幻大王旗

导火索是乌桓派兵袭击匈奴东部边疆的姑夕王，抢了不少人口。握衍朐鞮单于很生气，姑夕王害怕会被单于杀死，加上东部地区一直对王庭不满，姑夕王索性造反，他与乌禅幕以及东部地区贵族一同拥立之前跑来政治避难的稽侯狦为呼韩邪单于。呼韩邪单于本是虚闾权渠单于的儿子，法统上更为"名正言顺"。

他们发动四五万人向西进攻，目标直指握衍朐鞮单于。

匈奴内战，就此打响。

握衍朐鞮单于派兵迎战，两军还未交锋，握衍朐鞮单于的部队就四散而逃。此时此刻，已经没有人愿意再给他卖命，握衍朐鞮单于不得人心可见一斑。走投无路下，他只好向他的弟弟右贤王求救，右贤王表示：哪凉快哪待着去，千万别过来损害我名誉。

叫天天不应，叫地地不灵。握衍朐鞮单于自杀而亡。他的重臣都隆奇丢下了部众，一个人跑到了右贤王那里。

呼韩邪单于上位伊始，政治上还相当不成熟。他在王庭居住了几个月后就把军队遣散了，让大家各回各家，各找各妈。同时，他又忌惮右贤王，想策动右贤王身边的贵族杀死右贤王。

这样的做法很有问题：你想铲除右贤王，那就别遣散军队，无论是正面打过去，还是背后搞小动作。你把军队都遣散了，怎么来解决右贤王的问题？

知道消息后，右贤王与都隆奇拥立了日逐王薄胥堂为屠耆单于。兵贵神速，他们立刻出动几万人的兵力杀向了匈奴王庭，呼韩邪单于一时无法集结大量兵力，抵挡不住屠耆单于的进攻，只能败退。匈奴王庭又回到了屠耆单于的控制之下。

这个屠耆单于的政治头脑甚至还不如呼韩邪单于，他一边让日逐王的哥哥右奥鞬王与乌籍都尉各带二万兵力屯驻东方，防备呼韩邪单于，一边听信了呼揭王与唯犁当户的谗言，杀死了右贤王父子。屠耆单于能够当上单于，驱逐呼韩邪单于，多半是右贤王的功劳。右贤王本身在右部就有很高的声望。屠耆单于杀死右贤王，等于是自废武功。

很快，屠耆单于后悔了，右贤王无辜被戮，都是呼揭王与唯犁当户在从中挑唆。为此，屠耆单于却只杀了唯犁当户，并没有处理呼揭王。

此时的呼揭王会怎么想？他当然是害怕会和唯犁当户同样的下场！

呼揭王找了个借口，溜之大吉，并自称为"呼揭单于"。

右奥鞬王一看呼揭王反了，也跟着自称"车犁单于"。

乌籍都尉也不甘落后，自称"乌籍单于"。

加上屠耆单于与呼韩邪单于，总共有五位单于同时在位，这一事件，被称为"五单于争立"。

🐉 树欲静而风不止

大好的局面，被屠耆单于搞得四分五裂。

屠耆单于亲自去打车犁单于，让都隆奇去打乌籍单于。车犁、乌籍战败，向西投靠了呼揭单于，总共合并四万。为了表示合作诚意，乌籍、呼揭愿意去掉单于称号，共同辅佐车犁单于。屠耆单于留下左大将在东边防守，自己率领军队西征，再次击败了车犁单于，车犁单于向西北遁逃。

第二年（公元前56年），呼韩邪单于袭击屠耆单于的军队，斩获一万多人。屠耆单于亲自反击，没想到这次呼韩邪单于有备而来，之前屡战屡胜的屠耆单于兵败自杀，都隆奇带着屠耆单于的小儿子右谷蠡王投奔了汉朝，车犁单于也顺势向呼韩邪单于投降。

五单于争立告一段落。

树欲静而风不止，连续的动荡与内乱使匈奴元气大伤，精神涣散，贵族们之间的争权夺利，外部势力的不断蚕食，让匈奴人看不到摆脱困局的曙光。

左大将乌厉屈与他的父亲不愿在这继续受此折磨，偷偷投降汉朝追求荣华富贵去了。李陵的儿子又拥立乌籍都尉为单于，被呼韩邪单于剿灭，但呼韩邪单于的部众也只剩下了数万人。西边的屠耆单于的堂弟休旬王偷袭左大且渠，吞并他的部众，自称"闰振单于"；东边的呼韩邪单于的兄长左贤王呼屠吾斯也自称"郅支骨都侯单于"。

与前面的握衍朐鞮单于和屠耆单于的不断昏招相比，呼韩邪单于这次什么也没做，就回到了屠耆单于的局面，他也着实无奈。

所不同的是，这次反叛的两家不仅没有联合，反倒是他们先互相打起来了：西边闰振单于无视中间的呼韩邪单于，主动进攻东边的郅支单于，被郅支单于反杀，他的部队也被郅支单于所吞并。

郅支单于乘胜进攻他的弟弟呼韩邪单于，将其击败，匈奴王庭再次易主。

呼韩邪单于陷入了迷茫中，下一步该怎么办？他的对手郅支单于还会继续犯蠢搞内讧吗？

此时，左伊秩訾王建议，不如向汉朝称臣，只要得到了汉朝的帮助，就足以平定匈奴的内乱。呼韩邪单于拿不定主意，想听听其他人的意见。众位大臣嗤之以鼻，集体反对。

他们说："匈奴的风俗，都是崇尚武力，耻于屈服。我们是在马上打出来的国家，所以威名才传遍各国。战死沙场，马革裹尸，是壮士应有的归宿。现在你们兄弟争国，无论最后鹿死谁手，都是你们兄弟之间的事。即使战死，仍然会留下美名，子孙也可以在各国称雄。汉朝确实强大，但现在还不能吞并匈奴。向汉朝称臣？那会让历代先王蒙羞受辱，被各国耻笑。就算能得到安定，又怎能再统辖蛮夷各国！"

估计呼韩邪单于在心中暗骂：你才想死在战场，你全家都想死在战场。

左伊秩訾王反驳道："别做你们的大国梦了。国家的强与弱，是在不断地变化。现在汉朝强盛，西域乌孙等国都向汉朝称臣。匈奴从且鞮侯单于死后，一直在走下坡路，到如今一直在逞强，却未曾有过一天的安宁。现在向汉朝称臣，就能活下去；如果还要倔强，那就只有死路一条。还有什么更好的选择？"

众位大臣仍然不服。匈奴与汉朝打了一百多年，尽管有过惨败，但从来没有低过头。要让他们向汉朝称臣，是一件不可接受的事情。他们不会去思考现实的处境——大不了就是一个死，还能怎样？

第十八章
匈奴称臣

呼韩邪单于归附汉朝

并不是每个人都想去死，也不是每个人都想着随波逐流，没有政治抱负。

在他们吵得不可开交的时候，呼韩邪单于拍板决定，归附汉朝。

汉宣帝甘露元年（公元前53年），呼韩邪单于率领部众到达汉朝边境，派他的儿子右贤王铢娄渠堂到长安做人质。郅支单于也派自己的儿子右大将去汉朝当人质。两人出的底牌都一样，郅支单于不相信汉朝会去偏袒呼韩邪单于。

呼韩邪单于明白自己是弱势方，必须要拿出更大的诚意，才能赢得汉朝更多的支持。为此，他做出了一个让汉朝惊呼，让郅支单于气得直跺脚的举动——亲自来长安朝见皇帝。

不用说，郅支单于肯定是不可能效仿的。凭借这一点，呼韩邪单于就让汉朝很难不支持自己。

甘露二年（公元前52年），呼韩邪单于到达五原，向汉朝表示愿意在次年正月朝见皇帝。

此时权臣霍光已死，汉宣帝也铲除了霍家势力，独揽大权。得知单于主动要来朝见，汉朝极为重视，为此汉宣帝还和大臣们特地商讨了一番接待的礼仪——毕竟这是自汉朝开国以来，史无前例的事情。

丞相黄霸、御史大夫于定国认为单于应该和一般的诸侯王待遇一样；太子太傅萧望之以为，匈奴本来就不是汉朝的臣属，不应该用臣属的礼仪对待他。单于的位次在诸侯王之上。这样既可以显出汉朝的大度，又能笼络他。

汉宣帝最后采纳了萧望之的建议，对单于以国宾之礼相待，并且可以赞拜不名——拜谒皇帝的时候，只称臣，不用说出自己的名字。

呼韩邪单于来的路上，汉朝派出两千人，负责沿途的保卫。汉宣帝在甘泉宫接见了呼韩邪单于，赐予他丰厚的礼物。

不久后，汉宣帝登上长平阪（今陕西省泾阳县西南），允许单于的大臣列队观瞻，蛮夷各国的国君，各诸侯王、列侯总共数万人，全部来到渭桥下夹道迎接。

当汉宣帝登上渭桥的瞬间，所有人齐呼万岁——这是一个非常高明的政治宣传，西域各国无不知晓匈奴单于前来朝见的事情，汉朝的"国际地位"达到了顶峰。

一个月后，呼韩邪单于回国，他希望能居住在漠南的光禄塞下（五原郡以外兴筑的长城），如果出现紧急情况，也可以帮汉朝防守受降城。汉宣帝给了呼韩邪单于大量的粮食，又派董忠率领一万六千军队驻扎塞外，保护单于安全，顺便帮着单于征服不服从的势力。

相比而言，郅支单于就比较寒酸了，他只派人到汉朝进贡，汉朝照单全收，对使者也非常客气。似乎大家都还没有撕破脸的理由。

第二年（公元前50年），两单于不约而同地遣使进贡，汉朝明显更喜欢呼韩邪的人。

下一年（公元前49年），呼韩邪单于第二次来长安朝见皇帝，汉宣帝赐予他的礼物甚至多于第一次。

郅支单于不认为呼韩邪单于会对他构成威胁。他率军队西征，铲除了自称为"伊利目单于"的残余势力，吞并了他的部众。而后派使团去结交乌孙的小昆弥乌就屠，希望能够达成联盟。乌就屠原本是匈奴的公主所生，理论上，这层身份可令郅支单于对他高看一眼。

落花有意，流水无情。乌就屠想都没想就杀了郅支单于的使者，拿着人头到汉朝请功了——看吧，郅支单于心术不正，想偷偷地拉拢我对抗你们汉朝。

郅支单于不能容忍这种"背叛"行为，他亲自带兵找乌孙报仇，击败乌孙后，又接连降服乌揭、坚昆、丁零三个小国。郅支单于就停留在了坚昆（今叶尼塞河上游至阿勒泰一带）生活。

这年十二月，汉宣帝病逝，汉元帝刘奭即位。

🐉 引狼入室，自讨苦吃

汉元帝刚刚登基不久，呼韩邪单于又来上书哭穷，希望汉朝能够救济自己一下。汉元帝也很大方，拨给了呼韩邪单于二万斛的粮食。

看到呼韩邪单于与汉朝长年眉来眼去，郅支单于心里那叫一个酸，眼睛那叫一个红。自己明明对汉朝送了人质，送了贡品，不可谓没有诚意，却什么也没得到。反倒是自己的竞争对手，要钱给钱，要军队给军队，要粮食给粮食。就因为自己距离汉朝远，就没资格享受福利？

想到这一点，郅支单于实在气不过，他上书汉元帝，索要自己正在当人质的儿子。汉元帝欣然同意，派卫司马谷吉护送。

可以说汉朝已经仁至义尽了。郅支单于仍然怀恨在心，不仅不感谢谷吉，还把谷吉给杀了。

郅支单于也明白得罪汉朝的后果，正当他准备再次西迁，远走高飞时，康居国的使者来找上了门。

康居国大约在巴尔喀什湖与咸海之间，他们多次遭到了乌孙的侵扰。康居王召集大臣们商量对策，他们认为匈奴以前就是大国，乌孙是他们的附属国。现在郅支单于陷入了困境，瘦死的骆驼比马大，他再落魄也比乌孙要强。让郅支单于来到康居东部，可以合力消灭乌孙，与匈奴建立友好关系。

所谓敌人的敌人就是朋友，郅支单于正愁没有没盟友，加上他也怨恨乌孙，于是两家一拍即合，协议达成。

康居王带着盛大的团队迎接远道而来的郅支单于，以为自己终于找到了大腿。让他怎么也想不到的是，老天爷给他开了一个黑色的玩笑：郅支单于走了一条极为艰难的道路，很多人都在半路饿死冻死，到了康居后，只剩下了三千人。

不过康居王还是很讲契约精神的。郅支单于刚到，他就把女儿嫁给了郅支单于。郅支单于感激涕零，也把女儿嫁给了康居王——互换女儿，互相当对方丈人的操作，历史上貌似真的很少见。

郅支单于并没有让康居王失望。他借了康居王的兵，杀得乌孙丢盔弃甲，乌孙又不敢来报复，这使五千多里的地方都没有人敢居住。

康居王盘算着，既然没人居住的话，那就郅支单于过去住呗。

请神容易送神难，康居王想赶走郅支单于，郅支单于还不走了。他自恃打了几场胜仗，开始对康居王蛮横无理，康居王自然对他就没有那么好的待遇了——你小子在我的地盘撒野，还敢装大爷？

郅支单于可没那么好的脾气，他直接杀死了康居王的女儿及康居贵族、平民数百人，有的连四肢都被砍下，扔在了水里。这还不算完，郅支单于强行征发康居人给他建筑城垣，历时两年才完成。慑于他的淫威，大宛、阖苏每年都要去进奉贡品……

郅支单于反客为主，康居王有苦难言。

🐉 私立盟誓

谷吉被杀后，汉朝起初没有收到消息，后来听到投降的匈奴人在说谷吉已经遇害，但是怎么死的，并不确切。呼韩邪单于派使者来的时候，汉朝非常急切地向使者打听谷吉的下落。

第二年，汉朝派车骑都尉韩昌、光禄大夫张猛护送呼韩邪单于的人质儿子回去，顺便再打探谷吉的下落。为了防止呼韩邪单于瞒报，汉朝特地在这件事上赦匈奴无罪。

韩昌和张猛来到呼韩邪单于的领地后，发现呼韩邪单于的势力已经发展得有一定的规模了，周边的野兽也被他们打得差不多快没了。这两人一盘算，觉得呼韩邪单于已经不怕他的竞争对手郅支单于了。再加上一直有传闻呼韩邪单于的手下不停地在劝他尽早回到北方王庭。若是如此，那就等于放虎归山。

于是，韩昌和张猛做出了一个大胆的决定：与呼韩邪单于盟誓。

韩昌、张猛和呼韩邪单于以及他的几个重臣登上了诺水东山，杀白马为誓，将马血滴入酒中，再倒入之前用月氏王头颅做的酒器里，一起喝血酒发誓。

誓言的内容主要有四个。

第一，从现在开始，汉朝和匈奴就是一家人，双方世世代代不能欺骗对方，不能进攻对方。

第二，发生偷盗事件，就要互相告知，惩罚窃贼的罪行，赔偿对方损失的财产。

第三，有谁被第三方势力侵犯，对方就要出兵救援。

第四，汉朝和匈奴，如果有谁违背上述内容，就要受到上天的惩罚，子子孙孙都要受到灾难。

韩昌、张猛自作主张的盟誓，确实能给汉朝带来一定的利益，但是这个誓言说的问题实在是大。

呼韩邪单于用自己以及他的后代发毒誓，没有问题。韩昌和张猛呢？不仅不用自己的后代，反倒拿着别人的后代发毒誓，并且还是皇帝的后代，有这么发誓的吗？

哥俩回朝后乐呵呵地把事情说完后，便遭到了许多人的指责。大家都认为，呼韩邪单于并不会对汉朝构成多大的威胁，韩昌、张猛却私自拿汉朝皇帝的子孙和匈奴发誓，就等于给了匈奴诅咒我们的理由，让国家蒙受羞辱，绝对不可行。为今之计，应该立刻解除这个盟誓，惩罚他俩的罪行。

汉元帝对此也很无奈。既然都发了誓，再想反悔，则会影响汉朝的"国际形象"，韩昌和张猛的罪过也不是特别深重，让他们花钱赎罪。

因为立下盟约，呼韩邪单于就回到了北方，越来越多的匈奴人开始归附于他，加上郅支单于已经离开草原去了西域，没有人有实力挑起内战。匈奴国内也终于看到久违的生机。

第十九章
汉匈再度和亲

🐉 先斩后奏，陈汤征讨郅支单于

话说郅支单于在西域作威作福，弄得各国怨声载道，汉朝对此也有所耳闻。

为此，汉元帝先后三次派出使者，询问谷吉遗体的下落，但都被郅支单于所羞辱。而后郅支单于派人通过西域都护上书汉元帝，说自己的生活环境很艰苦，愿意归顺汉朝，并打算派儿子去汉朝当人质。

郅支单于对汉朝的态度越来越傲慢的原因，无非是康居距离汉朝太过遥远，他不认为汉朝能打过来。

可能他不知道，半个世纪之前，李广利还真就打到了康居，由于康居王主动配合交出了李广利追捕的郁成王，双方才没有发生军事上的冲突。

在汉宣帝年间，匈奴逐日王归降汉朝时，汉朝设立了西域都护，都护府在乌垒城（今轮台东北）。西域都护府的最高官员是骑都尉，相当于内地的郡守，秩比二千石，是汉朝在西域的最高军政长官，可以调动西域各国的军队，必要时甚至可以废立西域的国王。

此时的西域副校尉陈汤与西域骑都尉甘延寿经过一番讨论，达成了共识：如果现在任由郅支单于肆无忌惮地祸害西域，放任他把乌孙与大宛两国征服，那整个西域就会脱离汉朝的控制。为今之计，就应该趁着郅支单于还没做大做强之际，征发屯田的军队和乌孙的军队对其突袭，一举将其剿灭。

甘延寿非常赞同陈汤的这个计划，他打算上书汉元帝，征求朝廷的同意。陈汤表示反对，非常之人行非常之事，朝廷那帮庸才岂能理解？他们必然不会同意。

不经过朝廷的批准就直接去打郅支单于？甘延寿开始犹豫。

恰好此时，甘延寿病倒了，由陈汤代理自己处理事务。

史称陈汤"沉勇有大虑，多策谋，喜奇功"，他假传圣旨，征发西域各国军队以及车师戊己校尉的屯田部队。卧床养病的甘延寿听到消息后被立刻惊起，他第一反应是阻止陈汤这一疯狂的举动，却遭到了陈汤的严厉训斥：命令已经下达出去了，大军出动，不能无功而返，你还想阻止？

回过神的甘延寿也明白了，自己再想阻止也只是徒费力气。与其这样，不如顺着陈汤。于是，两人集合了四万多兵力，派人向朝廷上奏，自我弹劾以及承认假传圣旨之罪，并陈述自己不得已为之的理由。

奏章发出去的当天，大军开拔，分兵六路，浩浩荡荡地向康居国进发。

郅支单于的败亡

汉兵分别从南道和北道进发。

其中三路部队从南道越过葱岭，穿过大宛国，抵达康居，另外三路部队由甘延寿亲自带领，从北道经过乌孙国的都城赤谷城，经过乌孙境内，到达康居。

北道的军队刚巧碰到了康居的军队——康居国的副王带着数千骑兵劫掠赤谷城以东的地区，杀死以及抢夺数千乌孙人，无数的牲畜也成了他们的战利品。

估计康居是杀红眼了，他们嫌打乌孙没有难度，竟然主动来抢汉朝军队的辎重。陈汤立即组织反击，杀死四百六十人，夺回了四百七十个被抢走的乌孙人。活人还给了乌孙，所得到的牲畜，则成了汉军军粮。

进入康居境内后，陈汤严明军纪，禁止烧杀抢掠。康居国内有多人对郅支单于有意见。先后有康居的贵族屠墨和贝色子男开牟暗中投奔汉军，不仅向陈汤泄露了很多有关郅支单于的情报，还给汉军带路当向导。汉军在距离城池三十里的地方安营扎寨。

郅支单于派人来询问汉军的来意。

来意？你要问我来意？不是之前你说你要归附汉朝吗？我们这是过来接你和你的家人。

郅支单于绝料不到汉军真能打过来，使者来回传达了几次话之后，甘延寿和陈汤怒不可遏地责备匈奴使者："我们为了单于，不远万里到来，至今没看到匈奴的高级官员，哪有你们这么待客的？单于对这种大事怎么这么不上心？我们粮食都快吃完了，回去的恐怕都不够了，希望你们单于赶紧做出决定！"

当真没有粮食了？说着玩呢，这种军事机密，怎么可能轻易地告诉对方？

第二天，汉军继续向前推进，在距离城池只有三里的地方扎营，同时构筑阵地。汉军遥遥望见城上的五彩幡旗，城上的士兵全装甲胄，守备森严，又从城里冲出步兵骑兵各一百人，演练战斗。城上的人也没闲着，他们一直向汉军喊着"斗来"——你们快打过来啊！

见到汉军不为所动，城下的骑兵直接冲向了汉军营地。汉军所有的弓箭手拉开弓箭，对准匈奴骑兵，匈奴骑兵这才退回了城内。

看来郅支单于已经做好了充分的准备，那就手底下见真章吧！

甘延寿、陈汤下令总攻。

郅支单于所打造的城池是一座土城，其外另有两层坚固的木城。汉军攻城方阵井然有序地推进：拿盾牌的士兵在前，掩护后面的弓箭手，打击城楼上的守军。郅支单于亲自率领着他的十多位阏氏以及守军在城楼上射箭。汉军箭如雨下，守军抵挡不住，阏氏伤亡惨重，郅支单于鼻子中箭。

城楼是守不住，郅支单于带领着守军放弃城楼，跑到木城继续防守。木城的位置明显更适合防守，汉军死伤惨重。郅支单于似乎看到了一线生机。

但木城有一个巨大的弱点。

汉军纵薪放火，焚烧木城，这招杀伤力极其巨大。据统计，我们现代社会的重大特大火灾里死亡的人中，有百分之八十都是被浓烟呛死的。汉军不一定非要烧毁木城，也不指望把匈奴人活活烧死，单单浓烟就能让匈奴人无法持续在木城作战。

午夜，木城被攻破，匈奴守军退守土城，这是他们最后的一道防线。

康居的一万援军也在这时候赶到了，他们分散在城外，与城内的匈奴人配合，在夜色的掩护下多次冲击汉军，却悉数被汉军击退。天亮后，四面起火，汉军趁着火势，一举击溃康居人，随后四面围攻土城，将其攻克。郅支单于在乱军中阵亡。

汉军杀死的阏氏、太子、名王以下的匈奴权贵总共一千五百一十八人，生擒一百四十五人，一千多人投降。

甘延寿、陈汤长途奔袭三千多里，可谓疲惫之师。为何战斗仅仅用时不到两天，就能剿灭骁勇善战的郅支单于？

首先，匈奴人并不擅长防守。匈奴作为游牧民族，逐水草而居，从来都没有守城的经验。卫律曾经提出过修筑城郭，最后还是没能执行下去，守在城里的匈奴人，也无法发挥骑兵的机动性。反观汉朝，攻城从来都不缺乏经验与实战。匈奴人是在用自己的短处挑战汉军的长处，焉能有不失败之理？

其次，郅支单于与康居王并不同心。最开始，郅支单于怀疑康居人怨恨自己，会给汉朝当内应，所以他想的是"三十六计走为上计"。随后，郅支单于又听说乌孙等西域国家都派兵过来，自己也没有能去的地方，又觉得汉朝远道而来，不会长久。所以他逃出城后，又回来了，觉得自己能顶住汉朝的进攻。可惜他实在是高估了他的防守水平。

🐉 明犯强汉者，虽远必诛

"臣闻天下之大义，当混为一，昔有康、虞，今有强汉。匈奴呼韩邪单于已称北藩，唯郅支单于叛逆，未伏其辜，大夏之西，以为强汉不能臣也。郅支单于惨毒行于民，大恶通于天。臣延寿、臣汤将义兵，行天诛，赖陛下神灵，阴阳并应，天气精明，陷陈克敌，斩郅支首及名王以下。宜县头槁街蛮夷邸间，以示万里，明犯强汉者，虽远必诛。"（《汉书·陈汤传》）

这是甘延寿和陈汤在胜利之后写给朝廷的奏章，他们向汉元帝陈述了天下应当一统，呼韩邪单于已称北藩，唯有郅支单于叛逆在外，罪恶滔天。为此他们将郅支单于斩首，建议把他的人头悬挂到长安槁街蛮夷馆舍之间，让他们明白汉朝可不是好惹的主。

而最后的那句"明犯强汉者，虽远必诛"可以说是中国历史上最霸气的话之一。这话可不是在"口嗨吹牛皮"，这是在把郅支单于杀死后才说的——无论你有多远，哪怕是躲到了天涯海角，我依然有追杀你的实力，以及有追杀你的行动力。

郅支单于被杀的消息很快"海内皆知"，呼韩邪单于"且喜且惧"。喜的是终于没有了竞争对手，现在匈奴只有他一个单于，他是名正言顺的匈奴领袖；惧的是汉朝过于强大，遥远的郅支单于都被伏诛，自己就在汉朝的眼皮子底下，万一哪天皇帝翻脸要打自己怎么办？

于是呼韩邪单于上书，求情再次来长安朝见。他的理由也很充分：我一直都想来朝见天子，但是每天都担心郅支单于会和乌孙一起来打我，所以没法来。现在郅支单于被消灭了，没有什么可担心的了，我要来长安刷好感。

在竟宁元年（公元前33年），呼韩邪单于第三次来到长安。汉元帝对呼韩邪单于的待遇规格非常高。不仅赏赐的钱财和以前一样，赏赐的丝织品和服饰都是汉宣帝时期的两倍。

为了加强双方的友好关系，呼韩邪单于提出了两个请求。

第一，请求汉朝把上谷以西至敦煌的守军撤走，让民力休息。他愿意帮着汉朝保卫边境。

第二，请求和亲，当汉朝的女婿。

对于撤掉守军的请求，汉朝并没有马上答复，和亲的请求，汉朝则没有理由拒绝。

这是自马邑之围后（公元前133年），汉匈第一次和亲，相隔整整一百年。

这次和亲与以往有很大不同。

首先，双方的军事战略已经完全颠倒。之前是匈奴主攻，汉朝和亲买和平；现在是汉朝把匈奴打服，匈奴不敢与汉朝争锋。

其次，双方约定的"关系"也发生了变化。之前的和亲，匈奴单于与汉朝皇帝约为兄弟，至少是同辈；现在匈奴单于愿意认汉朝皇帝为老丈人，当汉朝的女婿。

此消彼长间，是双方国力、军事实力的变化。

第二十章
传说与历史

昭君出塞的传说

"诏曰：'匈奴郅支单于背叛礼义，既伏其辜，呼韩邪单于不忘恩德，乡慕礼义，复修朝贺之礼，愿保塞传之无穷，边垂长无兵革之事。其改元为竟宁，赐单于待诏掖庭王嫱为阏氏。'"

王嫱，字昭君，我们通常将她称为"王昭君"。她本是一名宫女，在呼韩邪单于发出和亲请求后，汉元帝就把王昭君嫁给了呼韩邪单于。

这无论对汉朝还是匈奴来说，都是一件值得庆贺的大事。为此，汉元帝改年号为"竟宁"，意为边境安宁，无兵革之事。

"昭君出塞"的故事流传广泛，以至于后世衍生出许多不同的故事版本。

班固的《汉书》对此事记录得比较简略，《元帝纪》和

《匈奴传》都只是一笔带过。到了范晔写的《后汉书》，故事突然就变得"精彩"起来。

《后汉书·南匈奴列传》记载："时，呼韩邪来朝，帝敕以宫女五人赐之。昭君入宫数岁，不得见御，积悲怨，乃请掖庭令求行。呼韩邪临辞大会，帝召五女以示之。昭君丰容靓饰，光明汉宫，顾景裴回，竦动左右。帝见大惊，意欲留之，然难于失信，遂与匈奴。"

汉元帝赐予呼韩邪单于五位宫女。王昭君进宫多年一直无法得到宠幸，内心充满怨言，这次她主动请求出嫁。在呼韩邪单于回去那天，汉元帝把五位宫女展示给他。王昭君光彩照人，宫殿内所有人都黯然失色。汉元帝大惊，想反悔留下她，却又不能失信，只能由呼韩邪单于将其带走。

东汉末年的蔡邕所撰写的《琴操》有着另一个版本。

蔡邕说王昭君心高气傲，不愿化妆打扮，也不主动接近皇帝，汉元帝来后宫就没有注意到她。后来匈奴使者到长安进贡，汉元帝在酒宴上答应使者，挑选一名宫女给呼韩邪单于。此时王昭君走了上来，请求出嫁。汉元帝既惊叹又后悔。

蔡邕的版本说的是匈奴使者来朝贡的时所发生的故事，与《汉书》《后汉书》略有不同，不过王昭君在汉宫不得幸，有怨气，主动出嫁这些细节，倒是与《后汉书》类似。

到了东晋时期葛洪的《西京杂记》则又添加了几分色彩，他说汉元帝的后宫太多了，没办法临幸所有人（我极度怀疑葛洪是在含沙射影晋武帝司马炎的万人后宫和"羊车望幸"以及西晋贿赂成风的官场），就让画师毛延寿、陈敞、刘白等人给后宫每个人都画一幅肖像，汉元帝通过这些画像来选择临幸的对象。

许多人都跑去贿赂毛延寿，希望他能把自己画得漂亮些，心比天高的王昭君则不愿行贿。毛延寿就故意把她画得很难看，王昭君也就没有引起元帝的注意。匈奴请求和亲时，汉元帝根据画像就指定王昭君出嫁。

在临行的那天，汉元帝召见了王昭君，发现她不仅貌美如花，言谈举止也落落大方。汉元帝颇为后悔，但也没法失信于匈奴。王昭君出嫁后，汉元帝开始调查，最终把画师毛延寿等人全部弃市斩首。

这个版本流行最广，也是对后世影响最大的。唐朝以来，咏叹王昭君的诗词都大多都取自于《西京杂记》。毛延寿这个名字也变得名声大噪。就比如"画图省识春风面，环珮空归月夜魂""意态由来画不成，当时枉杀毛延寿"等等，都是脍炙人口的名句。

到了元朝，元曲四大家之一马致远写成了《破幽梦孤雁汉宫秋》（通常简称为《汉宫秋》），把故事进一步演绎（这个版本完全脱离了历史）：王昭君不肯行贿，被毛延寿故意画丑，使汉元帝没有留意王昭君。在一个偶然的机会，汉元帝发现了王昭君，对其宠爱有加，进而封为明妃。毛延寿惊恐万分，遂投奔匈奴，把真实的王昭君图卷献给了呼韩邪单于。呼韩邪单于便向汉朝索要王昭君，否则派大军入侵汉朝。文武百官们也害怕匈奴，纷纷劝汉元帝割爱。汉元帝无奈之下，只能让王昭君离开，他亲自到灞桥送行，无比悲痛。而昭君也不愿离开，于半路投水而死。呼韩邪单于敬佩王昭君的气节，主动把毛延寿交给了汉元帝处置……

如今，京剧、秦腔、昆曲等戏剧里的《昭君出塞》，基本上都是由《汉宫秋》演化而来。昭君与汉元帝的形象经过了一千多年的流传，被文人们层层加工，逐渐艺术化。或许，只有她遗世独立的青冢，才能见证她真正存在过的喜怒悲欢。

功归一人，当否？

现在，让我们回到真实的历史记载中去。

关于昭君出塞的意义，普遍的观点是她为汉朝与匈奴带来了半个世纪的和平，影响非常深远。

关于这种说法，我不否认。在这里只想补充一下。

汉朝与匈奴在长年的战争里，能够走向和平，更多的是靠着汉朝的实力，用的是无数老百姓辛勤的劳动生产与英勇战士们的鲜血换来的。经济、军事实力决定外交地位，这个来之不易的和平，是全汉朝几代人共同的努力所争取的。

相对而言，王昭君的个人并没有发挥太大的作用，把功劳都归于她个人身上，是失之偏颇的。没有汉朝强大国力的支持，则不会有这次和亲，没有了王昭君，汉朝则还会有李昭君、张昭君、赵昭君出塞。

学者黎虎认为，"王昭君出塞本身就是促进汉匈和平友好的行动，她这一行动的历史功绩是应当肯定的，同时表明她也没有做过任何不利于汉匈关系的事情。但是，从另一方面来看，则她没有主动积极为汉匈关系采取有意义的行动，也是不容否认的"。可谓一语中的。

王昭君的个人能力，甚至无法与同时代的解忧公主相比。

解忧公主纵横捭阖，在风云际会的乌孙、西域、汉朝、匈奴之间，展现出来卓越的政治以及军事上的作为，是寻常外交官所无法比拟的。

🦋 改嫁复株累若鞮单于

呼韩邪单于走后，汉元帝与大臣们开始商议他的第一个请求：让汉朝撤掉上谷到敦煌的边防，由匈奴人帮着驻守。

这个请求其实并没有什么恶意，呼韩邪单于的目的只是想进一步讨好汉朝罢了。

朝廷里大部分人都赞同，认为可以休养民力，减轻国家的负担。只有郎中侯应表示反对，他列举了十条反对的理由，基本上都是对匈奴人仍然要保持一定的戒备、有必要震慑西边的羌人以及周边小国、会让罪犯和奴婢萌生投奔匈奴的想法、边防工事长久废弃后，再恢复起来会更难等等。

汉元帝这才明白过来，为此，他派遣车骑将军许嘉亲自向呼韩邪单于说明。汉宣帝一方面赞同了呼韩邪单于的想法，同时又解释了其中的弊端：防止盗贼流窜。最后又对呼韩邪单于进行了宽抚，希望他能打消疑虑。

可以说，汉元帝的口气非常友好，双方进入了从未有过的蜜月期。

呼韩邪单于也是赶忙说两句客气话："愚不知大计，天子幸使大臣告语，甚厚！"（我愚钝无知，没有考虑到这么多，幸亏天子派大臣告诉我，对我这么优厚！）

就在这年的五月，汉元帝病逝，汉成帝刘骜即位。

顺便说一下，最开始建议呼韩邪单于归附汉朝的关键人物——左伊秩訾王，如今已经完全投降了汉朝。之前曾经有人向呼韩邪单于进献谗言，说左伊秩訾王自恃有功，没被封赏，常常悒悒不乐。呼韩邪单于因此将其疏远。左伊秩訾王担心被杀，才投降了汉朝，被汉朝封为关内侯，食邑三百户，并且仍然可以佩戴自己的匈奴王印。

这次，呼韩邪单于来长安朝见，又见到了左伊秩訾王。呼韩邪单于明白，没有那天左伊秩訾王的提议，呼韩邪单于也就不会有今天的地位。呼韩邪单于主动向他表达了歉意，既肯定了他的功劳，又承认了自己的错误，希望他能再回到草原。

左伊秩訾王没有接受呼韩邪单于的恭维，他说如今匈奴安定，是天命有归，单于和皇帝齐心的结果，他自己是没有什么功劳的。既然现在已经在汉朝了，再回去就是不忠不义，恕难从命。

王昭君被呼韩邪单于封为宁胡阏氏，两人生下一个儿子，叫伊屠智牙师，被封为右日逐王。

呼韩邪单于死于建始二年（公元前31年），他的儿子复株累若鞮单于即位。

按照匈奴惯例，王昭君要嫁给复株累若鞮单于。王昭君本意是拒绝的，她上书汉成帝，请求回归汉朝。汉成帝让她依照匈奴的习俗，嫁给复株累若鞮单于，后又生了两个女儿。

从此，史书再也没有关于王昭君的记载。憾之！

第四卷

南匈奴和北匈奴

本卷人物：

乌珠留若鞮单于、王莽、光武帝、单于比

历史事件提要：

匈奴与王莽的对抗、匈奴南北分家、单于权力的丧失

第二十一章
忍无可忍

王莽的"四条规定"

复株累若鞮单于即位之后，继续延续着与汉朝友好往来的政策。他派遣自己的儿子到长安当人质，总共在位十一年而亡（公元前20年）。呼韩邪单于在临死前，定下了兄终弟及的规定。复株累若鞮单于遵从了其父的嘱托，传位给了他的弟弟搜谐若鞮单于。

搜谐若鞮单于在位八年病逝了（公元前12年），他的弟弟车牙若鞮单于即位。

车牙若鞮单于仅仅在位四年（公元前8年），继续传位给他的弟弟乌珠留若鞮单于。

呼韩邪单于死后，连续四代单于在继承人的问题上，都没有出现动乱。匈奴内部的政治斗争基本消弭，这与"五单于争立"前的匈奴政治纷乱的局面形成了鲜明的对比。

这四代单于也都极力维护与汉朝的关系。

其中，复株累若鞮单于来过一次长安；搜谐若鞮单于也请求朝见，但在半路病死了，未能进入汉朝国境；车牙若鞮单于在位时间比较短，没有提出过朝见；乌珠留若鞮单于曾朝见了汉哀帝，但他离开长安不久，汉哀帝病逝，仅仅九岁的汉平帝刘衎即位，大权落到了王莽手中，汉匈关系开始逐渐恶化。

由于篇幅有限，对王莽这个人物，本书不去过多介绍。人品暂且不论，大家只要知道他是一个很有政治理想，很有改革创意的历史人物，同时他又十分偏执，任性，迷信，不顾现实条件，不尊重实际操作，脱离实际，不会为他人考虑，不按常理出牌的政治家。

乌珠留若鞮单于面对的就是这样的一个人物。

起初，乌珠留若鞮单于还是非常尊重汉朝的。汉哀帝时期，乌孙与匈奴闹了别扭，乌珠留若鞮单于杀了好几百个乌孙人，掠夺了一千多人以及大量的牲畜。

带头挑事的乌孙贵族卑爰疐知道自己捅娄子了，他连忙派儿子去匈奴当人质，防止事态扩大化。乌珠留若鞮单于留下人质后，把事情报告给了汉朝。汉朝派人责备了他，并命令他将人质归还乌孙，乌珠留若鞮单于也并没有坚持，当即放人。

王莽当政的时候，西域车师后国（车师国分裂出的小国）的国王姑句与去胡来王唐兜由于一些原因，在西域混不下去了。姑句与唐兜几乎同时投奔了匈奴。乌珠留若鞮单于收留他们后，就把这件事情向朝廷汇报。

朝廷派使者过来，严厉责备了乌珠留若鞮单于，要求乌珠留若鞮单于把人交出来。

乌珠留若鞮单于蒙了，他向使者解释说，以前在汉宣帝、汉元帝年间，规定了匈奴和汉朝之间，不能接受对方投降的人，现在这俩可是外国的人啊。

汉朝使者没耐心听单于解释，他提醒单于，匈奴之前都快灭亡了，是汉朝的恩德让匈奴存活下来，现在你们不应该报恩？规则是死的，是可以随着人的意志随时改变的，你不会不懂吧？

乌珠留若鞮单于只能叩头谢罪，把姑句和唐兜交给了汉使。临行前，乌珠留若鞮单于还向汉使求情，希望汉朝能够宽恕两人的罪过。

回到长安后，使者把匈奴的求情如实向王莽汇报，王莽根本不予理会。他召集了西域的各国国王，当众将二人斩首。同时为了杜绝此类事情发生，他又进一步补充了对匈奴的限制条件，他颁布"四条规定"：凡是汉朝、乌孙、西域、乌桓的人逃亡或者投降匈奴，匈奴一律不许收留。

汉朝使者将"四条规定"公文交付与乌珠留若鞮单于后，还把之前汉宣帝制定的条约公文收回了！

这相当于向匈奴下达了一份不平等条约。

之前汉宣帝规定的是双方互相不能接收对方的人。复株累若鞮单于时期，曾经有一个匈奴使者出使汉朝后，哭着闹着要投降汉朝，否则就死给汉朝看，汉朝大臣们商量后，认为应该遵守自己立下的条约，拒绝接收。那个使者偷鸡不成蚀把米，被迫承认了自己是在说"疯话"。如今王莽扩大了匈奴不许接收逃犯的"国籍"，并且还是单方面规定匈奴，没有说汉朝不许接收匈奴人。

乌珠留若鞮单于只能忍。

改革，改革！

不过王莽很快就给匈奴发"福利"了。

王莽规定，汉朝人不能有两个字的名，只能有一个字。比如"王莽"，姓王名莽，就符合规定。（按他这个说法，"李世民"都要哭了。）他派人暗示乌珠留若鞮单于，只要主动向朝廷申请改名，即可得到赏赐。

王莽遵循的是战国时期《春秋公羊传》里面有"二名不礼"的记载。国家的掌权人，让大家改名，这无论从我们当今的视角，还是当时人的视角来看，都是匪夷所思的政策。

乌珠留若鞮单于也很发懵，完全摸不着头脑，他怎么可能会懂《春秋公羊传》？

匈奴是一个有自己的语言，但没有自己文字的民族，他的匈奴名，音译过来写成汉字的"名字"，也不经常用，对他来说似乎没有任何影响。他上书朝廷说，他的原名为囊知牙斯，现在改成了"知"。王莽看后大喜，赐予了丰厚的奖赏。

除了人名，王莽还大改地名和官名：无锡改成有锡，谷远县改成了谷近县，东昏县改成了东明县，曲周县改成了直周县，曲逆县改名叫顺平县……这种例子数不胜数，给人感觉他总是喜欢和别人拧着来。

还有把武威郡改成张掖郡，原来的张掖郡改成了设屏郡。齐郡改成了济南郡，原来的济南郡改成了乐安郡……大家都不知道他到底为啥喜欢这么折腾。（不过这都是他篡位以后的事情了。）

王莽派人告诉乌桓，以后每年可以不用给匈奴人兽皮布匹税了。乌桓人很兴奋，他们对此深信不疑，真的就不再交税。这直接引发了匈奴与乌桓的冲突。乌桓被打得鼻青脸肿，最后拿布匹牲畜来赎被掠夺的百姓，匈奴拿了赎金，可是并没有交人。

讲道理说，王莽之前把手伸得那么长，北方出了这种事，王莽应该站出来主持"公道"吧？况且这是他允许乌桓不交税。但实际情况是，王莽没有任何表示。

公元8年末，王莽篡位，自立为帝，改国号为"新"。这一举动，宣告了西汉的灭亡。

当了皇帝的王莽，如同脱缰了的野马，再也没有了牵绊。他大搞改革，把官名、地名换了个遍，推行井田制，发行新货币，更换印章，建造王家祖庙等等，忙得不亦乐乎。

王莽派了五威将王奇等十二个队伍巡游全国（包括周边小国），并进行政治宣传和更换他们的印章。

这些人排场宏大：坐着画有天文图绘的车子，套着六匹母马，背上插着鸟的羽毛，服饰穿着非常华丽。每一位五威将下面各设置五个元帅。五威将手执符节，五帅举着旗幡……

好家伙，不知道的还以为他们是从哪里来的算命先生！

王莽规定汉朝所有的诸侯王及以下，都降一个爵位。王降为公，侯降为子。降低前朝宗室的地位，减少他们的影响力，这本是可以理解的。可他顺带着把周边国家也给削了，这是在闹哪样？

西南夷、西域等国一直都是叫某某国王，现在直接成了某某侯了，并且被收回了以前汉朝的印章，重新给他们下发新朝的印章。

这些国家招你惹你了？

同样地位下降的，还有匈奴的乌珠留若鞮单于。

🐚 印章风波

五威将巡游团队一路顺风顺水，直到去北方匈奴的一队，惹出了事。

单于本来的印文是"匈奴单于玺"，新的印文为"新匈奴单于章"。玺是帝王级别的人才能用的。就比如陕西历史博物馆的"皇后之玺"，西汉南越王博物馆的"文帝行玺"，而章则是普通人就可以用。玺变章，地位一下子就降下来了。

五威将王骏、甄阜、王飒、陈饶、帛敞、丁业六人来到匈奴王庭后，送给单于黄金、丝绸等丰厚的礼物。这让气氛一度变得非常融洽。

王骏告诉单于，现在汉朝已经被新朝取代了，皇帝也换了，所以印章也要更换。乌珠留若鞮单于接受诏书后，解下了旧的印章，正要交给王骏，一旁的左姑夕侯苏（左姑夕侯是官名，苏是人名，估计也是因为王莽要求改单名，他的名字也简化成了"苏"）制止了单于，说："还没看见新的印文，先别给他们旧的。"单于这才没给。

王骏怕的就是匈奴会怀疑，他也没有继续坚持。

新朝使者们远道而来，单于自然要款待他们。他邀请使者们来到穹庐，摆下酒宴。大家侃侃而谈，觥筹交错，好不热闹。

酒过三巡后，王骏再次提醒单于，你印章还没上交呢。单于也没有做过多的考虑，就准备解下印章，苏再次提醒单于，还没有看到新的印文，不要给。

可能单于真是有些醉了，他说："印文怎么可能会变化？"随后，他就把印章交给了王骏，同时拿到了新印章，但他并没看细看。双方继续喝酒，直到深夜。

当晚，右率陈饶对大家说，刚才左姑夕侯苏已经开始怀疑印文会有变化，单于差点没给我们，如果他们发现印文不对，肯定会向我们要，真被他们要回去了，那我们没法回去交差，不如现在就把旧印打碎，一了百了。

大家面面相觑，不敢发声。

道理大家都明白，打碎旧印这个举动，万一惹出麻烦来，谁来担责？

陈饶是北方的燕人，为人胆大，看到没人赞同，他拿起斧子把印章砍坏了。

第二天，酒醒之后的单于果然发现了新印印文有了变化，他派右骨都侯当来找五威将讨要旧印。

右骨都侯当的本名是"须卜当"，简化成了"当"，他是王昭君的女婿，一直力主与汉朝搞好关系。他对五威将说："汉朝以前发给我们的印称为'玺'，不称'章'，而且还没有'汉'字，王以下的印才有'汉'字，才称'章'，说明匈奴不是汉朝的附属国。现在你们给我们的换的新印不但把'玺'改成了'章'，而且又加上'新'字，这样会让单于与臣属之间没有分别。希望你们归还旧印。"——你们是想把我们匈奴当成你们的诸侯，我不答应！

五威将把毁坏的印章拿给须卜当看，直截了当地告诉他："旧的印章被我们毁了，单于要顺从天命，接受新朝新的制度。"须卜当只好向单于禀报。

木已成舟，单于也无可奈何，何况已经收下了很多好处，拿人手短吃人嘴软，也不好意思去追究这事，只好派他的弟弟右贤王舆带着进贡的牲畜，跟随五威将前往朝廷致谢，并上书新朝，希望能得到旧印。

在返回长安的路上，他们经过了左犁汗王咸的领地时，看到很多乌桓人。按照"四条规定"，匈奴不能接受乌桓投降过来的人。五威将要求匈奴立刻将这些乌桓人送回去。

乌珠留若鞮单于彻底被激怒了。你不是要我把这些人送回去吗？没问题，我这就派人"护送"他们。他以归还俘虏回国的名义，派右大且渠率领一万多骑兵，逼近了新朝边境。

乌珠留若鞮单于已经决心与王莽撕破脸了。

双方的关系骤然紧张起来。

第二十二章
矛盾一再激化

来自夷狄的肯定

公元10年，甄丰的儿子甄寻伪造符命，王莽封甄丰为右伯，效仿周公，掌管西方。右伯甄丰刚一上任，自然会去西域"巡查"一番。西域各国本身就对换章一事心存不满，这次朝廷又要派一名"大使"过来——这意味着要付出高昂的接待费用，他们更是打心底里厌恶这种事。

车师后国认为负担不起，他们要提供大使牛、羊、谷物粮食，以及向导、翻译等服务。前面五威将来的时候，就没给够，现在又来一个更高级的官员，这任务绝不可能完成。

那该怎么办呢？车师后王须置离决定逃到匈奴。戊己校尉刁护得到消息后，立刻招须置离询问，须置离只好交代。刁护将他投入囚车，押送到西域都护但钦那边，但钦将其斩杀。

须置离的哥哥辅国侯狐兰支一怒之下，带着二千多人，驱赶着牲畜，举国投降匈奴。乌珠留若鞮单于毫不犹豫地接纳了他们。

单于本来就对之前的事情耿耿于怀，如今忍无可忍的他，要公开反抗王莽限制他的"四条规定"，他派军队与狐兰支一起杀了回去，杀死了车师后成国的首领"后成长"（车师后成国也是车师国分裂出的一个小国），还打伤了西域都护司马。

戊己校尉刁护恰好在此时病倒了。他派陈良屯兵桓且谷防备匈奴再次入侵，终带负责粮草方面的事宜，韩玄和任商则带兵守卫。陈良、终带、韩玄、任商这四个人觉察到了危险的气息，他们认为新朝来回折腾西域，对西域的统治已经发生了动摇，匈奴迟早要来大举进攻，西域各国也迟早会背叛。与其在这等死，不如杀了刁护投奔匈奴。

他们带着三四百人，杀死了刁护以及除了妇女儿童以外的所有家属。事成之后，他们通知匈奴派兵过来迎接，最终陈良总共胁迫二千多人投降了匈奴。

西域的各国也开始动摇，他们不太喜欢王莽的统治方式。

发生这些事情后，王莽也开始重视起来。他要建立一个四方来贺，万国来朝的帝国，自然不允许西域和匈奴不受他的控制。

公允地说，虽然王莽这个人好大喜功，匪夷所思的事情也没少做，但他的这种想法，也不是完全没有道理。

学者王明珂在其《华夏边缘：历史记忆与族群认同》一书中指出，古代华夏通过强调处于华夏边缘的外族与华夏在文化与族群上的不同性，来实现于群落的凝聚。

学者胡鸿也在其《能夏则大与渐慕华风》一书中表达了观点：华夏帝国从来没有把蛮夷狄戎当作与己无关的存在。二者既有对立的一面，又有互相构建的一面。异族在华夏帝国的秩序中扮演了重要的角色，比如侵略者、臣服者、朝贡者。夷狄不仅仅存在于帝国之外，他们还是华夏帝国秩序中不可缺少的一部分。除了政治与外交，他们在华夏帝国的天文图景、地理想象、礼乐制度等方面都留下了深刻的印记。换句话说，华夏帝国主导的符号秩序中，已经给夷狄留设定了位置（不代表夷狄本身的意志），华夏帝国也凭借这种符号秩序实现对夷狄的主宰。

王莽在篡位前，极其重视夷狄或者外族对他统治的肯定。就比如说暗示乌珠留若鞮单于"主动"申请改单名，再比如让益州塞外的西南夷冒充越裳国的人去朝廷进献白雉。在西周时期，位于交趾（越南北部地区）以南的越裳国曾经向周公进献过白雉，这是周公听政，四夷宾服之的标志。到了王莽时期，已经过去了几乎一千年，越裳国早已不复存在，不可能给王莽进贡。

这些事情看起来并没有什么实际的意义，但是王莽的统治就需要这种"声音"。在以后的王朝更迭中，无论是曹魏代汉，还是西晋代魏，禅让大典中，都会有夷狄的参与。

围绕着加强自己统治的"合法性"的问题上，夷狄是不可缺少的元素之一。

🐉 别拿豆包不当干粮

看到匈奴已经"反叛"，王莽坐不住了，对于那些不服从他的匈奴人，他必须做出反击。

首先，王莽继续发挥他的特长，把乌珠留若鞮单于改名为"降奴服于"。

其次，王莽颁布诏书，指责单于"背畔四条，侵犯西域""延及边垂，为元元害，罪当夷灭"——把所有责任都推到了乌珠留若鞮单于身上。因为他的父亲呼韩邪单于，朝廷不忍心以"降奴服于"一人的罪责，诛灭呼韩邪单于的后代。现在，就把匈奴分为十五份，由呼韩邪单于的十五位子孙继承，封他们十五人为单于，派人拿着财宝到边界招引。

在这里，《汉书·王莽传》说的是立稽侯狦（即呼韩邪单于）的子孙十五人为单于。《汉书·匈奴传》说的是立呼韩邪诸子十五人为单于。对于谁有"资格"成为单于，史书前后矛盾。

公元2000年，考古工作者在内蒙古阿拉善盟额济纳汉代居延第九隧房舍遗址，出土了一组木简，其中就有"新莽诏书行下文残篇"。里面的木简就记载了王莽立十五位单于一事："匈奴国土人民以为十五，封稽侯廏子孙十五人皆为单于，在致庐儿侯山见在常安朝郎南……"

额济纳诏书具有原始文献的性质，其史学性更为可靠。因此可以判定王莽立的是呼韩邪单于的十五位子孙，而非儿子。并且这个时间，呼韩邪单于的儿子已经死了不少了，很难再凑齐十五位了。

好家伙，王莽这手伸得够长的。

当年西汉都没敢这么搞，王莽直接给匈奴"分封"了！

这是典型的干涉别国内政，无理取闹，自然没几个人听他的，因此"招安"的效果实在是非常有限，只招到了右犁汙王咸（学者罗新在《王化与山险》一书中指出，文献中左右混淆相当常见，这里的"右"字，实为"左"字的讹误）和他的两个儿子登和助。王莽如获至宝，封咸为"孝单于"，封助为"顺单于"，把登和助都送到了长安，相当于软禁。

讲道理，分化匈奴内部的凝聚力，至少不算是什么昏招。可他把登和助放到长安，当吉祥物供起来，着实让人看不懂。相比而言，令其回到草原和乌珠留若鞮单于内战，不是更省力气吗？

可能是父子三人一时贪财，《汉书》说咸是受到威胁后被迫当的这个单于。看到两个儿子成了长安的人质，没过多久，"孝单于"咸又偷偷跑回了匈奴王庭，把事情原原本本地告诉了乌珠留若鞮单于。乌珠留若鞮单于很是不满，安排给咸一个很低贱的职位，后来"顺单于"助病死，王莽又立登为"顺单于"。

乌珠留若鞮单于彻底被王莽整无奈了，真拿豆包不当干粮啊。

他气愤地说："先单于是受汉宣帝恩惠，我们不能辜负。如今王莽这个人不是汉宣帝的子孙，凭什么当皇帝！"

这句话于情于理，似乎都挑不出毛病。匈奴拒绝承认王莽政权，双方爆发战争，匈奴也不是忘恩负义。

想通这一点，就好办了。单于多次派人去汉朝边境劫掠，搞得汉朝边境苦不堪言，被劫掠的民众和牲畜财产数不胜数，雁门太守、朔方太守也因此阵亡。

莫慌，先静坐

为什么会有这种结果？难道王莽只会玩虚的，没有派兵防守边境？

其实王莽是派了兵的。

除了给单于改名字和分封匈奴外，王莽任用自己的宠臣立国将军孙建为总指挥，又选了十二位大将，分兵六路，每路两员将领，分别从五原郡、云中郡、代郡、渔阳郡、张掖郡、西河郡出兵，总共三十万人，储备三百天的粮食。

等到人和粮食都集结完毕后，六路大军同时分十道向匈奴进攻，毕其功于一役，彻底赶走匈奴。这可是西汉从未有过的阵势，王莽暗中得意：匈奴人，这回你怕了没？

乌珠留若鞮单于表示，我还真不怕。

他的这三十万人，都是从全国征集来的士兵、丁男、囚犯，他们要从各地陆陆续续赶来，先来的要等后来的，人数凑不齐就只能等。他们只能静坐在那里，眼睁睁地看着匈奴人劫掠边境。

更大的问题是粮食，这三百天的粮食可不是一天两天一个月两个月就能征集到的。转运的皮衣、兵器等物资，从沿海、长江等地源源不断运输到北方，老百姓苦不堪言。

这仗迟迟打不起来，讨秽将军严尤急了（严尤是此次战争从渔阳郡出兵的将军），他上书王莽，认为战争不能这么拖下去，应该速战速决。当年汉武帝派军队深入匈奴作战，弄得两败俱伤，现在国家连年饥荒，自然灾害不断，却要动员三十万军队和三百天口粮，估计一年都没法全部集合。

随后，他又列举了五个弊端。

一，先到的士兵，时间长了会士气低落。

二，军队要吃饭，边郡粮仓空了，从内地运又来不及。

三，一个人三百天的口粮，大概十八斗米，只有牛能拉得动，加上牛本身也要吃，则需要二十斗米。匈奴的地区缺乏水草，不用一百天，牛就死完了，剩下的粮食只能扔了。

四，匈奴的领地秋冬寒冷，春天风大，我们最多只能打一百天，三百天不现实。

五，庞大的辎重，影响部队的机动力，会成为沉重的负担。

最后，严尤总结说，既然已经这样了，就应该让先到的部队开始打，让他亲自率兵深入匈奴腹地，打对手一个措手不及。

严尤是以实际出发，从军事层面上分析王莽想法的"不可行"。但是王莽不听，他不懂军事，他也不在乎现实，他要的是波澜壮阔的宏大场面。

许多人为了躲避劳役税收，抛家舍业，成为流寇盗贼，北方边郡士兵无所事事，就开始抢劫老百姓。王莽明令禁止的诏书，其作用也不过是一纸空文罢了。

"天下骚动"之下，匈奴时不时入侵一次，民众苦不堪言，一时间，"北边虚空，野有暴骨矣"，十分凄惨。

而公元1世纪作为攻方的王莽，愣是坐了整整四年。

第二十三章
春秋大梦，休矣

来，请君观火刑

公元13年，乌珠留若鞮单于病逝，双方"静坐战争"结束。

乌珠留若鞮单于本意是立自己的儿子苏屠胡为继承人。前面已经说过，左贤王是匈奴第一顺位继承人，由于之前几任左贤王死得很早，乌珠留若鞮单于认为左贤王不吉利，就改为了"护于"，他让苏屠胡为护于，想打破呼韩邪单于立下的兄终弟及的规定。

苏屠胡并没有顺利即位，在"主和派"须卜当与须卜居次（王昭君的女儿）夫妇二人的主持下，乌珠留若鞮单于的弟弟，被王莽封为"孝单于"的咸，成功成为新一任单于，为乌累若鞮单于。

读者朋友们应该注意到了，自从呼韩邪单于以后，后面所有的单于名称后面都有"若鞮"两个字。

这是匈奴在模仿汉朝。汉朝皇帝的谥号前，总有一个"孝"字。比如孝文帝，孝景帝，孝武帝（我们一般说的时候总是习惯性省略孝字），"若鞮"在匈奴语言里，也是孝的意思。呼韩邪单于感激汉朝，就规定以后的新单于，都必须带上"若鞮"。

须卜当力主与中原王朝和谈，所以他很看重乌累若鞮单于被王莽封为孝单于的这段经历。乌累若鞮单于即位后，主动与王莽和亲，改善双方的敌对关系。同时，他想要回来自己的儿子——被王莽封为顺单于的登。

由于消息闭塞，乌累若鞮单于不知道，登在两年前已被王莽当众斩首了。原因是新朝在边境抓获了几个匈奴俘虏，得知一直侵扰云中郡的人是孝单于咸的另一个儿子。王莽一怒之下，杀死了登和他的其他随从。

这样一来，须卜当和须卜居次的计划落了空。他本来是希望两国关系能回到汉朝后期那样和平共处，但他没有想到的是王莽已经对乌累若鞮单于或者说孝单于失去了信任。而失去儿子的乌累若鞮单于也必然会报复王莽。

第二年，须卜当和须卜居次派人提出要见和亲侯王歙。王歙是王昭君哥哥的儿子，论辈分，王歙还是须卜居次的表哥。王莽就派王歙和他的弟弟王飒一同出使匈奴。

见到单于后，两人也是非常有礼节地说了一番客套话，祝贺单于荣登大位，同时送上了丰厚的礼物。寒暄过后，两人向单于索要陈良、终带等人。前文说过，他们曾经杀死新朝西域的官员投奔匈奴，是朝廷的"通缉犯"。当然，好处费也自然不会少。

当单于问起儿子登的情况时，两人只能撒谎，说他仍然很好。单于这才把陈良等二十七人交给了王歙——前任的旧账，乌累若鞮单于没必要去维护他们，他派出了四十人的使团，跟随王歙和王飒，把"通缉犯"们押送至长安。

王歙和王飒出色地完成了外交任务，王莽非常满意。他根据《周易》的离卦中有"焚如死如弃如"的记载（其中焚如就是火刑），把这二十七个人活活烧死，并让匈奴使者全程观看。

在春秋年间所发生的"子朝之乱"中，子朝的部下郡胅被擒获后，就受到了火刑惩罚。在楚汉之争时，项羽也曾烧死过刘邦的部下纪信。但自汉朝建立以来，应该没有人用过这种刑罚。

王莽自认为，他的做法是有"依据"的，所以他并没有觉得有什么不妥，这也是他最大的两个缺点——迷信古人古法，以及不考虑他人感受。匈奴人看到这种酷刑会怎么想？会赞扬王莽，回去效仿？

不可能。他们只会认为王莽残暴不仁。

那顺单于登，会怎么样？他们来到长安后，一直没有见到登。杀死登的时候，许多人都看到了，消息也自然会传遍大街小巷，登上长安城内的"热搜榜"。匈奴使者打听到这个两年前的消息，并不难。

所以，王莽的火刑，究竟有什么意义？

这可真是个食古不化的人哪！

🐛 对峙匈奴，改革货币

匈奴使者回去后，把所有的事情都汇报给了乌累若鞮单于，陈良等人被惨无人道地烧死，以及单于的儿子登在两年前就被王莽公开杀死，王歙和王飒是在欺骗。

乌累若鞮单于又惊又怒。他不再遵守双方的约定，对王莽的怨恨让他继续不断地骚扰新朝边境。

王莽打了四年的"静坐战争"，已经有些吃不消了。在这四年里，还发生这么几件大事。

一，王莽与东北的高句丽闹翻，杀了高句丽的首领，还把高句丽改名为"下句丽"（他是真喜欢改名），高句丽从此开始侵扰新朝的边境。

二，西域失控。焉耆国带头造反，西域的几个国家也紧随其后，联合反叛，杀死了西域都护但钦。前文说过，西域都护是汉朝以来，西域的最高官员。在陈良投降匈奴时，西域各国就已经开始偏向于匈奴，西域都护但钦被杀，"西域遂瓦解"，新朝对于西域的控制已经岌岌可危。

三，西南夷也反了。原因也是换章所引发的。之前五威将去句町国，把句町王改成了句町侯。句町王愤怒不已，王莽让牂柯大尹周钦（大尹就是太守，王莽改的）设计杀害了句町王。句町王的弟弟又杀了周钦，起兵造反。王莽派冯茂前去平叛，这次可是真刀真枪地去打。在西南地区，冯茂的军队不服水土，军中流行疾疫，"死者什六七"，打了好几年没打下来，高昂的税赋都落到了蜀郡的百姓身上。随后，西南、西北、东北纷纷脱离王莽的控制，新朝对外的统治全线崩盘。

四，王莽的货币改革失败。他的货币政策说得好听点叫改革，说得难听点，叫瞎折腾。王莽反反复复发行了四次新的货币。以第二次改币为例，"作金、银、龟、贝、钱、布之品，名曰宝货。钱货六品，金货一品，银货二品，龟货四品，贝货五品，布货十品，凡宝货五物、六名、二十八品。"

简单说来，就是指市面上同时流通金币、银币、龟币、贝币、钱币、布币六种货币。

这是什么意思呢？这就相当于我们的当今社会本来只用人民币，突然人民币、卢布、美元、英镑、欧元、日元都可以使用了……毫无疑问，市场将会变得混乱不堪。

而王莽所发行的六种货币，每种都有不同的面值，总共有二十八种面值……就说吧，搞得这么复杂，谁能理得清？能流通才怪！于是，百姓们都偷偷使用汉朝的"五铢钱"。

当今经济学告诉我们，货币是一个国家政权的信誉保证。只有当货币有信誉的时候，人民才会储存和使用国家印发的货币。

很显然，当时的人民已经对王莽政权失去了信任。

仅仅一年，王莽又废除了这种货币，宣布了第三次货币政策。

由于社会上有大量的盗铸钱币现象，为了杜绝盗铸，王莽规定，一人铸钱，邻居五家连坐，全部充当官府的奴婢……最后，王莽搞得全国上下"农商失业，食货俱废，民人至涕泣于市道"，经济全面崩盘。

就是在这些背景下，王莽结束了北方的静坐战争，撤回了那些驻扎了四年的将军与士兵。此时北方边境已经破败不堪，饥荒严重，甚至发生了人吃人的现象。

如果再这么和匈奴对峙下去，好虚荣的王莽真还不知该如何收场。

是欲以我为说于匈奴也

王莽派人质问乌累若鞮单于，为何还要继续骚扰新朝边境。

单于装出一副很无辜的样子，对使者说："都是乌桓和不听话的匈奴人干的，我刚刚当上单于，资历太浅，管不了他们，以后我会尽量管好他们的。"

王莽不傻，侵犯边境的那伙人，无论是装备武装，还是其组织性，以及人数上，怎么看都不像是一群小毛贼，明知道单于在敷衍，却也奈何不了匈奴。

王莽只好再次派军队到北方驻守。

一年后（公元15年），乌累若鞮单于向王莽索要登的尸体，王莽如梦方醒，他终于明白了匈奴侵犯边境的原因。为此，王莽逮捕了当年向他进献"谗言"，建议他杀登的陈钦。

陈钦在监狱里怒斥道："是欲以我为说于匈奴也！"——

这是想用我的人头去推卸责任，谄媚匈奴！最后，陈钦在狱中自杀。

王莽派出辩士王咸、王歙等人把登的尸体归还于匈奴王庭。王咸先礼后兵，先陈述王莽的威德，赠与单于丰厚的礼物，而后转述王莽提出的要求：

第一，改名字。匈奴要改成"恭奴"，单于要改成"善于"，并再次颁发新的印章。

第二，封骨都侯须卜当为后安公，须卜当之子须卜奢为后安侯——这明显是干预他国内政，或者说是以宗主国的身份"安排"附属国的政务。

第三，要求匈奴挖了前任（乌珠留若鞮单于）的坟墓，进行鞭尸，因为匈奴侵犯过新朝，要求对其赔偿一万匹马、三万头牛、十万头羊，归还匈奴掠夺新朝的人口，并让匈奴退至漠北生活。

《汉书》写到这里时，也忍不住吐槽——"（王）莽好为大言如此"。（王莽就喜欢这样说大话。）

对于第一个和第二个要求，看在王莽送了很多财物的面子上，单于勉强接受。至于第三条，单于于情于理都不会答应。

王咸"据理力争"，说得头头是道。单于辩不过他，只好口头答应——也仅停留在口头上了。单于依然我行我素，不断地侵犯新朝的边境。

天凤三年（公元16年），泾水流经长平馆（今陕西省泾县西南）时，西岸坍塌，把泾水堵住了，河水决口向北流去。王莽派大司空王邑去调查，王邑不报灾情，他说这是《河图》所说的"以土填水"，是匈奴灭亡的征兆。

王莽很高兴，派并州牧宋弘、游击都尉任萌带兵进攻匈奴，这两人并没有真正进攻，而是"至边止屯"——走到了边境停下来静坐。

静坐战争又一次开始。

静坐当然不能消灭匈奴，王莽开始大量征集全国丁男、罪犯死囚以及官员的奴婢，成为"猪突豨勇"。军费则全部由老百姓承担。马匹不够，就从官员们手里征集。上至公卿，下至郡县，所有佩戴黄绶的官员，都要养军马，官位越大，责任越重，养的也就越多。

这还不够，王莽想组建一支"特种部队"，他向天下广泛招募有特技的人，如果特技够炫酷，可以受到破格提拔。听起来似乎还不错，不日后，应诏入伍的人竟然有一万多人。

所谓"人有多大胆，地有多大产"，他们生动地给王莽演了一集《走进伪科学》：有的人号称能过河不用船，将人马相连，便能使百万军队过河；有的人号称有灵丹妙药，可以不吃饭，大军也不会饿；有的人号称会飞，一天能飞千里，可以侦察匈奴……

会飞？这引起了王莽的兴趣。

王莽当即让其试飞一下，那人用鸟的羽毛作为两个翅膀，头和身体也都插满了羽毛，浑身用环形的纽带缠绕固定。一切准备就绪后，他开始起步、助跑、起跳、飞越……

我们不知道他从多高的地方试飞，总之，他只飞了几百步，就落地了。

就这，还想飞过草原，侦察匈奴？

🐉 王莽的灭亡

王莽知道这些人都是些江湖骗子，不堪大用。但为了显示自己求贤若渴、天下归心的气度，王莽还是给他们封了官，赏赐给他们车马，命令他们做好随时打仗的准备。

除了对匈奴施压，王莽同时还对西域用兵，他可不想看到西域各国都倒向匈奴。这次他派出五威将王骏、戊己校尉郭钦和新任命的西域都护李崇一同出征。

王骏多次出使外国，有着丰富的外交经验，手腕灵活，这也是他最为王莽所看重的地方。

王骏带领着七千莎车国、龟兹国的军队进入西域后，西域各国夹道欢迎，这其中就包括上次杀死西域都护但钦的焉耆，也向新朝投降了。王骏是先锋，他让郭钦作为后备军，他们打算屠杀焉耆，为但钦报仇。

所谓道高一尺，魔高一丈，令王骏没有想到的是，焉耆居然是诈降，还没等王骏发起进攻，焉耆人先把王骏反杀了，姑墨、封犁、危须等国也同时袭击王骏的军队，王骏全军覆没。

随后郭钦到达焉耆，只杀死了一些老弱病残就撤了回去，王莽封郭钦为"剿胡子"。剿的意思是灭绝，子是子爵。"剿胡"是彻底灭绝胡人的意思。

王莽的愿望是美好的，但现实是冷酷的——西域从此与新朝断绝联系。

两年后（公元18年），乌累若鞮单于去世，他的弟弟左贤王舆即位，为呼都而尸道皋若鞮单于。

呼都而尸道皋若鞮单于上任伊始，希望能改善与新朝的关系。他派须卜奢（须卜当的儿子）和王昭君另一个女儿的儿子一同出使新朝。这两个人都是王昭君的后代，单于的用意已经再明显不过了。

但是王莽不这么想，他可不愿意再和匈奴和好了，他的计划是趁这次机会，把须卜当夫妇弄到长安。

严尤表示反对：须卜当在匈奴有着很高的威望，他统领的右部从来都没有侵扰过新朝边境，并且单于有什么军事行动，须卜当总是及时通知我们，这是一个非常好的眼线。现在把他弄到长安，就会失去利用价值，不如维持现状。

王莽不听，他有更高更远更宏伟的打算。

他派王歙到边境迎接须卜奢等人，要求面见须卜当夫妇。在见到须卜当夫妇后，王歙用武力逼迫其来到长安。

王莽立刻封须卜当为须卜单于，打算出动大军，进攻匈奴……

他的逻辑很简单，既然须卜当是真心愿意和平，那就立他为单于，出兵推翻匈奴王庭，再把须卜当送回草原，从此边境安宁。

真的是一劳永逸！

问题是，这实际吗？

静坐战争断断续续打了八年，浪费了大量的人力物力财力。从一开始局面尚且稳定的时候，都无法集结出兵，到如今西南、东北、西域纷纷失控，国内经济崩盘，叛乱不止，王莽还要幻想着去打匈奴，能打得过吗？

王莽表示，他不需要考虑实际，一切按照他的意志做就行。

呼都而尸道皋若鞮单于非常不满，他原本是想和谈的，没成想王莽又开始搞幺蛾子。这下不仅仅是拿自己的热脸贴了别人的冷屁股，对方还放了个屁。

单于越想越气，他安排了自己的人去接替了须卜当的位置，开始不停地侵扰新朝的边境。

匈奴连续三任单于对中原的态度，都是从开始的友好被逼成了敌对。不得不说，王莽是真的不作不死。

王莽派严尤和廉丹集结军队，准备粮草，就这样又静坐了两年多，须卜当在这期间也病死了。此时国内的流民已经组成了"赤眉军"和"绿林军"，开始反抗王莽政权。

严尤认为，此时的首要任务是平定赤眉军，而不是和匈奴对抗。

王莽坚持要钻这个牛角尖，他罢免了严尤，并下令全国钱粮都要运到北方边境的西河郡、五原郡、朔方郡、渔阳郡，每一郡以百万计，北伐匈奴。

这场战争，直到王莽灭亡，都没能真正打起来。因为国内的战乱愈演愈烈，赤眉军、绿林军以及以刘秀为首的汉朝宗室的力量，三股势力不得不让王莽重视起来。

中国的老百姓，从古至今都是图一个安居乐业，王莽这么多年无休无止地折腾，不给人好日子过，不反他反谁？

《汉书·食货志》称："富者不得自保，贫者无以自存，起为盗贼，依阻山泽，吏不能禽而覆蔽之，浸淫日广，于是青、徐、荆楚之地往往万数。战斗死亡，缘边四夷所系虏，陷罪，饥疫，人相食，及莽未诛，而天下户口减半矣。"

上一次"天下户口减半"还要追溯到汉武帝时期。所不同的是，汉武帝长年打仗，使人们担负了沉重的负担，造成了严重的社会危机。而王莽则是用脱离实际的政策，给国家带来了许多难以承受的灾难。

公元23年，刘秀在昆阳之战，以一万的兵力，击溃王莽四十二万人，创造了军事史上的奇迹，王莽的灭亡进入了倒计时。

同年九月，绿林军攻入长安，王莽被杀。一场春秋大梦，就此终结。

第二十四章
匈奴一分为二

卢芳投匈奴

王莽死后，中原经历了十几年的内乱，终于由光武帝刘秀重新统一，恢复汉朝的统治。

为了区分王莽之前的汉朝，我们通常把刘秀的汉朝称为东汉或者后汉。

汉匈关系又迎来了一个新的时期。

这次，是中原主动找匈奴缓和关系。

首先是在公元24年，也就是王莽死后一年，更始帝刘玄（绿林军所立的皇帝，刘秀的对手）派中郎将刘飒、大司马陈遵出使匈奴。他们向呼都而尸道皋若鞮单于归还了须卜当的亲戚和随从，并重新颁发了和汉朝以前相同的印章——匈奴单于玺，希望能恢复汉朝与匈奴以前的关系。

单于表示，恢复到以前的关系可以，但这个"以前"，具体到什么时候？

汉使们面面相觑，不是呼韩邪时期吗？

单于呵呵一笑，当然是最开始的时候啊。

他告诉汉使，匈奴和汉朝本来就是兄弟之国，匈奴内乱的时候，汉宣帝帮助呼韩邪单于复国，所以匈奴向汉朝称臣。如今汉朝内乱，被王莽篡夺，匈奴也帮着汉朝去打王莽，让汉朝复兴，所以汉朝现在是不是也应该尊崇匈奴了？

不需要汉朝称臣，双方互相称兄弟即可。

逻辑看似完美，实则漏洞百出。陈遵当即驳斥，单于一直坚持。双方谁都说服不了谁，只能不欢而散。

就在刘秀征战各路军阀的时候，北方的渔阳太守彭宠和卢芳反叛，投靠了匈奴。

彭宠早年受到举荐，被刘玄封为渔阳太守，后又投靠刘秀，对刘秀平定河北有一定功劳。受长年静坐战争的影响，北方边境民生凋敝，只有彭宠镇守的渔阳郡比较富裕。由于受到了诬陷，加之刘秀对自己一直不封赏，心生不满，遂起兵反叛，勾结匈奴，攻陷蓟城，自称燕王。

彭宠反叛后，光武帝刘秀想要亲征，在大司徒伏湛极力劝说下，才打消了这一想法。后来派耿进等人前去讨伐，击败彭宠，杀死前来支援的匈奴两个小王。

在建武五年（公元29年），彭宠被家奴所杀，他的尚书韩利趁机杀了彭宠全家，投降东汉。

卢芳是安定郡三水县（今宁夏吴忠市同心县）人，没有什么家族背景。王莽在位期间胡作非为，大家都很怀念汉朝时期，卢芳正是利用这种心理，号称自己是汉武帝的后代，在三水县带领羌胡起兵，更始帝刘玄到长安后，封卢芳为骑都尉，让他镇守安定郡以西。

刘玄败亡后（公元25年），卢芳投降匈奴，呼都而尸道皋若鞮单于如获至宝：当年匈奴衰弱的时候，呼韩邪单于向汉朝称臣，现在汉朝内乱，刘氏来投奔我，我也应该立他为皇帝，向我称臣。

打定主意后，单于立刻封卢芳为汉朝皇帝，让他回到九原县建都。起初，五原人李兴、随昱，朔方人田飒，代郡人石鲔、闵堪各自起兵投降匈奴，他们一度占领了五原、朔方、云中、定襄、雁门五郡，统统归卢芳势力所有——这相当于匈奴培植了一个傀儡政权。

这个政权看似发展很快，但它有一个致命弱点：卢芳的势力基本都是匈奴在背后扶持。这些反叛的人因为匈奴而互相认识，他们之间本缺乏信任。

建武六年（公元30年），卢芳派贾览率军队击杀代郡太守刘兴，随后东汉冯异率军击败了贾览和匈奴奥鞬日逐王。

第二年（公元31年），卢芳势力内讧。卢芳杀死了李兴兄弟，他的朔方太守田飒，云中太守桥扈举郡投降东汉，光武帝让他们继续留任原官职。

尽管受到挫折，卢芳仍然能在匈奴的支持与援助下，与东汉打得有来有回，形成拉锯。直到建武十二年（公元36年），卢芳和贾览一起攻打云中郡的时候，留守在九原郡的随昱想胁迫卢芳投降东汉。在这"羽翼外附，心膂内离"的情况下，卢芳带着十多人投奔了匈奴，随昱带着卢芳所有的军队向东汉投降。光武帝仍然让随昱担任五原太守，封镌胡侯，他的弟弟随宪为武进侯。

卢芳在塞内的势力已经丧失殆尽，对匈奴来说，其利用价值也直线下降。听说东汉正在悬赏卢芳，匈奴就把卢芳送回了内地，想用他换点钱。

卢芳回来后，自称是自己良心发现才投降的，和匈奴没关系，光武帝封卢芳为代王，让他帮助朝廷与匈奴改善外交关系，并在次年正月来洛阳朝见（东汉的首都为洛阳）。

卢芳不可能去改善外交关系。匈奴放走了卢芳，没有得到汉朝的赏赐，气得捶胸顿足，开始进行报复性入侵。

当卢芳南下至昌平县时（今北京市昌平区），不知道出于什么原因，朝廷让卢芳等一年再来朝见。

这下卢芳开始不淡定了，他怀疑其中会有什么变数，于是又投降了匈奴。此后再无波澜，卢芳在匈奴度过了他人生最后的十几年。

🐉 多事之秋

呼都而尸道皋若鞮单于在位期间，一直与东汉处于敌对状态，除了扶持过彭宠和卢芳，匈奴也多次侵扰东汉边境，"杀略钞掠甚众，北边无复宁岁"。

光武帝在解决完国内各个军阀后，采取休养生息，保境安民的国策。除了对边境部署必要的防备外，并没有进行大规模的反击，毕竟前面王莽所造成的危害实在是太大了，东汉需要一段恢复期，暂时只能忍气吞声。

呼都而尸道皋若鞮单于在位十九年，在建武二十二年（公元46年）病逝，他的儿子即位，是为乌达鞮侯单于。

总体说来，他算是一个合格的单于，只是可惜，在继承人的问题上，他的私心再次引发了匈奴的分裂。

自从呼韩邪单于死后，单于位置都是兄终弟及，传位给弟弟。尽管中间有乌珠留若鞮单于想打破这一传统，但最终还是没有实现。现在，呼都而尸道皋若鞮单于公然无视这一传统。

他在位的时候，左贤王是他的弟弟伊屠智牙师，也就是王昭君的儿子。如果按照兄终弟及的原则，应该是伊屠智牙师继承单于之位。

呼都而尸道皋若鞮单于不管这些，他直接杀死了伊屠智牙师，让他的儿子乌达鞮侯单于即位。乌达鞮侯单于屁股还没坐热，同年就死了，他的弟弟蒲奴单于即位。

这引起了右日逐王比的不满。比是乌珠留若鞮单于的儿子，当年乌珠留若鞮单于想传位给自己的儿子苏屠胡，遭到了须卜当的阻挠，不知道现在的这个比和苏屠胡是不是一个人。

伊屠智牙师被杀后，比曾经口出怨言："如果是兄弟次序来说，那就应该轮到伊屠智牙师即位了，如果传给小辈，我是前单于长子，应该让我即位。"此后，比不再去参加王庭朝会，呼都而尸道皋若鞮单于也开始对其防范，派了两名骨都侯时刻监视着比。

蒲奴单于即位后，比愈发怨恨，时时刻刻在找反叛的时机。

机会说来就来，公元四十六年算得上是匈奴的多事之秋。除了单于去世，草原也发生了严重的天灾。干旱、蝗灾导致了饥荒瘟疫横行，死了许多人和牲畜。蒲奴单于担心东汉趁火打劫，于是主动向汉朝提出和亲，光武帝也派遣中郎将李茂前去接洽。比趁机派汉人郭衡偷偷去见西河太守，表达了比归附东汉的意愿，为了表现诚意，比还让郭衡献上了匈奴地图。

这件事情被监视比的两个骨都侯所察觉，他们立刻向单于汇报，建议单于先下手为强，尽早除掉比。

此时正逢匈奴五月的龙城祭祀，各个王都汇聚在此，比的弟弟渐将王恰好在帐篷外听到了他们的对话，他马上通知比做好准备，比集结了四五万人严阵以待。

龙城大会结束后，两个骨都侯原本是返回了比的领地，见势不妙后，他们先溜为敬。

单于遂派一万骑兵去讨伐比。

一万人去打四五万人，单于对比的实力严重估计不足，看到实力悬殊后，单于也灰溜溜地回去了。

🐎 南匈奴称臣

蒲奴单于退走，极大地提高了比的威望。

建武二十四年（公元48年），匈奴八部大人共同推举比为呼韩邪单于（《后汉书》称他为醯落尸逐鞮单于），比再次用他爷爷的单于号，用意也很明显：示好汉朝，做草原的主人。

从此匈奴一分为二，再也没能统一。以比为首的势力称为南匈奴，蒲奴单于则是北匈奴的首领。

南匈奴积极向东汉归附，表示愿永远做东汉的臣属，帮东汉抵挡北方的敌人。东汉最初对南匈奴的归附并不感冒，毕竟东汉一直没有主动打过匈奴，他们也没料到匈奴会自己分裂。

正是由于这种讯息不通畅，彼此不信任的缘故，大臣们都不赞同接纳南匈奴。

此时五官中郎将耿国站了出来：汉宣帝做过的模板，我们为什么不拿来借鉴一下呢？这才过了不到一百年。光武帝这才决定承认南匈奴为东汉的附属国。

一年后（公元49年），南匈奴单于比派他的弟弟率领一万多人进攻北匈奴，生擒北匈奴蒲奴单于的弟弟左贤王，俘虏一万多人，七千匹马，一万多头牛羊，北匈奴退却一千多里。北部奥鞬骨都侯与右骨都侯带领三万多人投降南匈奴。

这一仗，彻底改变东汉北边被动防御的局面——尽管不是东汉打的。

得胜回归后，南单于比再次向东汉称臣，派儿子入朝当人质，并请求汉朝派人来王庭监督。

前面的呼韩邪单于与南单于比分别两次向汉朝称臣，其性质完全不一样。

呼韩邪单于向汉宣帝称臣后，仍然具有一定的独立性，西汉也非常尊重其主权完整性，更多的是对其进行羁縻统治。而比称臣后，东汉更像是视之为自己的一个诸侯国。

第二年（公元50年），东汉派中郎将段彬、副校尉王郁出使南匈奴。

见到比后，汉使命令比跪下接受光武帝诏书，比犹豫了一阵子，还是接受了命令。

诏书宣读完毕后，比让翻译告诉汉使，我们的单于刚刚上位不久，还没有威望，希望你们以后不要让他当众下跪了。单于的骨都侯以及其他贵族听到后，无不流泪。

这年秋天，光武帝让中郎将派五十个人，拿着兵器留守于匈奴王庭，协助单于处理日常诉讼，监督匈奴的政务。这其实就等于直接干涉匈奴内政，这是以前从未有过的事情。

南匈奴从一开始，其独立性就受到了很大的限制，这是与呼韩邪单于时代本质的不同。

除了干涉内政，南匈奴每年都要向东汉派送一名人质，由东汉的中郎将派人护送至洛阳，换回前任人质，带回皇帝给予的赏赐。这样既能笼络南匈奴，又能对其制约，使其不敢叛变。

始与汉族错居

南匈奴在与东汉加强往来期间，似乎并没有严加看管之前所俘获的北匈奴左贤王。

北匈奴左贤王仅仅当了一年的俘虏，就策反了南匈奴的五位骨都侯——他们大概是不满于东汉插手自己内政，加上北匈奴左贤王的旧部，总共三万人，一起向北逃窜。

可能是担心回到北匈奴后自己的地位不保，这位左贤王来到了距离北匈奴王庭三百多里的地方，自称单于。

这种作死行为，无论是南匈奴还是北匈奴，都不可能容忍——这要是让他们发展起来了，岂不是南北朝变成了三国？

这种"三足鼎立"的局面，仅仅维持了一个月。

还未等南北匈奴做出反应，他们自己开始内讧了。具体过程我们已经无从知晓，总之在混战之下，五位骨都侯都死了，左贤王也自杀了……五位骨都侯的儿子们各自拥兵独立。

大约过了半年，这年冬天的时候，他们大概是互相做出了妥协：与其这样势如水火，不如集合剩下的三千人，一起回南匈奴——毕竟他们本来就是从南匈奴脱离出来的。

北匈奴侦察到他们的动向后，立刻派兵追击，将其全部俘获。南匈奴派出援军，与北匈奴交战。这次北匈奴准备足够充分，将南匈奴杀退。

遭此一战，南匈奴损失惨重。

东汉借机把南匈奴王庭迁徙到了西河美稷（今内蒙古准格尔旗西北）。西河美稷距离北匈奴更远，更为安全，同时东汉也更容易控制南匈奴，加上水草丰茂，适合放牧，总的说来，这里是个绝佳的迁徙地点。

光武帝让中郎将段彬和副校尉王郁留守在此，设置官府、从事、掾史。从此，驻守在西河美稷的中郎将，成了一个固定的官职：使匈奴中郎将，简称为中郎将、匈奴中郎将。

早在汉武帝时期，苏武就是以中郎将的身份出使匈奴，那时候的中郎将地位并不高，虽然可以持节，但远远无法与东汉相比。东汉的使匈奴中郎将，有着护卫匈奴，监视匈奴的职责，发展到后面，甚至可以直接废立单于。

西河郡长史每年也要在冬天带领二千骑兵和五百免刑囚徒协助中郎将护卫南匈奴，到夏天时撤走。从此成为常例。

被东汉"层层保护"后，南匈奴也要承担自己的"义务"：防守东汉的边郡。

东汉把南匈奴人分别南迁至八个郡，单于王庭在西河郡自不必说，匈奴的其他贵族则被分配到了多地：韩氏骨都侯屯北地郡，右贤王屯朔方郡，当于骨都侯屯五原郡，呼衍骨都侯屯云中郡，郎氏骨都侯屯定襄郡，左南将军屯雁门郡，栗籍骨都侯屯代郡。

这是匈奴第一次大规模向汉朝边郡迁徙。

不仅仅是匈奴，在此前的建武二十五年（公元49年），东汉还把九千多乌桓人迁至塞内，安置于辽西、右北平、渔阳、广阳、上谷、代、雁门、太原、朔方等边郡，设置乌桓校尉，防备北匈奴和鲜卑。而西羌的内迁比匈奴、乌桓还早，东汉曾经三次强行把羌人从陇西迁至关中。

东汉朝廷采取了收缩防线的边疆策略，把百姓内徙，放弃边塞，让南迁的南匈奴与乌桓人填补边地空虚，以夷制夷，保卫边疆。后来光武帝开始后悔，又把这些内徙的百姓迁回边郡。

来到内地后，匈奴人第一次与汉人生活在同一边郡，加速了匈奴汉化的进程，匈奴人开始由游牧经济向农耕经济转变，这无疑是匈奴社会史的一大进步。

不过问题也随之而来：边郡的汉人与匈奴、乌桓、羌人等"夷狄"的矛盾越来越大，不同民族之间一直没有找到友好的相处之道。

🐉 北匈奴的报复

看到南匈奴与东汉关系愈发密切，北匈奴开始有点慌了，他们主动释放了抢夺的汉人，向东汉示好。他们的目标也很明确，只打南匈奴，不打东汉。每次经过东汉的烽燧等边防哨所时，都会向东汉说明来意。

建武二十七年（公元51年），北匈奴向东汉提出了和亲的请求。朝廷内部意见不一，最后太子刘庄（以后的汉明帝）认为，现在东汉和南匈奴的关系都还没完全稳固，再脚踏两只船，拉拢北匈奴，岂不是在打南匈奴的脸？

光武帝认为太子的话有一定的道理，下令回绝了北匈奴。

第二年（公元52年），北匈奴又来请求，希望东汉能够赏赐乐师乐队，又说可以把西域各国的使团带到洛阳朝见。东汉仍然延续了太子刘庄的观点，对于北匈奴的请求一律不接受。

不过在回复北匈奴的措辞上，东汉是真的下了一番功夫的。既强调了自己宗主国的地位，又赞扬了北匈奴识大体。对拒绝的理由，也是含糊其词。

最后，象征性地赏赐了几百匹绸缎，算是打发了北匈奴的使者。

与西汉相比，东汉缺乏开疆拓土，锐意进取的尚武精神。他们暂时不想打仗，南匈奴屡次请求东汉出兵打北匈奴，都被拒绝。东汉更想看到的是南北匈奴互相制衡。

南匈奴和北匈奴都对此不满。东汉与北匈奴背地里往来，让南匈奴不满；东汉袒护南匈奴让北匈奴不满。

南匈奴的单于比在公元56年病逝，他的弟弟丘浮尤鞮单于即位。

第二年（公元57年），丘浮尤鞮单于也死了，弟弟伊伐于虑鞮单于即位。同年，光武帝刘秀去世，汉明帝刘庄即位。

伊伐于虑鞮单于在位不到三年就死了（公元59年），比的嫡长子即位，是为醢童尸逐侯醢单于。

永平五年（公元62年），北匈奴终于撕破脸皮，开始劫掠东汉边境，此后北匈奴多次入寇，东汉不堪其扰，答应了与其通商。

但好景不长，北匈奴与东汉很快再次翻脸。

起因是东汉派越骑司马郑众出使北匈奴。南匈奴须卜骨都侯等人对东汉"首鼠两端"的行为很是恼怒，他们决定投降北匈奴。郑众回洛阳的路上觉察到了端倪，最后果然等到了南匈奴须卜骨都侯的人。

东汉由此开始加强了戒备，防止两匈奴互相联系。同年秋天，东汉成功阻止了南匈奴须卜骨都侯的投降。

这招致了北匈奴的报复，他们再次劫掠东汉边郡，河西等地白天都不敢开城门。

〔附章〕 臣不敢望到酒泉郡，但愿生入玉门关

永平十五年（公元72年），东汉终于决定对北匈奴用兵。耿秉认为打击北匈奴，应该先从西域入手，进攻白山，夺取伊吾，击败车师国，联络乌孙等国，断匈奴右臂。

次年（公元73年）二月，东汉分兵四路，分别为：

祭肜与吴棠率领河东、河西的羌人胡人和南匈奴所组成的部队，共一万一千骑兵，出高阙塞。

窦固与耿忠率领酒泉、敦煌、张掖三郡郡兵和卢水的羌人胡人部队，共一万二千骑兵，出酒泉塞。

耿秉与秦彭率领武威、陇西、天水等三郡的部队和羌人胡人部队，共一万骑兵，出张掖居延塞。

来苗与尉文穆率领太原、雁门、代郡、上谷、渔阳、右北平、定襄等七郡郡兵和乌桓、鲜卑部队，共一万一千骑兵，出平城塞。

窦固与耿忠到达天山，击败北匈奴呼衍王，斩获一千余人。他们乘胜追击，夺取伊吾卢（今新疆哈密市），其他三路军没有找到北匈奴的军队，无功而返。

东汉的目标是西域，只有窦固的军队是主力，其他三路不过是疑军，其作用是吸引北匈奴的注意，没有与北匈奴交

战也并非不可接受，战略目的已经达到。

永平十七年（公元74年）十一月，东汉派窦固、耿秉率领一万四千人出敦煌郡昆仑塞，进攻西域。汉军完全是按照耿秉之前的战略规划，先进攻白山，杀退北匈奴的守军，随即向车师国进发。耿秉主动担任先锋，降服车师国，班师回朝。

东汉重新恢复了西域都护和戊己校尉，这是自王莽以后，东汉时隔五十多年又开始重新经营西域。东汉任命陈睦为西域都护，耿恭为戊校尉，屯驻后车师金蒲城；关宠为己校尉，屯驻前车师柳中城，各设置驻军数百人。

耿恭就任后，便联系了乌孙国，宣扬东汉的威严。乌孙由此重新与汉建交，派人进贡马匹，遣子入质。

北匈奴当然不会放任不管。公元75年，北匈奴就吹响了反击的号角。左鹿蠡王率二万骑进攻车师。耿恭只派了三百人去救援。这三百人无异于羊入虎口，其结果只能是全军覆没，车师后王安得也被匈奴所杀。很快，北匈奴包围了金蒲城。耿恭把毒药涂在箭上，中箭者皮肤溃烂，烫如沸水，加上又下起了暴风雨，北匈奴惊惧之下，解围退兵。

耿恭并没有存在侥幸心理，他认为疏勒城旁边有溪流经过，于是移兵疏勒城防守。这里的疏勒城是车师国的城，并非疏勒国的国都。七月，北匈奴发动了新一轮的攻击。这次，他们把溪流截断，断了城里的水源。不得不说这招收到了奇效，城内的人口渴难耐，甚至已经到了喝马尿的地步。耿恭亲自挖井，挖了十五丈后，方才有水涌出。城内的汉军士气大振，随后向城下泼水——以此来告诉匈奴：城内不缺水！你们在做无用功！匈奴大感意外，以为有神明护佑汉军，只好撤军。

尽管耿恭两次击退北匈奴，但并没有改变整个西域的战局。龟兹、焉耆两国重新投靠了匈奴，他们派兵杀死了西域都护陈睦，北匈奴又把戊己校尉关宠围在了柳中城。关宠向朝廷上书求救，此时恰好赶上了汉明帝驾崩，汉章帝即位，朝廷并不愿意发兵救援。司徒鲍昱坚持救援，朝廷这才在次年（公元76年）正月派出七千援军，由王蒙率领。

援军还未到时，关宠已经阵亡，车师也叛变到匈奴这一边，情况非常危急。王蒙知道情况后，认为已经没有救援的必要了，只有耿恭的故吏范羌一再请求救援。最后范羌只带着二千人，在风雪交加的夜晚到达疏勒城，掩护耿恭撤退，北匈奴紧追不舍。三月，汉军终于回到玉门关，耿恭的手下只剩下了十三个人。

回到洛阳后，耿恭被汉章帝封为骑都尉。而西域都护、戊己校尉，一并撤销。西域对北匈奴的重要性不言而喻，在两年多西域战场的博弈中，东汉投子认输，召班超从西域回国。

但是班超没有接受诏令，具体原因我们还要从班超的为人说起。

班超，字仲升，扶风郡平陵县（今陕西省咸阳市）人。班家在西汉时期是文化大族。其父班彪立志要像司马迁著《史记》那样，写下西汉历史。后来经过王莽乱世，家道中落，生活穷困潦倒。班彪死后，由他的大儿子班固将《汉书》写完。

由于班固的俸禄不足以养家，班超只能去附近的官舍里抄写文书，赚点生活费。也就是在这时，班超发出了投笔从戎的感叹："大丈夫无它志略，犹当效傅介子、张骞立功异域，以取封侯，安能久事笔砚间乎？"

前文讲到，永平十六年（公元73年），东汉兵分四路进攻北匈奴，只有窦固与耿忠一路取得成功，班超在战斗中表现英勇，获得了窦固的赏识。窦固派他和从事郭恂出使西域鄯善国。班超没有想到，这一去，他把整个余生都奉献给了西域。

东汉努力争取鄯善国，北匈奴岂能不知？鄯善国左右为难，举棋不定。

班超看出了这其中的原因，一天夜里，班超召集了自己手下的三十六个士兵喝酒，正尽兴时，班超变了脸色，向大家怒斥鄯善王款待匈奴人而疏远汉人的无耻行径，调动大家的情绪。最后他告诉大家，"不入虎穴，不得虎子"，只有趁夜火烧匈奴使团，趁着他们惊慌失措的时候，才可全歼他们，灭了匈奴使团，鄯善自然会向东汉倾斜。

这也是成语"不入虎穴，焉得虎子"的出处。

有人提议，这么重大的事情是否要和郭恂商量下。班超对此嗤之以鼻，郭恂只是个书呆子，他知道后肯定害怕。这种人办不了大事不说，还有可能泄密。

拿定主意后，班超带着这三十六个人偷偷靠近匈奴的帐篷。那天正好有大风，班超迎风放火，十个人敲击锣鼓，喊声震天，制造声势。匈奴人一时不知道汉人多少，顿时慌乱不堪。班超与其他二十六人追杀匈奴人。

班超手刃三人，其他士兵总共斩杀三十多人，其他一百多匈奴人都被烧死。

第二天，班超提着匈奴的人头去见鄯善的国王。鄯善"一国震怖"，这下可闯了大祸，既然匈奴已经被彻底得罪，那就抱住东汉的大腿。鄯善王慌不迭地派送人质，归附东汉。

看到班超搞定了鄯善，朝廷非常高兴，继续让班超在西域拉拢其他各国。

班超下一个目标是于阗国。于阗人信奉巫师，班超等人一来，巫师就看上了班超的黑马，他告诉于阗王广德，上天对你们归附东汉感到愤怒，只有用汉使手中的黑马祭祀，才可以平息上天的怒气。

于阗王广德找到班超索要黑马。班超早有准备：黑马可以给，但是必须让巫师亲自来牵走。

似乎这个条件并不过分。巫师来了后，班超二话不说把巫师砍了。随后班超把人头归还给广德，对其严厉训斥。这下广德慌了，他早就听说过班超不是善茬，万一东汉真的派人打过来怎么办？

一不做二不休，广德派人杀了匈奴的使者，作为投名状，归附汉朝。从此，于阗国成为班超在西域坚实的后盾。

连续拿下两国，班超并不满足，他要继续在西域大显身手。

龟兹投降匈奴后，派兵攻破了疏勒国，杀死疏勒王，立龟兹人兜题为疏勒王。班超派了一个叫田虑的人，前去招降兜题。兜题在想，我背后可是有龟兹和匈奴这两个靠山，凭啥向你投降啊。看到兜题没有答应，田虑直接上前绑了兜题，兜题的手下四散而逃。

班超到达疏勒国后，立前疏勒王哥哥的儿子忠为疏勒王。至于兜题，班超留了他一命，将其释放。

就这样，班超不费吹灰之力，就征服了疏勒国。

这招致了龟兹国的怨恨，龟兹勾结姑墨国，多次派兵进攻疏勒。班超与疏勒人众志成城，守了一年多。就在这时，班超收到了朝廷的诏书，告诉了他现在西域的形势（陈睦、关宠阵亡，耿恭撤退），让他也赶快撤退回国。

班超的离开，让疏勒国失去精神领袖。疏勒国很快有人叛变，重新举国投降龟兹。

当班超走到于阗国的时候，他被眼前的场景震惊了：于阗国的贵族们抱住了班超的马腿，哭着请求他不要走……

班超本意也不想走，既然走不了已成了既定事实，那就安心在西域轰轰烈烈大干一场！

他调转马头，带着于阗的兵，重新杀回了疏勒，处决了叛徒。从这我们也能看出，疏勒国的贵族并没有完全倒向班超，包括班超所立的疏勒王忠。

汉章帝建初五年（公元80年），在班超的请求下，朝廷派出了徐干带领的一千人的增援部队。

只有一千人？是不是小气了点？徐干表示，兵不在多，更在于精！

莎车国认为东汉不会援助班超，于是投降了龟兹，疏勒国都尉番辰也开始叛乱。正好徐干援军赶到，平定了这场叛乱。

疏勒国除了番辰的背叛，疏勒王忠也偷偷倒向了莎车这边，班超不得已，只好另立疏勒王。后来，忠诈降于班超，班超"伪许之"，一举将其斩杀。

在风云变幻，尔虞我诈的西域诸国中，班超多次化险为夷，以少胜多，其名望也传遍西域，在公元91年，龟兹、姑墨、温宿等国正式投降，东汉再一次设立西域都护和戊己校尉，只剩下焉耆、危须、尉犁三国未能投降。

焉耆拒不投降的原因，是当年袭击了王莽的人以及杀害过东汉西域都护陈睦。公元94年，班超集结了龟兹、鄯善等八国共七万人的军队，征讨焉耆，一举将其击溃。西域五十多国纷纷主动派送人质，表示愿意归附东汉。可以说，班超几乎凭借一己之力，总共用时二十二年，使东汉重新恢复对西域的统治。朝廷封他为定远侯，邑千户。

在外漂泊久了，每个人都会思乡，班超也不例外。如今，他已经功成名就，无欲无求了，唯一的愿望，就是告老还乡。在永元十二年（公元100年），他上书汉和帝，请求回国。

"臣闻太公封齐，五世葬周，狐死首丘，代马依风。夫周齐同在中土千里之间，况于远处绝域，小臣能无依风首丘之思哉？蛮夷之俗，畏壮侮老。臣超犬马齿歼，常恐年衰，奄忽僵仆，孤魂弃捐。昔苏武留匈奴中尚十九年，今臣幸得奉节带金银护西域，如自以寿终屯部，诚无所恨，然恐后世或名臣为没西域。臣不敢望到酒泉郡，但愿生入玉门关。臣老病衰困，冒死瞽言，谨遣子勇随献物入塞。及臣生在，令勇目见中土。"

没有任何过分的要求，只求自己能活着走入玉门关。

班超的妹妹班昭也苦苦向汉和帝求情。终于，班超在永元十四年（公元102年）八月回到洛阳，结束了他长达三十一年的西域生涯。仅仅过了一个月，班超病逝，享年七十一岁。

第二十五章
一亡一叛

燕然勒石——北匈奴的覆灭

班超在西域可谓翻江倒海，北匈奴为何坐视不管？

答案很简单，北匈奴已经自顾不暇了，没有力量再插手西域。

公元85年，北匈奴接连遭到打击：南方的南匈奴，东方的鲜卑，北方的丁零人，以及西方班超所带领西域各国，纷纷向北匈奴发难。北匈奴的首领车利涿兵等叛逃，前前后后总共有七十三批投奔东汉。

公元87年，鲜卑再次进攻北匈奴，杀死优留单于——从以后的事情来看，这个打击是致命的。北匈奴一下子全乱了，估计是在单于继承人问题上又发生了严重的内讧，最后导致屈兰、储卑、胡都须等五十八部落，二十万人口，跑到云中、五原、朔方、北地投降。

公元88年，北匈奴又发生了严重的蝗灾导致饥荒，很多人跑到南匈奴。此时的南匈奴已经是休兰尸逐侯鞮单于，他上书朝廷，希望能够趁这个机会，与东汉合兵，一举消灭北匈奴。

很不巧，汉章帝刚刚去世，刚刚即位的汉和帝只有十岁，大权落到了窦太后手中。

国家遭遇大丧，再发动战争并不吉利，大臣们除了耿秉之外，没有人同意这场战事。

说来也巧，窦太后的哥哥窦宪此时正好犯了事，被投入了大牢。窦宪知道自己恐怕凶多吉少，于是主动请缨北伐匈奴，戴罪立功——这或许是他唯一免死的机会。窦太后也希望窦宪能把握住这最后一根救命稻草，于是任命他为车骑将军，佩金印紫绶，令耿秉为副统帅，征调十二个边郡的兵力以及羌人，与南匈奴的部队一同出征。

消息刚一传出，立刻引爆了朝堂。

东汉三公九卿无不上书反对。看到朝廷不为所动，太尉宋由和九卿们不敢再劝谏。唯独司徒袁安、司空任隗仍然据理力争，先后上书十多次。侍御史鲁恭、尚书令韩棱、骑都尉朱晖、议郎乐恢也都旗帜鲜明地表示反对。

窦太后力排众议，将所有的反对声音一一压下，仍然坚持要打。

次年（公元89年）六月，窦宪与耿秉各率四千骑与南匈奴左谷蠡王师子率万骑出朔方鸡鹿塞。南单于率领万余骑出满夷谷；度辽将军邓鸿和边境地区归附朝廷的羌胡八千骑与左贤王安国万骑出翩阳塞。三路大军在涿邪山（今蒙古西部、阿尔泰山东脉）会师，征讨北匈奴。

双方在稽落山相遇。此战北匈奴大败，单于逃走。窦宪纵兵掩杀，一直追到私渠比鞮海。此战杀死北匈奴一万三千多人，俘获百万头牲畜。八十一个部落，总共二十万人投降。窦宪与耿秉登上燕然山，刻石勒功，令班固作铭。

这就是"燕然勒石"典故的出处。

窦宪也一战成名，朝廷上再也没人敢去质疑他了。

窦宪班师之余，派梁讽、吴汜去寻找北单于，劝他投降。一路上，又有数以万计的人投降了梁讽、吴汜。两人找到单于后，劝说他效仿下呼韩邪单于。此时的北匈奴已经大势已去，单于也没有犹豫，欣然同意。他带领部众同梁讽一道南归，在得知汉军已经入塞后，就派了他的弟弟跟随着梁讽一同入京朝见。窦宪认为单于诚意不足，又把单于的人质弟弟给送回去了。

公元90年五月，窦宪派军队杀退伊吾的北匈奴守军，重新占领该地。

同年九月，北匈奴单于再次派出使者，表达了归降的意义，并请求入京朝见。十月，窦宪派班固、梁讽前往迎接。南匈奴也上书，请求彻底消灭北匈奴。

那到底该怎么选择呢？其实无论是接纳北匈奴，还是将其消灭，东汉怎么选都没问题。北匈奴已经不会再对东汉构成实质性的威胁。

窦宪还是更想消灭北匈奴，他让南匈奴左谷蠡王师子等人率领左右两部八千骑兵出鸡鹿塞，在河云北找到了北匈奴单于。趁着夜色的掩护，把单于团团围住。

单于蒙了，不是要到洛阳朝见吗？这也太不讲武德了吧？

此战北匈奴几乎全军覆没，单于一度受伤落马，忍痛重新骑上了马后，与数十人夺路而逃。

次年（公元91年）二月，窦宪派出左校尉耿夔、司马任尚再次进攻北匈奴——这也是东汉与北匈奴的最后一战。双方在金微山相遇，北匈奴丝毫没有反抗之力。东汉俘虏了北匈奴单于之母阏氏，斩杀部落王以下五千余人。单于逃跑，不知所向。

此战东汉出塞五千多里，其距离之远是两汉历史出兵匈奴以来所走过最远的地方。

单于的弟弟右谷蠡王于除鞬自立为单于，请求投降。关于是否接纳北匈奴的问题上，朝廷又一次发生分歧。

袁安、任隗反对，理由是南匈奴、鲜卑、乌桓都与北匈奴有仇，接纳北匈奴会让北方产生争端，并且现在国家每年都要给南匈奴和西域一笔开支，如若再接纳更遥远的北匈奴，则国库不堪重负。

并且袁安提出重要的一点是，让南匈奴迁到内地，只是当初的权宜之计，目的是利用他们对抗北匈奴。现在消灭了北匈奴，就应该让南匈奴回到北方草原王庭啊。

窦宪认为应该立右谷蠡王于除鞬为单于，也设置匈奴中郎将监督，如同对待南匈奴那样。双方为此争执不下。窦宪"拳"头比较大，汉和帝最后还是站在了窦宪这边。

令所有人没想到的是，权倾一时的窦宪在第二年（公元92年）倒台了。这给刚刚投降的北匈奴蒙上了一层阴影。于除鞬单于自行逃回北方，汉和帝派兵将其斩杀，消灭了他的部众。从此，北匈奴再无王庭。

🐉 欧洲匈人的传说

北匈奴的残存力量已经无法与东汉、南匈奴、鲜卑抗衡。无法投降，他们只能走郅支单于的老路：西迁，远走高飞。只是，他们走得远比郅支单于要远。天无绝人之路，世界那么大，总会有能让他们的栖息之地。

他们究竟去了哪里？史书再也没有关于他们的记载。

大约三百年后，一支名叫"匈人"（Hun）的游牧民族出现在东欧。他们民风彪悍，作战勇猛，不仅消灭了阿兰国，甚至还一度横扫东罗马帝国，称霸东欧。

18世纪中期，当法国东方学家德经从传教士那里得知中国历史上曾经有个匈奴（Hisung-nu）时，立刻联想到了古代欧洲的匈人。德经相信，匈奴就是匈人的祖先。他把这个想法写进了《匈奴、蒙古与其他西部鞑靼的通史》中。

后来，著名历史学家吉本将德经的观点援引入了《罗马帝国衰亡史》，亚洲的匈奴是欧洲匈人祖先的说法，很快流传开来。

但是匈奴与匈人，有着接近三百年的断裂，无论从史学界还是从考古界，均未找到强有力的证据来证明他们是同一种族。两者之间并无关联，已经成了学术圈的共识。学者罗新指出，匈人是西迁匈奴残部的说法，早就被现代严肃的内亚历史文化研究者所否定。除非发现进一步的证据，否则它很难再回到学术讨论里。

现如今，无论是在中国还是欧洲，仍然有很多人愿意相信匈人即匈奴的说法，并对此津津乐道。这或许就是历史的魅力吧。

除了远走的北匈奴残部，还有大约十万落的北匈奴"遗民"。前文说过，窦宪或者东汉朝廷并没有让南匈奴重回北方。趁着草原短暂的真空期，鲜卑人占领了北匈奴故地。为了摆脱"北匈奴"这种被歧视的身份，这十万落匈奴人改换门庭，全都自称鲜卑人。

这里所说的"落"，是帐篷的意思。学者王仲荦解释说，一落就是一个帐篷，大概可容纳十人左右。这么算下来，鲜卑族所能接触到的匈奴遗民大概有一百多万的人。

我个人对这个数字保留意见。北匈奴连年遭到打击，有太多的人投降、被俘虏或者死于战争与饥荒。如果北匈奴还有接近一百万的人口，完全还有一战之力，不会败得这么难看。然而无论是《后汉书》还是《资治通鉴》，都记载了"匈奴余种留者尚有十余万落，皆自号鲜卑，鲜卑由此渐盛"，目前尚无直接证据能够否定这条记载，似乎"十余万落"改为"十余万人"更符合实际。

不论北匈奴留下多少遗民，总之他们摇身一变，成为鲜卑人，开始融合进了鲜卑人的生活。这是鲜卑历史一个极为重要的事件。他们的实力在短时间内膨胀，很快就成长成足以对抗东汉帝国的草原霸主，为他们以后逐鹿中原积淀了强大的能量。

🐉 安国与师子的猜忌

永元五年（公元93年），南匈奴休兰尸逐侯鞮单于去世，左贤王安国成为新一任的单于。

从左贤王升至单于，安国的继位完全符合匈奴的制度，可匈奴人并不拥戴他。原因无他，他们认为左谷蠡王师子更适合来当这个单于。师子勇猛狡黠，前两任单于都很喜欢他。他屡次带兵挫败北匈奴，前文讲到的河云北之战，就是师子打的，他还差点擒获了北匈奴单于。师子不仅得到前任单于的赏赐，也多次受到了朝廷的表扬。

新任单于安国也自然会把师子视为潜在威胁，他要寻找外援，对抗师子。

安国马上想到了那些投降的北匈奴人，他们对师子痛恨不已。双方一拍即合，计划着杀死师子。不过他们的保密做得不是很好，阴谋马上变成了阳谋——大家都知道了。每逢龙庭会议，师子总是称病不来。东汉度辽将军皇甫棱也袒护着师子。

公元94年正月，皇甫棱被免职，由朱徽代替其职务。单于安国上任后，和中郎将杜崇的矛盾日益增加。于是单于向朝廷投诉杜崇，杜崇也不是吃素的，他让西河太守截留单于的奏章，再反手向朝廷控告单于的不轨行为：疏远旧部，亲近投降的北匈奴人，计划杀害师子等等。

朝廷经过讨论后决定，先派人打探下匈奴的动静。如果没有变化，就惩罚下那些捣乱的人。单于若敢不接受命令，则使者随机应变。

杜崇、朱徽就这么带着兵来了。

单于安国的反应也匪夷所思，他听到汉军要来的消息后，先是连夜逃跑，随后又集结军队，进攻师子——可能他认为是师子在背后向朝廷说了他的坏话？师子也有所准备，关闭城门，不予理会。

看到兵戎相见，汉朝也不能不管。朱徽先是派人进行调停，劝说两家不要打架。单于不听，执意攻城。朱徽也不再客气，带兵攻击单于。安国的舅舅骨都侯喜担心自己被牵连，提前杀死了安国。大家立众望所归的师子为亭独尸逐侯鞮单于。

从这件事可以看出，南匈奴此时已经完全丧失了政治上的独立性，彻底成了东汉的藩属国。东汉可以随意干涉南匈奴的任何事情。

安国被杀，师子即位，是新投降的北匈奴人所不愿意看到的结果。一天夜里，他们总共五六百人袭击了师子，被保卫单于安全的安集掾王恬所击退。

投降来的北匈奴人慌了，他们纷纷叛变，加起来总共有十五个部落、二十余万人。搞这么大的事情，总要有个带头大哥吧？他们胁迫休兰尸逐侯鞮单于的儿子日逐王逢侯为单于，烧杀抢掠后，逃向北方大漠。

日逐王逢侯的确是被逼的。身为南匈奴单于的后代，没有理由蹚这浑水。

东汉对此十分重视，汉和帝调动边郡士兵以及鲜卑、乌桓军队对其拦截，击杀一万七千余人。剩下的北匈奴人则由逢侯带领下逃出塞外。

汉军班师后（公元95年），汉和帝知道了朱徽、杜崇与匈奴不和，使单于安国无法向朝廷上书，导致了安国的反叛，二人有公报私仇之嫌。朱徽、杜崇被征召进京，下狱处死。

单于檀反汉

单于师子死于公元98年，前单于长子檀继位，是为万氏尸逐单于。

单于檀即位后，南匈奴内部的分裂暂时延缓了。他多次打击北匈奴的残余势力，颇有斩获。

自从汉和帝去世后（公元105年十二月），东汉的统治开始走下坡路，对鲜卑、乌桓、西羌等民族的控制力，也越来越弱。加上连年的自然灾害，使东汉朝廷焦头烂额，史称"（邓）太后自临朝以来，水旱十载，四夷外侵，盗贼内起"。连续十年的自然灾害让边境各族都打起了歪主意，南匈奴单于檀，就是其中之一。

我们先来看一下邓太后临朝听政后（公元106年），发生的自然灾害频率。

公元106年，"六月……郡国三十七雨水。""冬，十月，四州大水，雨雹。"

公元107年，"是岁，郡国十八地震，四十一大水，或山水暴至；二十八大风，雨雹。"

公元108年，"夏四月甲寅，汉阳城中火，烧杀三千五百七十人。""五月，旱。""六月，京师及郡国四十大水，大风，雨雹。""是岁，郡国十二地震。"

公元109年，"三月，京师大饥，民相食。""十二月辛酉，郡国九地震。""是岁，京师及郡国四十一雨水雹。并、凉二州大饥，人相食。"

公元110年——公元116年仍然有地震、蝗灾、水灾等自然灾害。

简单说来，公元106年和公元107年，连续发生了水灾，公元108年的五月，竟然出现旱情了。到了六月，天降大雨，旱情缓解。不过这雨下得有点猛，导致四十多个郡发生了水灾。连续三年的水灾使粮食大面积减产，在公元109年，终于酿成了严重的饥荒。京师洛阳发生了人吃人的现象。四十一个郡发生了冰雹，并州、凉州也有人吃人的现象。

为什么要强调公元109年？因为这年单于檀正好来洛阳朝见，目睹了这些惨象。

回去以后，一个叫韩琮的汉人唆使单于檀，说关东的水灾很严重，汉人基本都饿死了，可以趁机攻击汉朝。所谓耳听为虚，眼见为实，单于檀不疑有假，公开反叛，把中郎将耿仲包围在美稷。

不仅南匈奴，鲜卑、乌桓也开始反了。他们与南匈奴合兵，进攻五原郡，杀败汉军。

中郎将耿仲抵抗数月，才将单于击退。

次年（公元110年）三月，东汉派出一万六千人的军队征讨单于檀。看到汉军来真格的，单于檀怕了。不过他仍然保持着一个清醒的头脑，在责备韩琮后，他派人向汉军投降。单于檀脱掉帽子，光着脚，向汉将下跪，承认自己的错误，归还一万多抢来的人，以及被羌人抢走转手卖给匈奴的汉人。

东汉朝廷赦免了单于檀，待遇照旧——估计东汉是担心杀了单于檀，会激起南匈奴更大规模的反叛，所以才会有这种息事宁人的态度。

从此，单于檀开始变老实了。无论后面东汉还发生了多大的自然灾害，他再也没有反叛过，并且经常帮着东汉平定羌人与鲜卑的叛乱。

单于檀在位二十七年，于公元124年病逝，他的弟弟拔即位，是为乌稽侯尸逐鞮单于。

单于拔在位比较短，在公元128年病逝。他的弟弟休利即位，是为去特若尸逐就单于。

休利单于在位期间，南匈奴再次发生了分裂，并且这一次分裂，与以往的性质都不一样。

第二十六章
编户齐民

🐉 兜楼储的身世

在休利单于上位的第十三个年头，南匈奴句龙王吾斯和车纽造反，攻打西河郡。他们派人招引右贤王，一起包围美稷，杀死朔方郡和代郡的地方官。

东汉很快做出应对，度辽将军马续、匈奴中郎将梁并征发边防军以及乌桓、鲜卑、羌胡共两万人，击败了吾斯和车纽的叛军。吾斯和车纽重新收拾残部，再次发起进攻，攻陷城邑。

休利单于没有参与这场叛乱，事先也不知情。这只能说明随着单于的权力越来越小，其威望已经不足以约束部下。

汉顺帝很生气，派人责备单于——毕竟是你的人在你的地盘上做出了不该做的事情。单于很害怕，他亲自去找中郎将认错。中郎将陈龟并不接受，他逼迫单于与左贤王自杀。

陈龟擅自杀死单于和左贤王的行为引起了很坏的影响，

并且他还想把单于的近亲都迁徙到内地各郡。整个南匈奴开始动荡，而车纽趁机称单于，一并联合乌桓、西羌等上万人，攻破京兆虎牙大营，杀死上郡都尉和军司马，劫掠并州、凉州、幽州和冀州——陈龟因此被朝廷免官，投入了大牢。

东汉很快派人击败了车纽，车纽投降，而吾斯则继续联合乌桓劫掠东汉边境。

此时西边的羌人也在大举进攻武威郡，东汉有些应接不暇。

公元143年，东汉封南匈奴守义王兜楼储为单于，是为呼兰若尸逐就单于。自从休利单于被杀后，单于位置空缺了近三年之久。兜楼储在洛阳接受了册封大典，汉顺帝亲自主持仪式，而后派中郎将将其送回单于庭。

这个兜楼储是何方神圣？为何能得到东汉的青睐？

关于兜楼储的身世，史书没有任何记载，他的身份非常可疑。

我们都知道，从西汉开始一直到东汉南北匈奴分家，有关争夺单于位置的事情，发生过无数起。但这些人无论是有着怎样的争端，其身份都有一个共同的特征：他们都是单于家族成员内的人，他们都和冒顿单于有着血缘关系，简单地说，他们都姓"挛鞮氏"。

兜楼储的身世，却是不清不楚，他有可能是投降东汉的部落大人，也有可能是在洛阳的匈奴侍子——南匈奴单于经常派自己的儿子去洛阳当人质。如果他和前面的单于有血缘关系，文献应该会注明这层关系。没有记录，可能是不方便说。

也正是这种原因，他在南匈奴根本没有权威——东汉也不需要单于有权威，他们只需要一个听话的，不带头造反的单于。东汉可以凭借军事力量维持兜楼储的地位。

单于兜楼储死于公元147年，居车儿成为新一任单于，是为伊陵尸逐就单于。

居车儿又是谁？仍然没有任何记载，甚至他和兜楼储单于有什么关系，我们都不得而知。很难不怀疑他也是被东汉一手扶持的。

擅杀单于，羌渠上位

汉桓帝延熹元年（公元158年）十二月，南匈奴各部部众同时反叛，和乌桓、鲜卑等联合侵犯沿边九郡。（前面的吾斯已经被东汉暗杀。）中郎将张奂暗中与乌桓和好，让乌桓杀死匈奴以及匈奴的旁支屠各的首领。

匈奴群龙无首，很快就被击溃，剩下的匈奴人全部投降。

需要注意的是，这里出现了匈奴的"屠各部"。

关于屠各部，史学界普遍看法是匈奴的一个旁支。学者唐长孺在《魏晋南北朝史论丛》中《魏晋杂胡考》一文中指出，屠各是来自汉武帝时期投降汉朝的匈奴休屠王部。当时浑邪王和休屠王准备投降汉朝，休屠王中途反悔，被浑邪王所杀。

张奂认为单于居车儿没有能力去领导南匈奴，将其拘禁，然后向朝廷奏报情况，请求更换单于——实际上居车儿的确没有威望服众。当然，这不是他的错。朝廷也知道居车儿的尴尬处境，依然让他继续担任单于。

公元172年，居车儿病逝，他的儿子继承单于位，是为屠特若尸逐就单于。

南匈奴一直以来都是维持着兄终弟及的传承方式，居车儿传位给自己的儿子，进一步破坏南匈奴的传承制度。

在汉桓帝统治期间（公元146年—公元168年），草原已经完全变成了鲜卑人的天下。

鲜卑人在领袖檀石槐的带领下，完全占据了匈奴以前的领土，组建了一个庞大的部落联盟，把草原分成东、中、西三部，各派一名大人统领。史称其"南抄缘边，北拒丁零，东却夫馀，西击乌孙，尽据匈奴故地，东西万四千余里，南北七千余里，网罗山川水泽盐池"，俨然如同鼎盛时期的匈奴。他们多次劫掠东汉边境，东汉被打得焦躁无比，却又无可奈何。

万般无奈之下，朝廷给檀石槐颁发印章，封他为王，主动提出与其和亲。

令东汉没想到的是，檀石槐断然拒绝："呵，我凭什么要受到你们的管束？"

眼看檀石槐不吃这套，汉桓帝只能干瞪眼。

从此，鲜卑人更加频繁地侵扰东汉。

终于有一天，东汉实在无法忍受这口窝囊气了，朝廷决定要给檀石槐一点颜色看看。

公元177年，东汉发动分兵三路，北伐鲜卑：乌丸校尉夏育出高柳，破鲜卑中郎将田晏出云中，中郎将臧旻和南匈奴屠特若尸逐就单于出雁门，每路各一万骑兵。

这是东汉唯一一次北伐鲜卑。

檀石槐命令东、中、西等三部大人各自率领部众迎战。东汉三路兵均遭惨败，阵亡了十分之七八，符节和辎重全部丢弃。

同年，不知道是不是和这次战争有关，屠特若尸逐就单于去世，他的儿子呼征继位为单于。

公元179年，单于呼征与中郎将张修不和，张修将其杀害，立右贤王羌渠为单于。

这是东汉中郎将第二次擅自杀害单于。算上以前的安国、利休，总共有三位单于直接或者间接死于东汉中郎将之手。加上车居儿一度被拘禁，后面还有呼厨泉被扣留邺城，单于的地位已经降到了最低点，无法控制部众也是没有办法的事情。

东汉为此处死了中郎将张修，不过也承认了羌渠成为单于这一既定事实。

🐉 曹操分化匈奴

东汉末年，外戚专政，宦官专权，徭役兵役繁重，土地兼并现象日趋严重，社会矛盾不断激化，全国反叛的声音此起彼伏。

公元184年，张角、张宝领导了轰动整个东汉的黄巾起义。

一般认为，黄巾起义是（广义上的）三国时代的序幕。

公元187年，渔阳人张纯造反，自称弥天将军、安定王，张举称皇帝，他们聚众十多万人，要求汉灵帝退位，公卿奉迎张举。汉灵帝派幽州牧刘虞以及南匈奴去征讨张纯。

单于羌渠并没有异议，他让左贤王带领军队去幽州接受刘虞的调度。史书上说匈奴人"恐发兵无已"，担心以后不断地去打仗，我个人认为更可能是因为单于羌渠威望不够，匈奴人不愿意去听他指挥，不想给他或者给东汉卖命。

总之，无论是什么原因，这些匈奴人就不想去幽州，他们十多万人同时反叛，杀死了单于羌渠。羌渠的儿子右贤王于扶罗称单于，是为持至尸逐侯单于。

左贤王还没发话，右贤王就匆忙即位？并且还是父死子承？匈奴人无法忍受这种结果，于是再次发生叛乱……

于扶罗被赶走，匈奴人立须卜骨都侯为单于。须卜骨都侯为单于仅仅上任一年就死了，单于位置再次空缺，此后"以老王行国事"。这里的老王不是我们现代词"老王"的意思。他指的是年老的王（也有可能是须卜骨都侯单于的父亲），由他暂时代理单于职权。

于扶罗一口气跑到了洛阳，幻想着东汉能像以前那样扶持他上位。

他没想到，洛阳城一片缟素，汉灵帝也驾崩了，朝廷慌作一团，根本没人搭理他。

从此天下大乱，各路军阀混战。

于扶罗吃了闭门羹不说，连自己原先的领地也回不去了，匈奴人不想接纳他。于扶罗也就打消了回去的念头，他暂时在河东郡的平阳县，密切关注着中原的局势变化。

随后大将军何进被杀，董卓叛乱，天下群雄割据。于扶罗先后依附于袁绍、袁术，后来被曹操击败，死于公元195年，他的弟弟呼厨泉继任为单于。

呼厨泉在与曹操作战失败后投降，曹操允许他归还平阳。就这样，这支匈奴人以河东郡的平阳为中心，散居于并州五郡（太原、上党、雁门、新兴、西河）以及河东、安定等郡，逐渐形成了一定的气候。

曹操对他们很不放心，建安二十一年（公元216年），曹操称魏王，呼厨泉单于来到邺城朝见，曹操趁机将其扣留，好吃好喝地供着，让右贤王去卑代理单于职能。同时，曹操把匈奴分为五部，各设立一个贵族为统帅，并选派汉人作司马监督他们。

学者周伟洲指出，"曹操的这一系列措施不仅使居于并州等地的南匈奴得以合法化，而且逐渐形成为东汉统治下的'编民'，社会地位发生了变化。这是东汉末年北方战祸不断，土地荒芜，曹操欲以内迁的南匈奴为劳动力和兵士的来源而采取的措施"。

曹操加强了对内迁匈奴人的控制，让单于和其他部落大人对其部民的直接统治变为了间接统治，成为东汉编民的匈奴人将会被东汉直接征调，参与战争。

到了曹魏嘉平三年（公元251年），匈奴五部中的左部帅刘豹把五部合并为一部。当时邓艾就建议曹魏朝廷把刘豹的势力 ·分为二。当政的司马懿正在忙于清算高平陵政变后的相关人员，加上东吴还在进攻，所以无暇顾及，一直到曹魏末年，才把刘豹部一分为三，并且让刘豹的儿子刘渊入京为质。

到了西晋泰始初年，新增一部；不久后，再增一部。这样匈奴又被分成了五部。很明显，刘豹所统领的匈奴力量，已经引起了魏晋的警惕。

第五卷 立国中原的短暂荣光

本卷人物：

刘豹、刘渊、石勒、刘（赫连）勃勃

历史事件提要：

刘渊建汉、汉灭西晋、两赵争锋、赫连勃勃建夏

第二十七章
刘渊建汉

民族地位不对等

关于刘豹的身世，史书记载得比较混乱。

《十六国春秋》和《晋书》说刘豹是于扶罗的儿子。公元195年，于扶罗死，他的弟弟呼厨泉即位，刘豹成为左贤王。公元216年，曹操分五部，刘豹担任左部帅。刘渊大约出生在曹芳嘉平年间（249—254年）。如果刘豹是在二十岁当上左贤王，那么刘渊出生的时候，刘豹至少已经七十四岁了。刘豹死于秃发树机能反晋之后，《资治通鉴》说是咸宁五年（公元279年）。算下来，刘豹寿命已经超过了一百岁。

以当时的生活水平来说，有点不太可能。

以唐长孺为代表的多位学者指出，史书中强调了刘渊是匈奴的屠各分支，这应该是没有问题的。而于扶罗是羌渠单于的后代，绝非屠各。刘渊有伪造身世之嫌。

在西晋八王之乱时，刘渊为了提升号召力，博得匈奴贵族的支持，故意将自己说成是单于的后代。

那么，刘豹这个一百多岁的年龄到底该怎么解释？七十四岁生刘渊一事，又该如何看待？

最有可能的是，左贤王刘豹与左部帅刘豹，是两个人。汉赵史书故意混淆，把两个人混成了一个人。右贤王去卑的孙子刘虎，血统反倒是更接近于扶罗。这也是汉赵承认刘虎是宗室，却不给他宗室待遇的原因。

公元265年，司马炎称帝，是为晋武帝，曹魏灭亡。

西晋取代曹魏后，加上气候恶劣，自然灾害频繁，鲜卑酋长拓跋力微病亡，部落联盟解散等因素，北方有大量的胡人内迁，匈奴、鲜卑、乌桓、西羌以及其他蛮夷选择进入塞内生活。这些人有自愿的，也有西晋统治阶级招引而来的。

总之，这些胡人遍布西北诸郡，甘肃、宁夏、山西、陕西以及河北都有他们的部众。

还有很多民族向西晋内附——归附于西晋，愿意帮西晋守卫边塞。

对于这些内迁、内附的民族，晋武帝司马炎照单全收。

随着大量的胡人涌入，西晋的民族矛盾开始日益凸显。

关于民族矛盾，其实早在西汉的时候就有了。汉武帝时期，羌人就遭受了汉朝官员以及豪民压迫、剥削、虐杀。东汉时期，大量的羌人与南匈奴人内迁，东汉总是以歧视的眼光看待他们，天生带有一种优越感，民族之间的地位不对等，使汉人始终不能够与其和平共处。

到了魏晋，这种民族歧视愈演愈烈，甚至有些官员把内迁的胡人视为夷狄禽兽。而内迁进来的胡族，运气好的保留了原来部落的形式，有的则成了编户齐民，运气差的沦为了世家大族的部曲佃客和奴隶，缴纳租调，被征发打仗，成了他们的义务。

时间久了，必然会激起他们的反抗。

日本学者谷川道雄在其著作《隋唐帝国形成史论》指出："汉代世界帝国的结构中必然存在的一些矛盾也日趋尖锐。华北各地虽有胡汉杂居的情况，但这并不意味着夷夏为对等的关系。早在东汉初，班彪就曾指出，那些利用言语、风俗习惯的不同而行欺压、剥削之能事的'小吏'、'黠人'才是投降羌民再次发动叛乱的原因。大家都知道，2世纪初爆发的羌族大叛乱拖垮了东汉国家，而导致叛乱发生的主要原因，据说就是源于汉朝官吏及豪族强制性的苛刻役使。这一种族间的不平等，或者说是压迫与被压迫的关系，一直持续到了魏晋时代。西晋武帝时期，凉州的氐羌族叛乱据说也是由于汉人地方官'侵侮边夷'、'妄加讨戮'之故……汉代世界帝国在结构上的矛盾，尔后为魏晋政权全盘继承。从王朝内部爆发的八王之乱导致了西晋的覆灭，而这亦显示出了汉人王朝作为这一世界的中心在不可避免地走向衰落和解体。"

《徙戎论》缘何未予重视

西晋朝廷还是有人觉察到了其中的隐患。

傅玄、阮种先后在不同的时间，提出这种胡人在塞内杂居的模式，对统治没有好处。

公元270年，鲜卑人秃发树机能发动了声势浩大的起义。为了镇压，西晋先后阵亡了一位秦州刺史和三位凉州刺史，直到公元279年方才将其平定，总共用了将近十年。

公元296年，镇守关中的赵王司马伦横征暴敛，加上天灾不断，关中的氐族、羌族反了。他们拥立齐万年为帝，反抗西晋的统治。齐万年最多拥有七万人的部队，他们与西晋军队展开殊死搏斗，三年之后，起义军失败，齐万年也被杀死。

反思齐万年的起义，西晋名臣江统写了一篇《徙戎论》，他清楚地认识到西晋统治阶级对胡人的压迫与剥削所引发的民族矛盾，从而主张朝廷把关中的氐、羌以及并州的匈奴，迁回他们原来生活的地方。说得有几分道理，但朝廷对此并未予以重视。

为什么西晋不去想办法解决一下民族矛盾？原因有很多，最主要的是西晋是一个"躺平"的朝代。

晋武帝司马炎刚刚当上皇帝时，还是一个比较简朴的人。在公元280年，他消灭了三国最后一个国家——东吴，从而完成了一统天下的伟业。从此司马炎画风大变，西晋逐渐开始腐败。

司马炎本人就有"万人后宫""羊车望幸"的故事。大臣们争相贪腐，互相炫富。石崇与王恺斗富期间，司马炎还暗搓搓地帮着王恺。上行下效，一股决疣溃痈、不思进取的歪风邪气充斥着整个西晋王朝。

上层社会贪腐无能，遭殃的是下层的老百姓。官员们聚敛财富，掠夺资源，阶级矛盾不断激化。秃发树机能、齐万年的起义，是民族矛盾与阶级矛盾双重激化下的产物。刘毅当面批评司马炎不如汉桓帝和汉灵帝。理由是桓、灵卖官，钱入官库；而武帝卖官，钱入私府。

晋武帝司马炎后期的统治，可以用不及格形容。不过他好歹是个正常人，在朝中也比较有权威，朝廷至少还能正常运行。他死后，太子司马衷即位，也就是晋惠帝。

晋惠帝从小智力就不正常，"何不食肉糜"的梗，已经被后世耻笑了接近两千年。由于他天生愚钝，无法处理政务，大权落到了皇后贾南风手里。

贾南风有着很强的权力欲望。客观地说，她执政期间，也曾颁布过一些差强人意的政策，并非一无是处。可她后来擅杀太子，引发了八王之乱，才把西晋彻底推向了无底深渊。

江统就是在这一背景下，把《徙戎论》交给了晋惠帝和贾南风。很显然，凭晋惠帝的智商，决定不了这样的大事；而贾南风正在和诸王们内斗，根本无暇顾及那些胡人。

在贾南风杀害太子后，赵王司马伦鼓动太子的手下，以及齐王司马冏等人起兵讨伐贾南风一党。杀死贾南风后，司马伦杀死政敌淮南王司马允，逼迫晋惠帝退位，自己当了皇帝。

齐王司马冏、河间王司马颙、成都王司马颖纷纷起兵讨伐司马伦，全国内战爆发。

从小一直在洛阳当人质的刘渊，终于有了出头的机会。

🐲 趁乱建国，高光时刻

前文说过，刘渊本是匈奴屠各部人，自小文武兼修，非常有才能，在洛阳也混得风生水起。不过这也引起了一些人的警惕，这让他前半生郁郁不得志。

王济曾经向晋武帝举荐刘渊到长江一带任职，可以平定吴国。晋武帝也很看好刘渊，但是大臣孔恂、杨珧认为，刘渊的才能，的确能平定东吴，不过他平定东吴后，可能就不会再北渡长江了。晋武帝沉默了，再也没有考虑任用刘渊去平定东吴的想法。

在秃发树机能起义时，晋武帝也曾经无计可施，尚书仆射李憙说，只要给刘渊带领匈奴五部，消灭秃发树机能指日可待。但孔恂再次以相同的理由予以反对。

后来，齐王司马攸还建议晋武帝杀了刘渊，王浑及时为其求情，刘渊这才保住了性命。

可以看出来，西晋内部对刘渊的态度是极其矛盾的。既想利用他的才能，又担心无法驾驭。

刘豹死后，刘渊继承了左部帅的位置。晋惠帝的时候，任命他为将兵都尉，刘渊终于有了发展自己势力的机会。贾南风专政时期，刘渊被免官。同时，成都王司马颖也被赶出了洛阳，出任邺城。

为了积累与中央对抗的筹码，司马颖极力拉拢刘渊。他表奏朝廷，任命刘渊为冠军将军，监五部军事。不过，司马颖也对刘渊有所防范，但还是把刘渊留在了自己的身边。

贾南风陷害太子后，引爆了震荡天下的八王之乱。诸王之间在中原混战，加上频繁的自然灾害，流民的不断迁徙与起义，西晋高层的腐败无能，使全国上下都处在风雨飘摇当中。

匈奴人看到了机会，右贤王刘宣对其族人说："自从汉朝以来，单于徒有虚名，而无实权。现在晋朝乱了，我们咸鱼翻身的机会来了。恢复呼韩邪单于的统治，指日可待！"

他们共同推举刘渊为大单于，派人秘密到邺城与刘渊见面。刘渊以葬礼为由，请求回去，被司马颖拒绝。刘渊只好告诉前来"报丧"的人，让右贤王随时做好起兵的准备。

随着西晋内战的深入，八王之乱最后变成了成都王司马颖与东海王司马越之间的角逐。幽州的王浚与司马越的弟弟司马腾招来了鲜卑和乌桓人，对抗司马颖。

司马颖心想，你有张良计，我有过墙梯。看到对手找了外援，司马颖立刻想到身边的刘渊了。正好，刘渊也想趁机离开司马颖，他满怀信心地告诉司马颖，只要他回去发动五部匈奴，就足以对抗鲜卑乌桓。

就这样，刘渊回到了他梦寐以求的左国城（今山西省吕梁市方山县内），被刘宣等人拥戴为大单于。在仅仅二十天内，他就汇聚了五万人马。

不过，他当初答应增援司马颖的匈奴五部人马，却缩水成了五千人，由左於陆王刘宏带领。也不知道是不是刘宏故意放慢脚步，延误时间，或者说是王浚的动作太快，总之刘宏没能赶上这场战争，无功而返，而司马颖也被打败，只能放弃了邺城，前往洛阳。

很快，司马颖被反对势力控制了起来。

司马腾也怕刘渊来捣乱，向鲜卑首领拓跋猗㐀求援，拓跋猗㐀与其弟拓跋猗卢在西河合力击败刘渊。

对于司马颖，刘渊的态度很复杂，犹豫了半天，他还是决定履行当初的约定，救援司马颖。刘宣急了，连忙提醒刘渊"晋为无道，奴隶御我"，现在司马氏自相残杀，正是匈奴人崛起的时候，我们应该建立呼韩邪单于的功业，鲜卑、乌桓也可以争取为外援。

刘渊认同他的看法，不过刘渊的志向远不在此。他说："大丈夫当为汉高、魏武，呼韩邪何足效哉！"他要像刘邦、曹操那样建国立业。他的最终目标是要当皇帝。

匈奴人当皇帝，是从来没有过的事情。不过对刘渊来说并不是问题：大禹出于西戎，文王生于东夷，我刘渊凭什么就不能当皇帝！

刘宣等人被刘渊的豪情壮志所折服，纷纷赞叹："非所及也！"——我们这些人是达不到这种远见的。

刘渊迁都左国城，对别人说自己是呼韩邪单于的后代，他要重新恢复大汉的江山。于是他建国号为"汉"，追封刘禅（就是刘备那个扶不起的儿子阿斗）为孝怀皇帝。众人也忙不迭地劝刘渊称帝，刘渊以"晋室犹在，四方未定"为由，效仿刘邦，暂且自称"汉王"。

🐉 兵临洛阳

说来很讽刺，在东汉灭亡了八十多年后，一个匈奴人竟然又举起了大汉的旗号。

东海王司马越成为八王之乱的最终"胜利者",独揽西晋大权,后又毒杀了晋惠帝司马衷,晋怀帝司马炽即位。

此时的西晋已经无暇顾及兴风作浪的刘渊了,以李特、李流为首的十万关中的流民迁徙到了四川,建立了成汉政权。全国多地爆发农民起义,反对西晋统治,王弥、石勒等势力的兴起,带给西晋朝廷很大的压力。尽管西晋能够暂时击败他们,可他们在困境中投奔刘渊,又使刘渊的力量得到增强。

这对刘渊来说很有利,他的手下也建议趁机南下,刘渊也认为时机成熟,于是开始对西晋用兵。

请注意,刘渊反晋与两汉时期的匈奴所发动的战争不同。

两汉时期的匈奴基本上是侵扰汉朝的边郡,从来没有想过消灭汉朝。刘渊反晋,是想用武力取代华夏帝国,这是匈奴人迈出了逐鹿中原的第一步。

晋怀帝永嘉二年(公元308年)正月,刘渊派出自己的儿子刘聪和十多名将领向南占据太行,派石勒等人向东占据河北地区。

三月,刘渊南下进攻河南地区,同时王弥进攻、青、徐、豫、兖四州。四月,王弥攻陷许昌。七月,刘渊拿下平阳。

刘渊的汉国势力疯狂扩张的同时,他的手下们也是忙不迭地劝进。十月,刘渊称帝,大封群臣。刘渊也成了第一个当皇帝的匈奴人。

次年（公元309年），刘渊迁都平阳（今山西省临汾市）后，开始肃清洛阳周边的抵抗力量。他派"灭晋大将军"刘景攻克黎阳（今河南省浚县），而后刘景在延津击败王堪所带领的军队，把三万多百姓沉入黄河。此举彻底惹恼了刘渊，他痛斥刘景残害百姓的行为，将其贬为平虏将军。

刘渊的汉文化水平很高，他知道人心所向的重要性，处处在争取更多人的支持，矛头也指向的是晋朝的统治者。刘渊不喜欢刻意滥杀无辜，他的目标是刘邦和曹操，对中原进行长久统治，而不是像匈奴以前那样，杀完人就跑回草原。

八月，刘渊把目标正式锁定在了洛阳。他派刘聪与王弥，以平阳—弘农—洛阳的线路行军。一路上，刘聪所向披靡，打得晋军抱头鼠窜，刘聪也愈发膨胀。

打到弘农时，太守垣延遣人诈降，在取得了刘聪的信任后，趁夜偷袭毫无防备的刘聪，刘聪大败，只好灰溜溜地撤军了。

只能说，刘聪还是太年轻，兵不厌诈的道理，需要他去"交一次学费"才会明白。

刘聪的败北大大出乎了刘渊的所料。

两个月后，刘渊再次让刘聪、王弥、刘曜、刘景、呼延翼等人进攻洛阳，路线还是原来的路线。这次轮到西晋准备不足了——汉兵在败退后不久，居然又能重整旗鼓地杀回来，是他们始料未及的，这也正是刘渊想要的效果。加上刘聪吸取教训，谨慎了许多，汉兵没花多少力气就打到了洛阳。

正当刘聪摩拳擦掌，准备大战一场时，晋军又一次半夜偷袭，杀死了汉国征虏将军呼延颢。没过多久，大司空呼延翼被自己人杀死，他的军队也溃散逃跑。连折两员大将，刘渊让刘聪撤退，可刘聪不服，他向刘渊回复说，晋军的战斗力并不强，完全可以拿下。

真的如此吗？至少刘聪心里是没有底气的。

为了祈求上苍保佑，刘聪竟然跑去嵩山祭祀，暂时把军队交给了安阳哀王刘厉、冠军将军呼延朗。守在洛阳城里的司马越岂能放过这个机会？没有主心骨的汉军根本挡不住晋军的攻势，呼延朗阵亡，刘厉跳入洛水而死……

接连损兵折将，刘聪彻底泄了气。眼看这仗是打不下去了，王弥给了他一个台阶：洛阳城防守坚固，我们的粮食又不足，不如撤军吧！

刘聪之前已夸下海口，碍于面子，不敢擅自撤军。太史令宣于修之对刘渊说："岁在辛未，乃得洛阳。今晋气犹盛，大军不归，必败。"辛未，就是公元311年。刘渊又再次下令撤军，骑虎难下的刘聪这才长舒一口气，算是终于有了撤退的理由。

既然天时如此，那就不要逆天而为。待到辛未年（311年），再来打洛阳。

第二十八章
首个中原政权的陨灭

🐉 攻陷洛阳

可是刘渊等不到辛未年。

公元310年，刘渊病逝，太子刘和即位。

刘渊建国以来，经常派刘聪带兵打仗。相反，太子刘和却从来没打过仗，也没建立军功。登基以后，刘和自知威望不如刘聪，加上刘聪手握兵权，使得刘和如芒刺背。

这时候，宗正呼延攸、卫尉刘锐、侍中刘乘跑到刘和面前煽风点火，挑唆刘氏兄弟的关系。他们劝说刘和除掉"总强兵于内"的三王（刘隆、刘乂、刘裕），以及"握十万劲卒居于近郊"的大司马刘聪。

他们为什么要这么做呢？原因各不相同。呼延攸是因为没有才能，不被刘渊提拔；刘乘是因为和刘聪关系不好；刘锐是没有被刘渊所顾命而感到耻辱……总之，哥仨都是心怀个人的恩怨，唆使刘和对自己的兄弟动手，而不是真正地为国家或者为刘和着想。

刘和夜里招来了刘盛、刘钦、马景等人，告诉他们自己要诛杀几位宗王的打算。刘盛非但不赞同，还苦口婆心地劝说刘和能够回心转意，不要相信小人的逸言。

呼延攸、刘锐怒了，他们当场杀死了刘盛。刘钦慑于他们的淫威，只好赞同他们的想法。

就在刘和发动军事行动的当天，密谋泄露了。虽然他们成功杀死了刘裕和刘隆，但刘聪却提前做好了准备，率军攻克西明门，在光极殿杀死了刘和。

当然，始作俑者的哥仨，一个也跑不了，都被刘聪公开斩首。

就这样，刘聪登基为帝。他的头号目标自然是之前两次都没有攻克的洛阳城。只要能拿下洛阳，抓到晋朝皇帝，那他在汉国的地位将不可动摇，谁都不敢不服他。

就在刘聪踌躇满志的时候，洛阳的形势又发生了变化。

主政的司马越带着四万人马，打着讨伐石勒的旗号，离开了洛阳城，带走了几乎所有的守备力量，来到了项城。明眼人都知道，他是想一走了之，摆脱自己的困境。至于那个皇帝，就让他自生自灭吧！

洛阳城内物资匮乏，饥荒严重。皇宫内，尸体随处可见，盗贼公然抢劫⋯⋯

晋怀帝几乎以哀求的口气，呼吁大家积极来支援洛阳，可是根本没有人来响应号召。

失望至极的晋怀帝，把矛头对准了残害忠良的司马越。他发布诏书，历数司马越的罪名，并任命驻扎在高平的苟晞以征东大将军，讨伐司马越。司马越本就不得人心，皇帝公开与其决裂，使他被更多人所唾弃。急火攻心下，司马越病倒了，没过多久就病死了。

临终前，他把后事托付给了王衍。王衍没有多少主见，他想把这个烫手的山芋让给别人，怎奈没人接盘，王衍只能暂代一军之主的位置，带着原班人马以及项城的军民，把司马越的灵柩送往封国东海郡安葬。

谁都没有想到，这将会是一场噩梦。

途中，石勒的部队追上他们。十万晋人全军覆没，司马越的灵柩被焚毁。王衍等西晋大臣，都被推倒的围墙压死了。

眼见西晋实力大损，刘聪下达了总攻洛阳的命令，此次他志在必得。刘曜、王弥、呼延晏三路人马围攻洛阳城。内无粮草，外无援军，洛阳城的命运从一开始就注定了。

晋怀帝司马炽被汉军所俘。

消灭西晋政权

西晋并未就此灭亡，公元313年，司马邺在长安被拥立为帝，是为晋愍帝。

但是刘聪却失去了锐意进取的动力。在攻陷洛阳后，他对现有的成就感到满足，开始沉迷于酒色之中。至于统一天下？刘聪表示自己可没有说过要成为汉高魏武那样的人，那是他爹说的。

荒淫归荒淫，刘聪还是知道目前谁是汉国的主要对手——在关中苟延残喘的西晋朝廷和盘踞在并州的刘琨。这是西晋在北方唯二的残存力量。

起初攻陷洛阳后，刘聪派出了刘曜把守长安。刘曜是刘渊的侄子，也是一个非常有才能的年轻人，为汉国南征北战，立下不少军功，包括攻克洛阳，刘曜也参与其中。刘渊生前评价他为"吾家千里驹"。

遗憾的是，汉国在关中的力量十分薄弱，也没有多少统治基础，刘曜很快就被西晋势力所赶走，撤出了长安。

关中打不下来，那就去打并州的刘琨。刘琨早年与祖逖齐名，两人立誓保卫国家，兴复晋室。祖逖"闻鸡起舞"时，总是拉起刘琨一起练剑。公元306年，刘琨来到晋阳，在极其艰难的环境下，他联合鲜卑首领拓跋猗卢，多次化解了刘渊的进攻。

公元312年，刘琨被叛徒出卖，汉国刘曜与刘粲攻克晋阳。刘琨只能再次请鲜卑人帮忙，拓跋猗卢的鲜卑骑兵再次证明了自己的实力。

他们与汉军交战于汾水以东，不仅杀退汉兵，刘曜也负伤七处，险些丧命。刘粲也看到了拓跋猗卢不是个善茬，于是连夜撤出晋阳，弃城而逃。

晋阳岂是你想来就来，想走就走的地方？拓跋猗卢全速追击，在蓝谷追上了刘粲的主力部队。汉兵再次惨败，"伏尸数百里"。刘琨趁机恳请拓跋猗卢乘胜追击，一举消灭汉国。慎重起见，拓跋猗卢拒绝了刘琨了请求。

估计是被鲜卑人打出心理阴影了，汉国的目标只能再次回到关中。

虽然关中易守难攻，汉国也只能硬着头皮去打，并且主将只能是刘曜担任——总不能让刘聪去吧？刘聪正在忙着立皇后。最多的时候，刘聪同时封了三个皇后，还有七人无皇后名号而佩皇后玺绶，他哪有时间亲自带兵打仗？

刘曜断断续续打了三年，终于，公元316年，在弹尽粮绝下，晋愍帝司马邺选择投降。同年，拓跋猗卢被自己的儿子拓跋六修所杀，其部大乱。刘琨又被石勒所击败。

在失去强援下，刘琨放弃晋阳，投奔了幽州刺史段匹磾。两年后（公元318年），刘琨被人诬陷，含冤而亡。而"何意百炼钢，化为绕指柔"则成为他英雄末路，壮志未酬下，最真实的写照。

随着晋愍帝的投降，以及拓跋猗卢的死亡与刘琨放弃并州，标志着西晋彻底灭亡。

一年后（公元317年），琅琊王司马睿在长江以南的建康（今江苏省南京市）称晋王，随后称帝，中国从此进入了东晋时代。

刘曜平乱

刘聪于公元318年去世，其子刘粲即位。

虽然刘聪在世期间，扫除了晋朝的北方力量，杀死了晋怀帝和晋愍帝，断绝了晋人在北方复国的希望，但也遗留下来了巨大的隐患。

首先，汉国失去了对石勒的掌控。石勒本是一个奴隶，在八王之乱的风云际会中，他参加了反晋的浪潮，在遭遇了挫折和失败后，石勒依附了刘渊。

石勒名义上受到刘渊的调遣，其实际有较大的自由空间。在洛阳被攻陷后，石勒开始独立发展自己的力量，幽州的王浚，以及效忠于刘聪的王弥，都被石勒铲除，刘聪怒则怒矣，却不敢对其惩罚。

　　第二，刘聪选的继承人，或者说他对继承人的培养，实在是太差劲了。

　　刘聪死后，刘粲不仅丝毫没有悲伤的情绪，还把自己的庶母"据为己有"。虽说匈奴在游牧时期确实有这样的习俗，但是你现在已经不是草原的单于了，你可是皇帝，用的是中原的政治体制，再这么做，多少有些不好吧？

　　在刘聪没死的时候，刘粲就非常信任靳准。靳准是他的丈人，刘粲即位后，立刻封靳准的女儿为皇后，靳准的权力更是无以复加：几乎所有的郡国大事都由靳准决断。

　　刘粲在忙什么呢？

　　刘粲的确很忙，他每天都在后宫玩得不亦乐乎，没时间去处理枯燥无味的政务。

　　这么说来，那还要刘粲这个皇帝干什么，只配当摆设？

　　事实似乎的确是这样，并且靳准也是这样想的。

　　历朝历代的皇权政治中，皇帝身边都不缺乏奸邪佞臣，这些佞臣们在取得皇帝的信任后，所做的事情基本差异不大——聚敛财富，结党营私，培植势力，残害忠良等等。这些活靳准也是一样都没少干。所不同的是，靳准的志向更为远大，他的目标是谋权篡位！

　　没过几天，靳准就发动了宫廷政变，杀死了仅仅当了一个多月的皇帝刘粲，挖了刘渊、刘聪的坟墓，把刘聪的尸体砍为两半，焚毁刘氏宗庙，把刘氏的男女老幼，统统斩于东市。靳准自称天王、大将军。

出了这么大的乱子，关中的刘曜和关东的石勒当然不会无动于衷。他们纷纷带兵向平阳进发。靳准慌了，他做出了一个常人所想不到决定：让胡嵩把传国玉玺和晋怀帝、晋愍帝的尸体送给东晋。

胡嵩蒙了，他不敢相信自己的耳朵，也不敢执行靳准的命令。靳准一怒之下杀了胡嵩，派人告诉了东晋司州刺史李矩，李矩又上表晋元帝司马睿，司马睿听后也是一头雾水，抱着试试看的想法，果真收到了二帝的灵柩，不过传国玉玺靳准并没有送来。

靳准的意思是结盟东晋，希望东晋能来支援一下他。东晋初期国情非常复杂，且皇权式微，对靳准这种搞笑行为，东晋表示事不关己高高挂起。

平阳的汉国大臣纷纷出逃投奔刘曜，他们一致认为，刘曜应该当皇帝。刘曜也没谦让，就地称帝，大赦天下，唯靳准一族罪不容诛。

但随后，刘曜又改口了，他对靳准一方抛出了烟幕弹，说刘粲有背人伦，靳准有伊尹、霍光的高瞻远瞩，自己现在能当上皇帝，全都是靳准的功劳，靳准的职位和权力都不会变，只要他能早点迎奉大驾……

靳准心里明白，自己杀了刘曜的母亲和兄弟，所以对刘曜的话将信将疑，不过他的手下可不管这么多。眼见靳准还在犹犹豫豫，他们索性杀了靳准，向刘曜投降！作为报复，刘曜把靳氏一族全部杀死。

前赵、后赵分庭抗礼

这下惹恼了石勒。石勒一路上没少打仗，靳准一开始拉拢的人就是石勒。石勒毫无保留地把靳准的人和物都给了刘曜，可最后好事都是刘曜的。进入平阳后，石勒一把火把汉国宫殿烧毁了。

你想在这当皇帝？没门。

刘曜只能另选地方。

长安，是他多年来驻守的城市，加上在长安建都的意义和影响力非比寻常，刘曜选择长安是没有悬念的事情。

迁都长安，又改国号为"赵"，这个匈奴人的政权来到了刘曜统治时期。由汉改为赵，史学界一般把他称为"汉赵"或者前赵。

七个月后，石勒称自己为大将军、大单于、冀州牧。他定都襄国，自称赵王。为了区分刘曜的赵，史学界把石勒的政权成为"后赵"。

石勒称赵王，其政治意义显露无遗——一山容不下二虎，中原大地也容不下两个赵国。

两赵初建，并没有着急大打出手，他们的统治都还不稳定。

先说前赵，前赵一直解决不了南边和西边的问题。南边的仇池一直与前赵打打停停，始终无法斩草除根。西边的陈安、凉州的张茂等势力也对刘曜不服，刘曜总是御驾亲征，依靠武力暂时震慑对手，使之不敢造次。

连年打仗，国家自然不会富裕。刘曜不懂外交，他不会拉拢一个来打压一个，或者离间两方，为自己争取盟友。刘曜总是身体力行，谁不服就打谁，因此刘曜被牵制了大量的精力。

后赵也没闲着。徐龛、曹嶷等流民帅，以及幽州的段匹磾都被石勒所铲除，祖逖虽与石勒对抗多年，却也占不到多大的便宜，反倒自己的一腔热血迟迟得不到东晋朝廷的信任，朝廷内部又内讧不已。祖逖深感绝望，忧愤成疾而死。他的弟弟祖约无论是才能还是声望都无法与其抗衡，祖逖收复的大片土地很快又落入了石勒之手。

得到青、徐、兖、幽州后，石勒劝课农桑，发展教育，重视人才，重视内政建设，两赵的差距逐步拉大。

公元325年，刘曜派中山王刘岳救援东晋颍川太守郭默。此前郭默已经向前赵投降。刘岳与郭默把后赵石生围困于洛阳金墉城里。后赵中山公石虎赶来增援，刘岳战败，退至石梁。石虎是后赵名将，石勒的侄子。

得知石虎来了，刘曜立刻带兵支援，虽然一度杀退了石虎，不想入夜后军中惊动——估计是风吹草动过后，有人认为后赵军队杀到，士兵四散而逃。刘曜暂且退至渑池，而后夜里闹鬼的故事又一次发生。军心涣散，刘曜也无心再战，就此回师。

石虎趁机攻克石梁，俘虏了刘岳等八十多名将佐，坑杀上万士卒。

刘曜看在眼里，痛在心里，他亲自到渑池迎接残军，痛哭于郊外。

公元328年八月，双方再次交战。后赵石虎率军进攻蒲坂，刘曜亲自率领精锐作战，石虎大败，石瞻阵亡，二百多里路全是后赵士兵的尸体，上亿军资都成了前赵的战利品。刘曜认为胜利难得，于是高歌猛进，杀到了金墉城，诸将攻打汲郡和河内郡，后赵荥阳太守尹矩、野王太守张进向前赵投降。

后赵朝廷震动。

怎么办？

石勒的想法是等。

🐾 前赵灭亡

等到了十一月，石勒决定亲自出击，他力排众议，决定与刘曜决战。刘曜三个月未能攻克金墉城，锐气已失，成败在此一战。

石勒带领步卒六万，骑兵二万七千，浩浩荡荡杀了过来。路上，石勒分析道："（刘）曜盛兵成皋关，上策也；阻洛水，其次也；坐守洛阳，此成擒耳。"在石勒看来，如果刘曜在成皋关防守，是上策；在洛水布兵，是中策；在洛阳等着自己来，是下策。

偏偏刘曜还真什么也没做。当石勒在成皋关没有遇见前赵的守兵时，不禁喜形于色，拍着额头说："这是就天意！"

等到石勒渡过洛水时，前赵才有所察觉。刘曜从俘虏口中得知石勒亲自来了后，方才感觉不妙。前赵解除了对金墉的围困，于洛水西边布阵。

从前赵的侦察可以看出，刘曜对此战完全没有准备，他甚至都没有想到石勒会来支援。

两军决战的当天，刘曜又喝了很多酒，临战前，他已经烂醉如泥，神志不清了。前赵军队在西阳门附近移动时，后赵军队杀了过来。前赵根本无法组织有效的反击，一触即溃。刘曜没能有效地判断形势，在撤退的途中，战马跌倒，刘曜被擒，后赵总共阵亡五万多人。

刘曜仍然希望石勒能饶自己一命，他对石勒说："石王，还记得重门之盟吗？"关于重门之盟的内容，史书没有记载，多半是两人曾经因友情发过的誓言。石勒不置可否，他只让徐光回复说结局自有天定，无需多言。

石勒认为刘曜还是有利用的价值，他让刘曜给太子刘熙写信，谕令他赶快归降。刘曜并不甘心，他觉得前赵还没有到灭国的地步。在信中，刘曜让太子以及大臣们以社稷为重，别管他的死活。

石勒当然不会把这封信发出去，他知道刘曜不能为己所用，便杀死刘曜。

刘曜虽然有过重大的失误，但他最后的选择还是正确的，在个人与国家利益的抉择中，他选择了国家。

只是可惜，太子刘熙和他的哥哥刘胤，让九泉之下的刘曜失望了。

知道刘曜被擒后，刘熙慌了，他和刘胤商议，向西保守秦州。大家一看太子跑了，也都跟着逃跑。恐慌的氛围就这样蔓延了整个前赵。其后果也不难想象：前赵自乱阵脚，关中大乱，地方官员也都放弃了本该自己驻守的城池，长安的守军直接投降了后赵……

这么魔幻的操作，石勒是想不到的，前赵的都城长安，就这么不费吹灰之力到手了！

可能是刘熙也有些后悔，他又率领军队想要夺回长安，但被石虎击败。刘熙、刘胤及其将军、郡王、公卿、校尉以下三千多人，都被石虎所杀。

匈奴人第一次在中原建立的政权，被羯人消灭。

第二十九章
赫连勃勃建夏

"赫连"本姓"刘"

东晋与五胡十六国时期，应该是古代中国最混乱的时期。西晋灭亡后，北方陆陆续续地出现了十多个割据政权。刚才说的前赵（汉赵）和后赵，就是其中之二。

关于五胡十六国，人们一般有两个认识上的误区。

第一，当时的北方并不是总共只有十六个政权。北魏时期，崔鸿写过一本《十六国春秋》，记载了当时主要的十六个国家的国史，我们就习惯地把这个时代称为"五胡十六国"，其实还有一些小的政权崔鸿并未算在内，实际上当时不止十六国，就比如代国、冉魏、翟魏、西燕等等。

第二，十六国主要是五个胡人所建立（匈奴、鲜卑、羯、氐、羌），但也并非都是胡人。其中，前凉、西凉都是汉人政权，北燕是鲜卑化的汉人政权。

而匈奴人建立的政权总共有两个，除了之前说到过的汉赵之外，还有赫连勃勃建立的胡夏。（北凉是卢水胡人所建，卢水胡的族源非常复杂，是匈奴、月氏、氐、羌等多个民族融合而来，北凉是匈奴政权的说法并不严谨。）

关于赫连勃勃的事迹，我们必须要从他的曾祖刘虎说起。

我们前文讲到，曹操称魏王时，把呼厨泉单于扣留在了邺城，让右贤王去卑代理单于职能。刘虎就是去卑的孙子，论血统，刘虎甚至比刘渊更接近单于。

在西晋八王之乱时，刘虎也起兵造反，不过他始终在西晋边境活动，从未涉及中原。没过多久，他就被刘琨与拓跋猗卢击败。此战过后，刘琨与拓跋猗卢结为兄弟，西晋朝廷封拓跋猗卢为代公，后又封其为代王——北魏的前身，代国由此产生。刘虎只能归附汉赵，刘聪认为刘虎也是宗室的一支，封其为楼烦公。

实力稍微恢复了些，刘虎便产生了复仇的想法。在拓跋猗卢死后，刘虎高唱着"前度刘郎今又来"，他大摇大摆地回来了，并开始不断地侵扰代国的西部地区。公元318年，他被代王拓跋郁律打败，再次逃到塞外。

两次失败后，刘虎很不服气，打赢拓跋鲜卑成了他毕生的志向。在公元341年，刘虎发出了第三次挑衅。不过刘虎的运气着实差了些，代国之前经历了二十多年的内乱后，终于迎来了一位出色的领袖——拓跋什翼犍，他率领部众大败刘虎。同年，刘虎去世。他的儿子刘务桓担任了部落的首领。

刘务桓是一个安分的人，他主动向拓跋什翼犍求和。拓跋什翼犍也愿意和解，还把女儿嫁给了刘务桓。而后刘务桓又向后赵进贡，后赵则任命他为平北将军、左贤王。

刘务桓总共在位十五年，其间没有与代国和后赵发生冲突，于公元356年病故，他的弟弟刘阏头接任了首领之位。

刘阏头不是一个安于现状的人，他总想搞出点事情，奈何其能力和实力都不足以兑换他的野心。他两次背叛代国，导致族人大多逃亡。最后刘阏头逃亡到代郡，后不知所终。公元359年，刘务桓的儿子刘卫辰取而代之。

作死能手刘卫辰

刘卫辰这个人很有意思，他大概有四个特点。

第一，军事水平很烂。在他三十多年的部落首领生涯中，几乎就没打过胜仗。

第二，反复无常。在那个变幻莫测的乱世中，他游离于各个政权之外，不停地叛变与投降。

第三，运气很好。结合前两个特点，他竟然能够生存三十多年，不得不说是一个奇迹。

第四，后继有人。在遭受灭顶之灾后，他的小儿子刘勃勃（也就是后来的赫连勃勃）逃出生天，建立大夏，追谥刘卫辰为桓皇帝，庙号太祖。

在讲刘卫辰的事迹之前，我们先来将一下中原的形势。

后赵石勒消灭前赵后，基本统一了北方。石勒死后，石虎夺位。石虎的统治末期，出现了严重的社会危机，在他死后不久就发生了冉闵之乱，后赵灭亡。鲜卑人慕容氏趁机在关东建立前燕国，定都邺城。氏族人苻氏在关中建立前秦国，定都长安。

且说刘卫辰刚刚成为部落首领后，立刻对前秦投降，并请求迁徙到塞内耕种农田。此时的前秦国主苻坚是一个宅心仁厚的人，只要别人向他投降，他都会给予对方高官厚禄，对于刘卫辰的请求，苻坚想都没想就同意了。

一年后（公元360年），刘卫辰向拓跋什翼犍求婚，拓跋什翼犍把女儿嫁给了刘卫辰。

又过了一年（公元361年），刘卫辰抢了前秦边境五十人充作奴婢，进献给苻坚。爱民如子的苻坚严厉斥责了刘卫辰，命令他把抢来的百姓放回去。刘卫辰很不高兴，索性背叛前秦，依附于拓跋什翼犍。

公元365年，刘卫辰又与拓跋什翼犍闹僵了，在被拓跋什翼犍击败之后，无家可归的刘卫辰再次投降前秦。

同年秋天，刘卫辰又反叛前秦，苻坚亲自平叛，刘卫辰兵败被擒。苻坚不仅没有杀刘卫辰，还封他为夏阳公，让他继续统领他自己的部众。

我们通过这几件事情能够看出来，刘卫辰的行为完全是在作死。他能一直活跃于草原，不是他深谙生存之道，更多的原因是这小子运气好，遇到了苻坚这个宽宏大量的邻居。若换成是石勒、石虎这种杀伐果决或者嗜血杀戮的人，刘卫辰不知道会死多少次。

公元367年，刘卫辰又遭到了拓跋什翼犍的袭击，损失了十分之六七的部众。刘卫辰一口气跑到前秦避难。苻坚看他可怜巴巴的样子，只好送他返回朔方，派兵帮他驻守。

或许有人要问了，像苻坚这样的人物，怎么可能只因恻隐之心，便会相助于刘卫辰？没错，实情肯定不会那么简单。苻坚仁爱归仁爱，但他不停地扶持着刘卫辰，让他恢复力量，实则是想借此牵制拓跋什翼犍。此时苻坚的重心还在中原，他可不想在这关键时期看到拓跋什翼犍趁机南下捣乱。

不过拓跋什翼犍依然可以时不时来打击一下刘卫辰。

幸运儿刘勃勃

公元370年，前秦消灭了关东的前燕；公元371年，前秦消灭仇池国；公元373年，前秦夺取东晋的梁州和益州，控制了长江上游地区；公元376年，前秦消灭前凉，凉州以及河西走廊纳入前秦版图；同年，前秦消灭代国，漠南纳入前秦的控制范围……

在前秦疯狂扩张下，除了南方的东晋，周边的其他邻国都被征服。

在消灭代国前，刘卫辰再次为拓跋什翼犍所打败，他跑到长安求救，引来了秦军，为其充当向导，前秦也得以顺利消灭了代国。苻坚听取了代国长史燕凤的建议，把代国的部族分为两部分，自黄河以东属于刘库仁部，自黄河以西属于刘卫辰部。两者势同水火，视彼此为仇蹠。

刘卫辰对此不满，他再次反叛，杀死了前秦的五原太守，这给了刘库仁出兵的借口。双方交战，失败的人依然是刘卫辰。刘库仁追了他一千多里，俘获了刘卫辰的妻儿。老好人苻坚对刘卫辰既往不咎，还封他为西单于，督率统领河西的各部族。

公元383年，苻坚集八十三万人马，亲自征讨东晋，双方爆发淝水之战。东晋以少胜多，取得了不可思议的胜利，前秦风声鹤唳，草木皆兵，损失惨重。而后，强大一时的前秦帝国开始崩溃。后秦、后燕、西秦、西燕等政权纷纷独立出来对抗前秦……

十六国时代进入了最为混乱的时期。

公元386年，拓跋什翼犍的后人拓跋珪重新恢复了鲜卑拓跋氏在草原的统治，建国北魏。

公元391年，刘卫辰派他的儿子刘直力鞮入侵北魏。面对仇人的儿子，北魏拓跋珪气不打一处来，刘直力鞮全军覆没，单骑逃跑。随后，拓跋珪杀向了刘卫辰的领土，他眼里只有复仇，而刘卫辰则完全没有准备……

就这样，刘卫辰的一生终于画上了句号，连同他剩下被俘的五千多名手下，全部被杀，魏军将他们的尸体丢入了黄河。（此时苻坚已被后秦姚苌所杀，没人会去保护刘卫辰。）

在这场单方面的屠杀中，有一个幸运儿活了下来。他叫刘勃勃，是刘卫辰的小儿子。

刘勃勃跑到了叱干部避难，随后辗转到后秦高平公没奕于那里，没奕于把女儿嫁给了刘勃勃。没多久，刘勃勃又被后秦皇帝姚兴所赏识，封为骁骑将军，加奉车都尉，常常参与后秦军国大事的商议。

刘勃勃能够被人看重，很大的一个原因是刘勃勃一表人才，是个帅哥。史称"勃勃身长八尺五寸，腰带十围，性辩慧，美风仪"。除了有一副好的皮囊，他的谈吐和情商估计也是很好的，姚兴评价他为"有济世之才，吾方收其艺用，与之共平天下"，把朔方的杂夷以及刘卫辰的部众三万人分配给他统领。但姚兴的弟弟姚邕极力反对，认为刘勃勃性格凶残，不可信任，姚兴这才作罢。

改姓赫连，建立大夏

公元402年，后秦与北魏爆发柴壁之战，拓跋珪大获全胜，后秦就此国力开始衰退。

公元406年，姚兴把三交五部鲜卑以及杂族共二万多落分给了刘勃勃，让他镇守朔方。

公元407年，后秦与北魏和好，这让刘勃勃很是气愤。他杀死了自己丈人，吞并了对方的部落，建大夏国，改元为龙升，并自称大夏天王，大单于。为区别于历史上的其他夏政权，史上习惯把这个夏称为胡夏或者赫连夏。

刘勃勃大赦境内，仿照汉制设置和任用百官，不过此时大夏的经济模式还是游牧经济，对外则打一枪换一个地方，用游击战不停地消耗后秦。

比如，姚兴派大将齐难来打刘勃勃，刘勃勃放弃自己的领地让齐难扑个空，等齐难纵兵大掠时，刘勃勃一个回马枪忽然杀到，齐难全军覆没，自己也被活捉。

再比如姚兴率兵亲征，刘勃勃趁姚兴众兵未集，又突然出现在姚兴面前，打了姚兴一个措手不及，姚兴战败后回到长安，刘勃勃又趁机攻克后秦的敕奇堡、黄石固、我罗城，把七千多户人口全部迁走……

这种例子数不胜数。

姚兴疲于奔命，头痛不已。后秦连吃败仗，岭北的城池白天都不敢开门。

刘勃勃把灵活多变的游击战术发挥到极致，他的手下却提出了质疑：这么打下去，虽然一直在赢，但是我们没有固定的根据地，应该先确立一个都城啊。

刘勃勃解释说，你们只知其一不知其二，现在大业草创，如果建立都城，姚兴肯定会全力来打，我们人马数量不如姚兴，只会被他消灭。现在通过游击战消耗他们，不出十年，岭北、河东都会是我们的，等到姚兴死后，再图关中，姚泓羸弱，岂是我们的对手？

通过刘勃勃的这番话，我们可以看出他是一个头脑非常清醒的战略家。他的起点很低，想把事业做大做强，只能一点一点地来，他不会因眼前所取得的胜利而骄傲，他知道瘦死的骆驼比马大，消灭后秦，绝非短时间能够完成。

但是人性总是复杂的。嘴上说不要都城，身体还是诚实得很。公元413年，刘勃勃任命叱干阿为总监，征发岭北胡人、汉人共十万，在朔方水以北、黑水以南的地方建筑都城（今陕西榆林靖边县城北五十八公里处的红墩界乡白城子村）。他说要"统一天下，君临万邦"，所以这座新建的城池就叫"统万城"。

统万城的修建可谓坚固非常。叱干阿规定，如果铁锥能插入城墙一寸，就要立刻处死修筑的工匠，尸体一并筑入墙中。为了能让自己活命，工匠们只能卖力修筑。

除了修建城池，在打造兵器上，刘勃勃也展现了他严苛血腥的一面。他规定如果弓箭没有射透铠甲，做弓箭的工匠就会被处死，反之，弓箭成功射透了铠甲，便杀掉做铠甲的人——现实版的"以子之矛攻子之盾"，总之，总有一个人会死，前后计有数千工匠死于非命。

史书说刘勃勃"性骄虐，视民如草芥"，看到不顺眼的人当场砍死。群臣中如有人斜视他，眼睛就会被挖去，如有人随便发笑的，嘴唇就会被削掉，如有人进谏，舌头就会被割掉，随后砍下头颅……

这就是刘勃勃，一个军事上的天才，同时又是一个残暴的君主。这样的统治，注定不会长远下去。

在修筑统万城之际，刘勃勃还给自己重新改了姓名。他认为"帝王者，系天为子，是为徽赫实与天连"，于是改姓"赫连"。土里土气的刘勃勃摇身一变，成为赫连勃勃，以至于我们今天说起这位胡夏开国君主，大多数人都只会想起名字特拉风的赫连勃勃来。

第三十章
回光返照，退出赛道

🐉 关中烽火，长安易手

公元416年，后秦的皇帝姚兴去世，其子姚泓即位，后秦内讧不已，实力以肉眼可见的速度下滑。同年，东晋实权派刘裕北伐后秦，次年（公元417年），东晋攻陷长安，消灭后秦。这是自从西晋灭亡（公元316年）以来，东晋第一次收复长安。

此时北方还有北魏、大夏、北燕、北凉、西秦、西凉六个政权，除了远在辽东（今辽宁省一带）的北燕，其他五国无不注视着刘裕的下一步动向。

刘裕还会继续对北方用兵吗？

北魏的崔浩与赫连勃勃给出了答案：不会。

在刘裕沿黄河逆流而上时，北魏的第二任皇帝拓跋嗣询问崔浩，要不要拦截刘裕，救援后秦。崔浩认为，刘裕肯定能拿下后秦，我们没必要救。他拿下后秦后，肯定着急回去篡位，而他那套治理南方的政策，在关中根本行不通，只要他回去，关中肯定丢，我们就做好收渔翁之利的准备就行。

赫连勃勃也对群臣说出了类似的话：姚泓不是刘裕的对手，刘裕拿下关中是铁定的事实，但是刘裕不会久留，等到刘裕回去，我们可以轻松拿下关中。

刘裕也担心赫连勃勃会在背后搞幺蛾子，于是派人出使夏国，与赫连勃勃约为兄弟。史书没有记载赫连勃勃回信的内容，不过我们也能大体猜出来，以赫连勃勃的狡猾，大概率会说一下好听的话，麻痹刘裕。

果然，刘裕在听说留守建康的刘穆之死后，便匆忙撤退——刘穆之是刘裕后方的得力助手。刘裕让他的儿子，仅有十二岁的刘义真把守关中，又安排王修、王震恶、沈田子、傅弘之等一批骁勇善战的将军协助。

刘裕前脚刚走，赫连勃勃就开始发动进攻，这直接激化了东晋守军内部的矛盾。

刘裕的安排问题很大：首先，十二岁的刘义真根本没有什么政治经验，把他置于险恶的环境，只会让他犯错；第二，刘裕在明知道沈田子不服王震恶的情况下，还把他俩同时留下，并暗示沈田子可以对王震恶动手。

当大夏的军队出现在东晋守军的视野时，王震恶和沈田子的矛盾开始升级，沈田子以谋反为由，杀害了自己的上级王震恶，王修又以谋反为由，杀了沈田子。虽然傅弘之暂时杀退了大夏的部队，然而东晋处于不利的情况并没有缓解。

刘义真对身边的侍从赏赐无度，这招致了王修的批评与限制。这些侍从经常在刘义真身边诬陷王修，刘义真信以为真，又杀死了王修。

王修一死，东晋军心彻底乱了，刘义真把外面所有的守军都调回长安，关闭城门——这也意味着关中的其他郡县都被他拱手相让。赫连勃勃笑纳大礼，连夜进攻长安。

刘裕得知情况后，意识到了问题的严重性，他马上派朱龄石代替刘义真镇守长安，并告诉朱龄石，如果长安真的守不住了，就带着刘义真一起回来。

朱龄石急火火地赶到长安，宣读了刘裕任命。刘义真如蒙大赦，临走前，大肆抢掠长安百姓。刘义真还没跑多远，朱龄石就为刘义真的任性买了单——长安城的百姓把朱龄石和他的晋军赶了出来，把赫连勃勃迎入了长安。

赫连勃勃纵兵追击，刘义真大败，但捡回一条命。朱龄石、傅弘之等人都被夏军俘虏。刘裕的北伐成果顷刻化为乌有，沦落为了赫连勃勃的嫁衣。

这应该是赫连勃勃一生中最重大的军事胜利，他大宴群臣，群臣也不失时机地劝他称帝。按照惯例，赫连勃勃假意推托，在大家的持续要求下，赫连勃勃才"勉强"同意，正式称帝，大赦境内。

穷奢极欲统万城

除了劝进，他的臣子还请求把都城迁到长安。与之前的暧昧态度不同，这个请求被赫连勃勃断然拒绝，他认为长安虽然有着他的政治地位，但是距离北魏太近，时时刻刻都会受到威胁，而都城统万，则没有这种顾虑。

可以看出，在赫连勃勃心中，统万城的地位无可取代，包括他梦寐以求的长安，都无法与统万相比。

当统万城宫殿建成的那天，赫连勃勃大赦境内，《北史》中称："（统万城）城高十仞，基厚三十步，上广十步，宫城五仞，其坚可以砺刀斧。台榭高大，飞阁相连，皆雕镂图画，被以绮绣，饰以丹青，穷极文采。"

这样的规模，在那个战乱不断的乱世，可以说是穷奢极欲。后来，北魏太武帝拓跋焘灭夏时，便怒道："一个小国家，竟敢这般滥用民力！岂能不亡！"（"蕞尔小国，用民如此，安得不亡！"）

除了形制上的华丽奢侈，赫连勃勃还给四个城门都起了特殊的名字，分别是：南门曰朝宋门（当时刘裕已经篡位东晋，改国号为宋），东门曰招魏门，西门曰服凉门，北门曰平朔门。

这口气，真是狂得过分了！刘宋、北魏、北凉以及北边的朔方可能会被他统治？

人嘛，总要有点梦想，万一实现了呢？

不过，在他的有生之年，是注定无法实现的。

公元425年，赫连勃勃病逝，其子赫连昌即位。

赫连昌能够继任皇位，完全是靠抢的。

在赫连勃勃死前的一年（公元424年），他想废掉太子赫连璝，改立赫连伦为太子。赫连璝知道后，立即带着七万军队去打赫连伦，赫连伦只有三万人，寡不敌众，被赫连璝所杀。

正当赫连瓌志得意满，沾沾自喜时，赫连昌带着一万人偷袭赫连瓌得手，赫连瓌被杀，赫连昌带着八万五千人回到统万。

儿子们互相带兵攻杀，若换成正常点的皇帝，估计肺都气炸了。但是赫连勃勃不同，他非但没生气，反倒是很高兴，立赫连昌为太子。这脑回路，一看就不正常。

此时北魏的皇帝已经变成了雄才大略的拓跋焘。在他知道赫连勃勃已死，诸子内讧后，决定征讨大夏。

公元426年，北魏兵分三路，拓跋焘亲自带领两万人袭击统万，司空奚斤去蒲阪，周几率去打陕城。冬至那天，赫连昌正在与文武群臣欢歌宴饮，听闻魏军杀到，无不惊恐。赫连昌仓促出战，大败而回。

趁统万城门还没来得及关，北魏禁军代田率众杀入了城，放火烧了西宫城门，而后从宫墙跳了出来。当天夜里，魏军在统万城四周俘虏数万人，以及牛马等牲畜十余万头。拓跋焘认为统万暂时无法攻克，遂下令撤军。

在另一战场上，镇守蒲阪的赫连乙斗看到魏军压境，便派人向统万求救。

不过赫连乙斗派出的这个人实在是不靠谱，他看到统万已经被魏军包围后，回去竟然说统万已经被攻陷了。吓得赫连乙斗弃城而逃，投奔了把守长安的赫连助兴。两人又放弃长安，逃到安定。

就这样，奚斤兵不血刃拿下长安，大夏秦州、雍州的氐羌部落，全部向奚斤投降。

🐉 赫连昌的末日

次年（公元427年），夏国赫连定率兵想要夺回奚斤把守的长安，拓跋焘趁机发兵进攻统万。有了上一次的教训，赫连昌不敢大意，他派人召赫连定赶快回防统万。

赫连定却不以为意，他告诉赫连昌，统万城坚不可摧，魏军攻不进来，只要等他擒获奚斤后再返回统万，可以两面夹击魏军，一定不会失败。

不管赫连昌是否认同这番话，他现在所能做的，唯有守城一事。

其实赫连定说的也有一定的道理，拓跋焘的骑兵虽然能够横扫北方，可是在攻城方面，一直都是他的短板。这时有个大夏的将军投降了北魏，泄露了夏国的防守策略，这让拓跋焘犯了难。

这该怎么办？拓跋焘决定示弱，他让军队向后撤退。

有一个北魏的士兵违反军纪，逃跑投降了夏国，他告诉赫连昌，魏军已经没有粮食吃了，步兵还没赶到，可以追击他们。

这个投降的士兵可能是个间谍，违反军纪后投降，多半是提前安排好的，目的是向夏国透露魏军的"弱点"，以此来引诱夏国出城决战。

赫连昌听信了这个士兵的话，他亲自带领三万军队追击魏军，魏军假意逃走。夏军追了五六里时，突然刮起了大风，夏军顺风追击，形势一片大好。

拓跋焘不管这些，他认为夏军能够出城，就是给他机会，他必须把握住。很快，两军缠斗到了一起。战斗中，拓跋焘跌下马来，险些被擒，在拓跋齐的掩护下，拓跋焘再次上马，转瞬间杀掉夏国尚书斛黎文等十余人。

双方拼死鏖战，夏国大败，损失一万多人，赫连昌的弟弟赫连满和侄子赫连蒙逊都在此战中阵亡，赫连昌本人也来不及进城，向西跑到上邽去了。

统万城群龙无首，很快被魏军攻克，夏国的亲王、公爵、高级文官、军事将领以及赫连昌的太后、太妃、皇后、嫔妃、姐妹、宫女等数以万计的人都被俘虏，国库中数不尽的珍宝也都成了拓跋焘的战利品。

赫连定得知统万失守，也退守上邽。

此战拓跋焘大获全胜，心满意足，班师回朝。

见好就收，理所固然，但是奚斤偏不。

他认为，如今赫连昌逃到上邽自保，已经没有多少力量了，可以一鼓作气将其消灭。

"宜将剩勇追穷寇，不可沽名学霸王。"

再三请求下，拓跋焘只好同意。他拨给奚斤一万军队，三千战马，并且留下娥清、丘堆，让他们一起配合奚斤的军事行动。

赫连昌看到北魏不依不舍，又退守平凉。在拓跋焘面前夸下海口的奚斤，正准备总攻赫连昌，没成想战马感染了瘟疫，大批死亡，他们自己所带的粮食也不多，只好抢掠周边的百姓。赫连昌抓住机会，击败魏军，把奚斤围困在安定。

奚斤的策略是等待援军。

问题是拓跋焘的主力部队已经班师回朝，你想等谁来救你？并且你又没有粮食了，哪有资本去等？

监军侍御史安颉认为，可以集中剩余的马匹，组成一个敢死队，出城一战。看到奚斤面露难色，安颉知道没法指望他了。安颉与尉眷暗中谋划，待到赫连昌又来挑衅后，安颉出城应战。

赫连昌亲自出阵与安颉交锋，北魏士兵都认出他的面貌，争相围攻赫连昌。

就在这时，又起风了。这次上天没有眷顾赫连昌，尘沙飞扬遮天蔽日，夏军被刮得睁不开眼，只能撤退。安颉紧紧追赶，生擒赫连昌！

北魏的战略目标达成，赫连昌被押送到了北魏国都平城（今山西省大同市），拓跋焘封他为会稽公。公元434年，赫连昌叛逃北魏，被魏军所杀，在北魏和他有关联的匈奴人也都受到牵连而死。

大夏的终结

看到兄长被擒，赫连定收拾残军，只好再次退守平凉，登基为帝。

虽然拿下了赫连昌，但是奚斤并不开心。他是统帅，大鱼却被手下偏将拿到，对此他深以为耻。他决定再进攻刚刚称帝的赫连定，找回面子。

为此，奚斤命令部队放弃辎重，只带三天口粮，进攻平凉。他不顾娥清的建议，坚持走北道以便截击赫连定的退路。赫连定本想逃跑，恰好北魏的一个叛徒告诉了赫连定奚斤缺水缺粮，于是赫连定分兵多路，前后夹击，魏军大败。奚斤、娥清等人都成了赫连定的俘虏。

留下来守辎重的丘堆听闻奚斤被擒，立刻放弃辎重逃往长安，又与高凉王拓跋礼一道放弃长安，逃奔蒲阪。长安又被赫连定所得。

拓跋焘大怒，斩了逃回来的丘堆。

赫连定知道自己只是侥幸胜利，如今的夏国仍然不是北魏对手。他派使者到了平城，希望两家讲和。拓跋焘当然不会同意，他告诉夏国使者，赫连定想活命就赶紧来投降。

公元430年，赫连定主动进攻，却被北魏打得鼻青脸肿。正当他愁眉不展时，突然看到了一丝希望。

不，应该说，是很大的希望。

刘宋的第三任皇帝刘义隆发动了声势浩大的北伐，他要夺回黄河以南被北魏抢走的地盘。魏军在河南地区守军较弱，拓跋焘也不啰唆，主动放弃，退守河北。

赫连定两眼放光，他立刻派人出使刘宋，约定两国同时出兵消灭北魏，永结盟好。为了表达诚意，赫连定提前画好大饼，以北魏的恒山以东的地区，划归刘宋；恒山以西的地区，划归夏国。

拜托，你不会忘了十年前，你父亲在长安犯下的血债了吧？

消息很快传到了北魏，拓跋焘打算先灭夏国，群臣集体反对，他们认为打赫连定不一定能完全消灭，刘宋军队则会乘虚而入，进攻河北。

乍看起来，也不是完全没有道理。拓跋焘又征询北魏第一谋士崔浩的意见。崔浩指出，刘义隆与赫连定遥相勾结，互相呼应，实则虚张声势，各怀鬼胎。刘义隆希望赫连定能先进攻，赫连定却等待刘义隆先打，结果现在没有一个敢先打。

刘宋沿着黄河布置了二千里的防线，显然是在稳固防守，没有进攻河北的意思。而赫连定残根易摧，拟之必仆，一定能够消灭。等到拿下赫连定以后，再回头收拾刘宋，夺回河南。

史称崔浩"才艺通博，究览天人"，在军事战略上，崔浩算无遗策，拓跋焘基本对其言听计从。

一切如崔浩所料，拓跋焘此行，不仅打得赫连定全线崩溃，顺利攻克平凉，还占领了整个关中地区，重新夺回长安。至于河南的刘宋守军，根本就撑不到拓跋焘回来。在黄河结冰后，北魏的其他部将陆续击退了宋军。

赫连定只能继续向西而逃，很快来到了西秦的国界。由于西秦的皇帝乞伏暮末的决策失误，导致大片领土被吐谷浑（今青海省一带的割据政权）占领，乞伏暮末只能退守南安城。此时的南安城又发生了严重的饥荒，人吃人的惨象随处可见。眼看西秦已经没有希望，大量的官员出逃投降赫连定。

乞伏暮末也没有办法，只能投降赫连定，西秦灭亡。

赫连定把十多万的西秦百姓全部带走，跟着自己继续西迁，他要消灭北凉沮渠蒙逊，再拿一块地盘当自己的根据地。他们在过黄河的时候，被吐谷浑的部队"半渡而击之"。赫连定也被生擒，次年（公元432年），吐谷浑把赫连定献给了拓跋焘，赫连定随即被斩杀。

整个大夏，满打满算，国祚不过二十五年。而被赫连定心心念念的北凉，于公元439年被拓跋焘所灭。北魏就此统一北方，中国历史正式进入了南北朝时期。

从此，匈奴人逐渐消失于历史的长河中，湮灭不闻。

后记

千载悠悠，一笑休休

匈奴是中国古代史上的一个游牧民族。他们的祖先从商周时期活跃于北方草原，过着零散的游牧生活，与中原的交流并不深。

到了战国末期，匈奴内部开始整合，军备变得强大，国家机构应运而生，单于制度也得以确立，这些全方位的进步，使他们一跃成为秦汉帝国最强的竞争对手。

如果从第一任单于开始算起，到公元431年赫连定的灭亡，匈奴断断续续有着六百多年的历史。在这六百多年岁月的长河中，匈奴可以用"出道即巅峰"来形容。冒顿单于活着的时候，几乎是一种无解的存在，没人敢于与之正面争锋。以后的单于，则远没有冒顿的威望，匈奴内部的竞争变得异常激烈，其政权也在这种激烈中走向衰弱。

卫青、霍去病的横空出世是匈奴走向衰弱的第一个转折点，也是匈奴所遇到的最强的对手。汉武帝倾全国之力打击匈奴，双方两败俱伤。

汉武帝晚年昏招频出，使匈奴重新获得喘息的机会。然而失去了对西域的控制，匈奴再也不能恢复到以前的统治力。围绕着继承人的问题，匈奴内斗愈演愈烈，终于酿成了五单于争立的局面，匈奴也因此而分裂。

这次分裂是匈奴史的第二个转折点。

为了复兴匈奴，郅支单于与呼韩邪单于在激烈的竞争中，选择了不同的道路：郅支单于西迁，呼韩邪单于归汉。

尤其是呼韩邪单于来到长安朝见汉宣帝，可以说是汉匈关系极其重要的事件。这标志着汉匈争斗接近二百年，匈奴终于愿意臣服于汉，双方进入了"蜜月期"。

短暂的"蜜月期"很快就被王莽打破。

一意孤行的王莽终于让匈奴忍无可忍，汉宣帝所做的种种努力，都付之东流。似乎，匈奴与中原帝国又回到了汉武帝后期的那种敌对关系。

然而单于继承人的问题再次爆发，这直接导致了匈奴的第二次分裂，南匈奴与北匈奴彻底决裂，成为匈奴史上第三次转折。

南北匈奴争先依附汉朝，却都没有得到自己想要的结果：北匈奴基本被消灭，南匈奴成为东汉的附属国，再也没有政治上的独立性。东汉不仅没有放他们回到漠北，反倒让他们南迁边郡，与汉人杂居。匈奴开始接触汉人的文化，匈奴人在生活上的转变，使他们发生了第四次转折。

同时，民族欺压与民族矛盾逐渐激化，单于权力的丧失，使匈奴人种下了反抗与仇恨的种子，这也为西晋末年的民族动乱埋下了伏笔。

当曹操把匈奴人分成五部时，南匈奴基本名存实亡，这段时间是匈奴人最黑暗的时刻。西晋八王之乱给了他们黎明的曙光，刘渊也成为匈奴人最后的希望。

他所建立的汉赵帝国一举消灭西晋，荡平两京，建号称帝，使匈奴迎来六百年以来最辉煌的时刻，匈奴人的命运又一次发生转折。

但是，之前汉魏对匈奴长期的压制，让匈奴人口流失十分严重。在那个民族运动十分激烈的年代里，即便中原帝国暂时退出黄河以北的统治，匈奴人还是无法竞争过其他民族。羯、氐、羌、鲜卑等多个民族无不涌现出极为优异的领袖，汉赵帝国的灭亡也只是一个时间的问题，这是匈奴人命运的最后一次转折。

在匈奴行将退出历史舞台时，赫连勃勃的崛起更像是生命结束前的回光返照。北方民族大融合的脚步已经不可阻挡，那些无谓的挣扎只是徒劳。当赫连定被鲜卑人的铁蹄碾压后，匈奴从此泯灭无闻，再也没有建立过其他政权。

但这不代表匈奴人就此灭绝。随着北魏孝文帝迁都改革，越来越多北方胡人进入了声势浩大的汉化浪潮。在北魏末年的六镇之乱后，最后一批胡人入主中原，接受汉化，成为那个时期历史的主宰。学者阎步克在其著作《波峰与波谷》指出："汉唐盛世之间，魏晋南北朝是个帝国的低谷，北朝则构成了走出低谷，通向隋唐大帝国的历史出口。"

匈奴人如此，鲜卑人亦如此，他们看似灭亡，实则他们的血脉已经深深融入中华民族大家庭之中。在胡汉民族矛盾彻底消弭后，中国迎来了一次脱胎换骨的重生！

正如著名学者田余庆在他的代表作《东晋门阀政治》里所说："这次统一战争（隋朝灭陈）的成功，主要不是决定于隋朝统治者杨氏个人及其族属，而是决定于北方各民族融合水平的提高和南北政权民族界线的泯灭。"

千载悠悠，一笑休休。当隋唐帝国的大厦高高矗立，匈奴人的使命彻底得以完成。他们的历史，已经成为华夏的一部分，在经历了残酷而又血腥的劫难后，匈奴与华夏已融为了一体。

参考书目

【古代文献】

（西汉）司马迁：《史记》，中华书局，1959年。

（东汉）班固：《汉书》，中华书局，1962年。

（西晋）陈寿：《三国志》，中华书局，1959年。

（刘宋）范晔：《后汉书》，中华书局，1965年。

（北魏）郦道元：《水经注》，上海古籍出版社，1989年。

（唐）李延寿：《北史》，中华书局，1974年。

（唐）房玄龄：《晋书》，中华书局，1974年。

（宋）司马光：《资治通鉴》，中华书局，1956年。

【今人论著】

陈苏镇：《春秋与汉道》，中华书局，2020年。

灵犀：《帝女花》（解忧公主——朔风一夜暗生香，但有梅花吹不尽），北京工业大学出版社，2017年。

罗琨，张永山：《中国军事通史　第五卷　西汉军事史》，军事科学出版社，1998年。

王明珂：《游牧者的抉择》，上海人民出版社，2018年。

马利清：《原匈奴、匈奴历史与文化的考古学探索》，内蒙古大学出版社，2005年。

马长寿：《北狄与匈奴》，广西师范大学出版社，2006年。

华喆：《阴山鸣镝：匈奴在北方草原上的兴衰》，兰州大学出版社，2014年。

林幹：《匈奴史料汇编》，商务出版社，2017年。

陈序经：《匈奴史稿》，中国人民大学出版社，2007年。

薛小林：《匈奴、西羌与两汉兴衰》，社会科学文献出版社，2020年。

姚大力：《司马迁和他的〈史记〉》，复旦大学出版社，2016年。

田余庆：《秦汉魏晋史探微》（重订本），中华书局，2011年。

田余庆：《拓跋史探》（修订本），生活·读书·新知三联书店，2019年。

田余庆：《东晋门阀政治》，北京大学出版社，2012年。

阎步克：《波峰与波谷》，北京大学出版社，2017年。

陈琳国：《中古北方民族史探》，商务出版社，2015年。

唐长孺：《魏晋南北朝史论丛》，商务出版社，2010年。

陈勇：《汉赵史论稿》，商务出版社，2009年。

周伟洲：《汉赵国史》，社会科学文献出版社，2019年。

黎虎：《汉代外交体制研究》，商务出版社，2014年。

李硕：《南北战争三百年》，上海人民出版社，2018年。

张金龙：《北魏政治史》，甘肃教育出版社，2008年。

罗新：《有所不为的反叛者》，上海三联书店，2019年。

罗新：《王化与山险》，北京大学出版社，2019年。

胡鸿：《能夏则大与渐慕华风》，北京师范大学出版社，2017年。

刘跃进、徐兴无主编：《大夏与北魏文化史论丛》，凤凰出版社，2020年。

【今人论文】

朱绍侯：《两汉对匈奴西域西羌战争战略研究》，《史学月刊》2015年第5期。

马勇：《汉武帝对匈奴政策新论》，《中国边疆史地研究》2014年9月第3期。

王绍东：《冒顿单于的战争策略透视》，《西北民族大学学报》2014年第5期。

崔丽芳：《霍去病与汉武帝"断匈奴右臂"战略》，《兰台世界》2011年6月。

晓克：《论新莽时期的汉匈关系》，《内蒙古社会科学（文史哲版）》1991年第2期。

牧仁：《再析匈奴分裂原因》，《内蒙古师范大学学报》2006年7月第4期。

牧仁：《两汉时期匈奴两次大内乱与分裂》，内蒙古师范大学硕士论文，2003年6月。

胡玉春：《南匈奴与东汉的政治关系及其社会变革》，《内蒙古社会科学（汉文版）》2007年第6期。

陈金凤：《汉光武帝民族政策论略》，《中南民族大学学报》2004年第1期。

胡玉春：《南匈奴附汉若干问题研究》，内蒙古大学硕士论文，2005年1月。

熊存瑞：《先秦匈奴及其有关的几个问题》，《社会科学战线》1983年第1期。

闵海霞：《论东汉前期南北匈奴的关系》，《烟台大学学报》2020年第4期。

徐冲：《赫连夏历史地位的再思考》，《文汇学人》2017年10月13日。

【外国论著】

[日本]渡边新一郎，徐冲译：《中国古代的王权与天下秩序》，上海人民出版社，2021年。

[日本]福原启郎，陆帅译：《魏晋政治社会史研究》，江苏人民出版社，2021年。

[日本]福原启郎，陆帅译：《晋武帝司马炎》，江苏人民出版社，2020年。

[日本]谷川道雄，马彪译：《中国中世社会与共同体》，上海古籍出版社，2013年。

[日本]谷川道雄，李济沧译：《隋唐帝国形成史论》，上海古籍出版社，2011年。

公元前56年 — 公元前54年	闰振单于*		屠耆单于堂弟。前56年在西边自立为闰振单于。前54年率兵攻打自立于东边的郅支单于，兵败被杀。
公元前56年 — 公元前36年	郅支单于*	呼屠吾斯	呼韩邪单于之兄，虚闾权渠单于长子，匈奴分裂为南北两部之后的北匈奴第一代单于。
公元前51年 — 公元前49年	伊利目单于*		屠耆单于之弟，据右地自立为单于，后为郅支单于所杀。
公元前31年 — 公元前20年	复株累若鞮单于	雕陶莫皋	呼韩邪单于次子（长子已故），辞世后传位于搜谐若鞮单于。
公元前20年 — 公元前12年	搜谐若鞮单于	且糜胥	呼韩邪单于三子，复株累若鞮单于同母弟弟
公元前12年 — 公元前8年	车牙若鞮单于	且莫车	呼韩邪单于四子，复株累若鞮单于和搜谐若鞮单于异母弟弟
公元前8年 — 公元13年	乌珠留若鞮单于	囊知牙斯	呼韩邪单于五子，车牙若鞮单于同母弟弟
公元13年 — 公元18年	乌累若鞮单于	咸	呼韩邪单于六子，复株累若鞮单于和搜谐若鞮单于同母弟弟，车牙若鞮单于和乌珠留若鞮单于异母弟弟
公元18年 — 公元46年	呼都而尸道皋若鞮单于	舆	呼韩邪单于九子
公元46年	乌达鞮侯单于	乌达鞮侯	呼都而尸道皋若鞮单于之子，继位当年去世。

*代表中间短暂内乱时，非正统的匈奴单于，五单于争立即就发生在这一时期。

北匈奴

在位时间	单于	名	背景
公元46年 — 不详	蒲奴单于	蒲奴	呼都而尸道皋若鞮单于 子，乌达鞮侯单于之弟 匈奴势衰，后不知所踪。
不详 — 公元87年	优留单于		身份不详。公元87年， 卑攻击，兵败被杀。
公元88年 — 公元91年	北单于		优留单于之弟
公元91年 — 公元93年	於除鞬单于	於除鞬	优留单于和北单于之弟 公元93年被汉朝所灭。
公元94年 — 公元118年	逢侯单于	逢侯	（南匈奴）休兰尸逐侯鞮 之子，公元118年投降汉

南匈奴

在位时间	单于	名	背景
公元48年 — 公元56年	醢落尸逐鞮单于	比	乌珠留若鞮单于之子， 48年立为单于，南匈奴 任单于。
公元56年 — 公元57年	丘浮尤鞮单于	莫	乌珠留若鞮单于之子， 一年去世。
公元57年 — 公元59年	伊伐于虑鞮单于	汗	乌珠留若鞮单于之子 两年去世。
公元59年 — 公元63年	醢僮尸逐侯鞮单于	适	醢落尸逐鞮单于之子
公元63年	丘除车林鞮单于	苏	丘浮尤鞮单于之子， 月后去世。

在位时间	单于	名	背景
— 公元前209年	头曼单于	头曼	匈奴第一代单于。
公元前209年 — 公元前174年	冒顿单于	冒顿	头曼单于之子，杀父自立，统一匈奴各部，大破汉高祖刘邦。
公元前174年 — 公元前161年	老上单于	稽粥	冒顿单于之子，驱逐月氏，平定西域，屡破汉军，军事空前强大。
公元前161年 — 公元前126年	军臣单于		老上单于之子
公元前126年 — 公元前114年	伊稚斜单于	伊稚斜	军臣单于之弟，打败了军臣单于的儿子，夺取了王位。王庭之战中，匈奴主力被卫青率领的汉朝大军击溃，匈奴向北撤离，迁至荒芜的漠北草原。
公元前114年 — 公元前105年	乌维单于	乌维	伊稚斜单于之子
公元前105年 — 公元前102年	儿单于	乌师庐	乌维单于之子，因年纪尚小，故被称为"儿单于"。
公元前102年 — 公元前101年	呴犁湖单于	呴犁湖	伊稚斜单于之子，乌维单于之弟，儿单于之子年幼，由叔父继位。呴犁湖单于在位仅一年去世。
公元前101年 — 公元前96年	且鞮侯单于	且鞮侯	伊稚斜单于之子，乌维单于与呴犁湖单于之弟。"苏武牧羊"就发生在这一时期。
公元前96年 — 公元前85年	狐鹿姑单于	狐鹿姑	且鞮侯单于之子
公元前85年 — 公元前68年	壶衍鞮单于	壶衍鞮	狐鹿姑单于之子
公元前68年 — 公元前60年	虚闾权渠单于	虚闾权渠	壶衍鞮单于之弟
公元前60年 — 公元前58年	握衍朐鞮单于	屠耆堂	乌维单于后世孙。壶衍鞮单于的正妃按匈奴习俗，虚闾权渠单于本该娶她，却将其罢黜。虚闾权渠单于病死后，她因与右贤王屠耆堂私通，遂擅立屠耆堂为握衍朐鞮单于。握衍朐鞮单于后因族内动乱，兵败自杀。
公元前58年 — 公元前56年	屠耆单于*	薄胥堂	握衍朐鞮单于堂兄。与呼韩邪单于争夺单于之位，于前58年自立为单于，前56年兵败自杀。
公元前57年	呼揭单于*		前57年自立为单于，后被呼韩邪单于攻打，自废单于封号。
公元前57年	乌籍单于*		前57年自立为单于，后被呼韩邪单于攻打，自废单于封号。前56年，再度被拥立为单于，后被呼韩邪单于杀害。
公元前57年 — 公元前56年	车犁单于*		前57年，奉屠耆单于之命率兵防备呼韩邪单于，借机自立为车犁单于。不久为屠耆单于所败，后归降呼韩邪单于。
公元前58年 — 公元前31年	呼韩邪单于	稽侯珊	虚闾权渠单于之子。前58年为左地贵人拥立。后其兄自立为郅支骨都侯单于，前54年败呼韩邪单于。前52年呼韩邪单于率南匈奴降汉。在汉朝支持下，于前43年北归，恢复对匈奴全境统治。前33年，北匈奴郅支单于被西汉诛灭，他复入长安朝觐天子，以尽藩臣之礼，并自请为婿，汉元帝遂将宫女王昭君赐予了他，即为"昭君出塞"。

公元63年 — 公元85年	湖邪尸逐侯鞮单于	长	醢落尸逐鞮单于之子, 醢僮尸逐侯鞮单于之弟
公元85年 — 公元88年	伊屠于闾鞮单于	宣	伊伐于虑鞮单于之子。公元87年, 鲜卑攻击北匈奴, 杀死优留单于, 北匈奴南降。
公元88年 — 公元93年	休兰尸逐侯鞮单于	屯屠何	醢落尸逐鞮单于之子, 醢僮尸逐侯鞮单于和湖邪尸逐侯鞮单于之弟
公元93年 — 公元94年	安国单于	安国	醢落尸逐鞮单于之子, 休兰尸逐侯鞮单于之弟
公元94年 — 公元98年	亭独尸逐侯鞮单于	师子	醢落尸逐鞮单于之孙, 醢僮尸逐侯鞮单于之子。因其多次参与讨伐北匈奴的战役, 投降的北匈奴不服, 胁迫前单于休兰尸逐侯鞮之子逢侯为单于, 匈奴再次分裂。
公元98年 — 公元124年	万氏尸逐鞮单于	檀	湖邪尸逐侯鞮单于之子
公元124年 — 公元128年	乌稽侯尸逐鞮单于	拔	湖邪尸逐侯鞮单于之子
公元128年 — 公元140年	去特若尸逐就单于	休利	湖邪尸逐侯鞮单于之子
公元140年——公元143年单于空缺			
公元143年 — 公元147年	呼兰若尸逐就单于	兜楼储	南匈奴空位三年后, 由汉顺帝册封, 并派人护送他回到单于庭。
公元147年 — 公元172年	伊陵尸逐就单于	居车儿	
公元172年 — 公元177年	屠特若尸逐就单于	某	伊陵尸逐就单于之子

公元178年 — 公元179年	呼征单于	呼征	屠特若尸逐就单于之子。公元179年, 呼征单于与中郎将张修不和, 被张修所杀。
公元179年 — 公元188年	羌渠单于	羌渠	因内部反叛而被攻杀。
公元188年 — 公元195年	持至尸逐侯单于	于扶罗	羌渠单于之子, 因其父羌渠单于被杀而居于中原。
公元188年 — 公元189年	须卜骨都侯单于	须卜骨都侯	部众因杀害了前任羌渠单于担心会被报复, 不承认其子持至尸逐侯为新单于, 另立须卜骨都侯为单于。在位一年后去世。
公元195年 — 公元216年	呼厨泉单于	呼厨泉	羌渠单于之子, 持至尸逐侯单于之弟

汉赵政权

在位时间	单于	谥号	背景
公元304年 — 公元310年	刘渊	光文皇帝	持至尸逐侯单于之孙, 刘豹之子。公元304年, 他以复汉为名, 立国号为"汉"。
公元310年 — 公元318年	刘聪	昭武皇帝	刘渊庶子。本为长子刘和继位, 被庶弟刘聪篡位。
公元318年	刘粲	隐皇帝	刘聪之子。7月继位, 8月就被靳准发动政变所杀。靳准将刘氏皇族男女老幼全部斩杀于东市, 又挖掘刘渊和刘聪的陵墓, 斩断刘聪尸身, 焚毁刘氏宗庙。
公元318年 — 公元329年	刘曜		刘氏族亲, 平定靳准叛乱后, 登上帝位, 改国号为"赵"。公元329年, 被石勒所俘, 被杀身亡。